PLENAMENTE HUMANO / PLENAMENTE VIVO

Lyle Simpson

Studio of Books LLC
5900 Balcones Drive Suite 100
Austin, Texas 78731
www.studioofbooks.org
Hotline: (254) 800-1183

Ordering Information:
Special discounts are available on quantity purchases by corporations, associations, and others. For details, contact the publisher at the address above.

Printed in the United States of America.

ISBN-13: Softcover   978-1-964928-06-7
            eBook   978-1-964928-07-4

ÍNDICE

Prefacio 1

Tienes el poder de experimentar plenamente tu vida renunciando a todos tus deseos conflictivos y simplemente viviendo y experimentando plenamente las circunstancias en las que encuentras.

Introducción 4

Hoy en día, las generaciones jóvenes siguen planteándose una pregunta cultural muy válida. ¿Controlo yo mi propia vida o me controla Dios? Esta pregunta se ha planteado durante miles de años. Anteriormente, la respuesta nos la dictaban las personas controladoras. Eso ya no es cierto para muchas de las personas más jóvenes de nuestra sociedad actual. Mucha más gente hoy quiere el control de sus propias vidas. ¿Cómo podemos ? El ministro unitario Lester Mondale y su esposa Maria Mondale nos han mostrado su camino epicúreo.

Capítulo I: ¿Qué es el humanismo? 13

La historia de la filosofía del humanismo comienza con Epicuro, que vivió en Atenas, Grecia. Nació en el 341 a.C. y murió en el 270 a.C. En aquella época casi todo el mundo creía que Dios gobernaba su vida diario. Epicuro consideraba que debíamos asumir la responsabilidad de nuestras propias vidas y no podíamos culpar a Dios de nada de lo que nos ocurriera. Además, no veía ninguna razón para creer en una vida después de nuestra muerte. Por lo tanto, nuestro objetivo debía ser aprovechar al máximo nuestra propia vida mientras viviéramos en la Tierra. Y el mejor medio para conseguirlo era vivir en armonía con la naturaleza, no desear nada y necesitar poco.

La filosofía epicúrea fue ahogada por los memes culturales de su época, con Dios volviendo a controlar al pueblo heleno. El pensamiento epicúreo habría caído en el olvido y nadie sabría que existió, de no haber sido porque Lucrecio escribió su documento de dos mil páginas en el que describía el pensamiento epicúreo alrededor del año 100 a.C. Este documento fue descubierto en un monasterio alemán por un amigo de

Cosmos Medici de Florencia. Este documento fue descubierto en un monasterio alemán por un amigo de Cosmos Médicis de Florencia. Éste se lo entregó a Cosmos, que lo tradujo al italiano. Adoptaron esta filosofía para la ciudad estado de Florencia en el siglo XV, dando lugar al Renacimiento que sacó a la civilización europea de la constricción del control católico. Cuando la Iglesia recuperó su estatus, compartió su control con los protestantes.

Capítulo segundo: La filosofía del humanismo hoy 29
La filosofía epicúrea surgió en Spokane, Washington, en la primera década del siglo XX. El nombre "humanismo" se acuñó como denominación de la filosofía epicúrea en Des Moines, Iowa, en 1917, hace apenas cien años. En la actualidad, la Asociación Humanista Americana (AHA) influye diariamente en la vida de más de cuatro millones de estadounidenses, y la filosofía del Humanismo puede en todo el mundo.

Capítulo tercero: ¿Dónde está nuestra cultura actual? 46
Nuestro mundo está convulsionado, y muchos mantienen creencias anticuadas, mientras que más del veintisiete por ciento de los estadounidenses, cuando se les pregunta por su afiliación religiosa, afirman "ninguna". Más del cuarenta por ciento de aquellos que son Millennials o más jóvenes dicen "ninguna", mostrando que nuestra cultura está cambiando rápidamente. La AHA tiene una importante oportunidad de influir en una alternativa positiva para nuestro crecimiento cultural actual.

Capítulo cuarto: ¿Por qué nací? 60
¿Estamos realmente solos en nuestro universo? Si es así, ¿por qué estoy aquí? Puede que no haya respuesta a la pregunta "¿por qué?

Capítulo quinto: ¿Qué es la "verdad" para mí? 66
¿Por qué creo lo que creo? ¿Cómo determino lo que es verdad para mí? Cada uno de nosotros tiene que determinar lo que es verdad para sí mismo. No aceptar lo que nos dice una Persona de Control basándonos en una "fe ciega"

Capítulo seis: ¿Quiénes son los controladores? 77
¿Quiénes son los controladores? ¿Por qué acepto y creo a cualquiera de ellos?

Capítulo VII: ¿Cómo debemos vivir nuestra vida? 81

El psicólogo Abraham Maslow nos muestra un camino para actualizar nuestra propia existencia mientras vivimos nuestra vida aquí en la Tierra hoy. Utilizar la lógica de su jerarquía de necesidades nos proporciona un modelo para comprender a las personas, las naciones y las instituciones de todo tipo mientras buscamos el nivel de vida más elevado para nuestras propias vidas. Maslow descubrió que nuestras necesidades pueden clasificarse según su fuerza motriz, y que hay seis niveles distintos. Pero la mayoría de los estadounidenses no pueden pasar del tercer nivel. Descubramos por qué. Maslow nos proporciona el camino para alcanzar la meta de vivir nuestra propia vida al máximo.

Capítulo Ocho: Por qué se alcanza la Realización.
¿tan difícil? 103

Vivimos en un mundo de violencia. Protegemos nuestras creencias con escatomas, que son puntos ciegos que impiden percibamos la información contraria. No podemos ver nuestros propios puntos ciegos.

Capítulo Nueve: ¿Quién o qué creó a los humanos? 110

Charles Darwin respondió de forma bastante dramática a la pregunta de cómo llegamos a ser: evolucionamos a partir de criaturas marinas. Dios no tuvo nada que ver con nuestra creación. Los humanos evolucionaron a partir de una vida muy primordial.

Capítulo diez: ¿Qué tiene que ver nuestra edad con
¿nuestros valores? 114

Las condiciones culturales existentes cuando nacimos forman nuestros valores. Tienen un efecto mucho mayor que nuestros padres, el área en el que vivimos, o el estatus de nuestra . Estamos más condicionados por la ciencia y la tecnología existentes en nuestra época de formación que por nuestros valoresfamiliares. Comprender los valores de cada y lo que las ha provocado es esencial si se influir en la forma de pensar de otra persona

Capítulo Once: ¿Qué controles tenemos?
para nuestra vida? 121

Nuestra actitud es la válvula de acceso a nuestro cerebro. Una actitud negativa impide aprender nada nuevo. Una actitud positiva crea recepción para nuevas ideas y aprendizaje. La mayoría de la gente acepta sus creencias de aquellos que son miembros de cualquier grupo con el que se identifican. Lo vemos en nuestros días de escuela primaria, en nuestras afiliaciones políticas y en la Iglesia a la que "pertenecemos". Se llama "pensamiento de grupo" porque el grupo piensa por ti, tú no tienes que pensar por ti mismo. Asumir la responsabilidad de lo estás dispuesto a creer es lo que hace girar la válvula para mejorar la calidad de tu propia vida.

Capítulo Doce: Vive una vida más feliz con una mente libre......129

Reducir tus expectativas y aceptar mejor los acontecimientos de la vida que escapan a tu control, al tiempo que aprecias el camino para alcanzar tus objetivos en el viaje de la vida, es el camino hacia la felicidad. Para ello se necesita una mente libre que controle sus expectativas y la forma de reaccionar ante las circunstancias que se le presenten.

Capítulo trece: ¿Por qué tenemos todas las creencias que tenemos actualmente? 134

Considerar el ejemplo de por qué tenemos siquiera la noción de que hay una vida disponible para nosotros después de nuestra muerte muestra el efecto del pensamiento histórico y el control que los memes tienen sobre nuestras creencias. Muy pocas de nuestras creencias son pensamientos originales. ¿Por qué nos aferramos a algunas y rechazamos otras? Los millones de nuevos pensamientos que entran en nuestra mente cada día son un importante campo de estudio. Utilizar la vida después de la muerte como ejemplo demuestra claramente por qué tenemos muchas de las creencias que tenemos. Puedes considerar todas tus utilizando esa técnica para su análisis.

Capítulo Catorce: Mitos de la fe, el papel de la religión varía dentro de nuestra cultura...164

Aunque en algunas culturas, como China, el comportamiento cotidianocotidiano no está no estácontrolado c ntr l porado lapor fe la religiosa, fe religiosa, para p lara mayor la mayor parte parte del del mundomundo occidental occidental la religión a religión es nuestro es nuestro "pegamento "pegamento social". social". En China, En China, "quedar mal" con alguien que confía en ti equivale a un pecado "quedar mal" con alguien que confía en ti equiv le a un pecado mortal. Para quienes confían en la Biblia como fuente de verdad, mortal. Para quienes confían en la Biblia como fuente de verdad, muchos aceptan lo que se les dice sinmuchos aceptan lo que se les dice sin cuestionarlo. cuestionarlo. Muchos, Muchos, sin darse sin darse cuenta de que leen la Bibliacuenta d que leen la Biblia desde una perspectiva miope. Aceptan todos los versículos como verdad absoluta, ignorando sus disposiciones contradictorias en otros capítulos. La Biblia fue escrita por muchas personas que vivían en una cultura mucho más primitiva, con muy poco conocimiento de los medios para determinar lo que es verdad.

En el Nuevo Testamento, hacían todo lo posible para que la vida de Jesús fuera relevante para la comunidad judía. Jesús fue convertido en el Cristo muy probablemente por San Pablo. El nunca conocio a Jesus. Pablo sí sabía que vivía mejor predicando sobre Jesús que siendo recaudador de impuestos. El Nuevo Testamento es intencionadamente paralelo a muchas profecías del Antiguo Testamento. Muchas de las creencias religiosas culturales que tenemos hoy en día no tienen base en la realidad.

Si considera la religión como un mito que le proporciona símbolos para mejorar su vida, en lugar de que su fe se base en su verdad, esas diferencias no tienen por qué . La religión tiene un papel muy válido en la vida de muchas personas. No hay ninguna razón válida para atacar sus creencias religiosas.

Capítulo Quince: ¿Qué ocurre después? 180
Esforzarnos por aprovechar al máximo nuestra vida mientras estamos aquí en la Tierra hace que nos encontremos con muchos obstáculos. ¿Cómo mcdimos nuestra propia vida? ¿Qué escatomas impiden que la información contradictoria llegue a mis oídos?

Capítulo dieciséis: ¿Y la religión? 192
¿Qué tiene que ver la religión con esta discusión? ¿Todo el mundo necesita la religión? E.O. Wilson nos dice que todo el mundo tiene una necesidad biológica de relacionarse con la naturaleza, una necesidad que identificamos como espiritualidad. Es una necesidad básica que a los religiosos les gustaría que creyéramos que es su terreno exclusivo. El obispo episcopal jubilado John Shelby Spong nos dice que el humanismo puede ser adaptado por la mayoría de los religiosos. Podría hacer que el cristianismo fuera relevante en el futuro.

Capítulofuturo.Diecisiete: ¿Cuál es la respuesta de Dios? 198

¿Cómo definimos a Dios? Aristóteles dice que la pregunta filosófica es "por qué algo sucede" o existe. Ahora podemos aceptar que quizá no haya una respuesta a todas las preguntas "por qué". Discutimos diferentes puntos de vista sobre lo que es Dios, y si tales perspectivas marcan alguna diferencia. La cuestión es que nos quedamos sin una respuesta universal. Cada uno de nosotros crea su propio dios. Dios no ha respondido a la pregunta de por qué estamos aquí para todos

Capítulo Dieciocho: ¿Qué pasa con los que reclaman ser ate os? 202

Si observamos la definición de Dios desde la perspectiva de Maslow, el concepto de Dios de las personas depende del nivel en el que vivan principalmente. En el nivel básico predomina el concepto de dios del miedo, mientras que el nivel social predomina el de dios padre. Pero, en el momento en que una persona se actualiza, su concepto de dios es generalmente abstracto. Si tu definición de Dios es la naturaleza, ¿cómo podrías ser ateo? Ya no tendría sentido. Los ateos pueden oponerse válidamente al teísmo, y la mayoría de los teólogos estarían de acuerdo con ellos hoy en día. No hay necesidad de una visión sobrenatural de Dios.

Capítulo diecinueve: ¿Cuál es el papel de la religión? 213

La religión se convirtió en nuestro "pegamento social" cuando nuestra cultura pasó a estar dominada por la agricultura y la domesticación de animales. ¿Cómo controlamos el comportamiento? Las sociedades de cazadores-recolectores de menos de 150 personas podían controlar el comportamiento negativo con la reputación. Más allá de ese tamaño, la sociedad necesitaba un sistema de control. En los primeros tiempos, cada comunidad de ciudades-estado entre los sumerios tenía su propio dios. Se designaban sacerdotes para administrar su religión. Llegaron a ser poderosos, hasta el punto de ungir a sus reyes para demostrar que gobernaban por el poder de su dios.

Capítulo Veinte: Esta vida puede ser la única Oportunidad de existir. 221

No hay ninguna prueba válida de que una vida después de la muerte. Nuestra mente puede jugarnos malas pasadas en lo que percibimos. Si no hay vida en el más allá, nuestro objetivo debe ser aprovechar máximo esta vida

Capítulo Veintiuno: ¿Cómo afrontamos nuestro ¿Su propia muerte? 229
Disfrutamos de la escuela primaria la primera vez. Pero no nos gustaría volver atrás y empezar de nuevo. Del mismo modo, hemos vivido una vida plena, ya no tenemos por qué temer a la muerte. Es tan natural aceptar como nuestra vida ha sido vivir. Si nuestro cuerpo nos falla, la muerte puede ser incluso bienvenida. Una vez que hemos vivido una vida plena, la muerte ya no es un problema. Proteger a nuestros seres queridos puede ser único que nos importe.

Capítulo Veintidós: ¿Cómo debemos ¿Manejar la diversidad? 233
Ampliamos nuestros horizontes cuando experimentamos culturas y personalidades nuevas y diferentes. Los humanistas deben buscar la oportunidad de ver la vida desde todas las perspectivas para enriquecer sus propias vidas.

Capítulo veintitrés: ¿Por qué necesitamos a los demás? 236
Desde el día en que nacemos dependemos de los demás. A medida que envejecemos, nuestras necesidades cambian, pero compartir nuestra vida con los demás no es menos importante para nuestro crecimiento. La psicología de Meyers-Briggs nos dice que hay cuatro tipos de temperamento primarios con diferentes formas de procesar la información. La lente que utilizamos para ver la vida marca la diferencia en lo que vemos.

Capítulo Veinticuatro: Por qué debemos hacer nuestro ¿Vidas significativas? 248
Si no hay vida después de nuestra muerte, el verdadero valor de nuestra vida proviene de lo que hagamos que siga viviendo después de nosotros. Eso se convierte en nuestra propia inmortalidad.

Capítulo Veinticinco: ¿Qué podemos hacer colectivamente?....... 251
Quienes desean actualizar su propia existencia se enfrentan a todo tipo de barreras para crecer. Nuestra sociedad sigue teniendo tipo de barreras

para crecer. Nuestra sociedad sigue teniendo creencias muy primitivas. alrededor de las barreras culturales.alrededor de las barreras culturales.

Capítulo Veintiséis: Qué son los valores en última instancia ¿Importante para mi vida? 257
Para mí sólo dos aspectos de la vida son realmente importantes. Mi vida es "significativa" en la medida en que puedo realizar mi existencia; y mi vida es "significativa" en la medida en que el mundo es un lugar mejor porque yo he estado aquí. La persona sana mantiene ambas en equilibrio. No hay nada más importante.

Capítulo Veintisiete: ¿Qué puedo hacer ahora que he descubierto que soy humanista? ¿Soy Humanista? 260
Puedes buscar oportunidades en las que tus talentos únicos y tus experiencias vitales puedan marcar una diferencia significativa en el mundo. Hay todo tipo de oportunidades que nos rodean a diario, las buscamos.

Capítulo 28: Cómo empiezo ¿Mi propio viaje? 280
Podrías unirte a la Asociación Humanista Americana para encontrar nuevas oportunidades y obtener literatura para avanzar en tu educación humanista. He expuesto numerosas alternativas para "cebar la bomba". Puedes crear las tuyas propias. La búsqueda de objetivos puede añadir un entusiasmo significativo a tu vida.

Capítulo veintinueve: En conclusión 294
Este capítulo pretende unirlo todo. Esa tarea es imposible. Nuestra se resume mejor en la última afirmación del Manifiesto Humanista III. Como , "La responsabilidad de nuestras vidas y del mundo en que vivimos es nuestra y sólo nuestra".

Mi poema sobre la vida "Nuestro camino por la vida" 297

Anexo 298

Mi objetivo 301

Manifiesto Humanista III 302

Prefacio

Es asombroso efecto que puede tener en nosotros hacer una pausa para oler las rosas. En el momento de escribir estas líneas, estoy sepultado en mi apartamento, ahora que se acercan las dos semanas, y podría más tiempo. Volé en avión cuando el coronavirus empezaba a propagarse. La vida en nuestra comunidad simplemente se ha detenido, aunque en realidad estoy disfrutando de algunos aspectos de esto. Me permite explorar mi vida desde una perspectiva totalmente distinta. Ahora veo la vida como los epicúreos veían la suya. Su objetivo en la vida era **no desear nada y necesitar poco, y vivir plenamente cada momento.**

Ganas aún más experimentando dondequiera que estés y quienquiera que te acompañe con una actitud positiva. Quizás quieras probar esto también. A mí me libera de problemas inútiles que de otro modo me habrían atormentado.

Incluso he mejorado mi relación con mi cachorro, que ahora diez años. Vivir aislados en nuestro condominio no está tan mal. Vivimos en el último piso de nuestro edificio, que está en una colina alta, y podemos contemplar toda la ciudad. Debería hacerlo más a menudo. Para aprovechar mejor mi tiempo, creo que escribiré un libro sobre lo que todo esto significa realmente para cada uno de nosotros.

Mi tema es cómo podemos sacar el máximo partido de nuestras vidas y por qué deberíamos . No es un tema nuevo que se me haya a mí. Los antiguos filósofos griegos desarrollaron este pensamiento hace más de 2.500 años. Su visión de la vida era nueva y diferente. Sin embargo, todo lo nuevo asusta a las personas con visiones más antiguas de la vida. Nadie quiere que se cuestionen sus creencias actuales. Son nuestra red de seguridad y nos hacen sentir seguros. Por lo tanto, cuestionar sus creencias es amenazador. Como los puntos de vista de estos filósofos no eran generalmente aceptados, sus ideas pronto fueron olvidados -o mejor dicho, anulados por los sacerdotes y los ciudadanos que seguían su liderazgo-, de modo que era como si esa visión de la vida nunca hubiera existido. Todavía hoy hacemos lo mismo. Ese comportamiento en psicología se llama "pensamiento de grupo". El individuo no tiene que pensar por sí mismo, su grupo piensa por él.

Las creencias vistas desde esa perspectiva se convierten en un mecanismo de defensa. Muchos aceptan lo que piensa su grupo, simplemente porque todos los demás lo piensan y, por tanto, debe ser cierto. Además, es el camino más fácil. Todos los . No es necesario pensar por uno mismo. Eso está muy bien si es lo único que queremos ese ámbito, porque no merece la pena que nos esforcemos en pensar por nosotros mismos. Pero, si queremos maximizar nuestra propia existencia, para cualquier cosa que afecte a nuestra propia vida más allá de ese momento, esas creencias merecen ser consideradas cuidadosamente antes de ser aceptadas como nuestra verdad duradera.

El pensamiento epicúreo fue redescubierto tres veces en la historia de la humanidad. Las tres primeras veces ocurrió lo mismo, porque la gente se siente segura con lo que cree, y eso suele ser lo que creen los demás, aunque sus opiniones estén desfasadas. Muchas de nuestras creencias actuales ya no tienen sentido en nuestro mundo moderno. Algunos dicen "¿Y qué? Tienen sus raíces en una historia antigua que da sentido a nuestras vidas. Si eran lo bastante buenas para mi abuelo, ¿por qué no iban a serlo para mí?". Puede ser, y desde luego yo no diría a nadie que está equivocado. Si lo que las sustenta es necesario para cualquier persona, ¿quién soy yo para insistir en lo contrario? Ese pensamiento nos lo puede explicar mejor Shakespeare, que dijo: "No hay nada bueno ni malo. Pero el pensamiento lo hace así". Por lo tanto, el objetivo de este libro no es , ni cuestionar nada en lo que usted desee creer. Está en su derecho. Mi objetivo es simplemente que pienses por ti mismo. En la medida en que pienses por ti mismo, en lugar de limitarte a aceptar la creencia de cualquier otro simplemente porque lo dijo, podrás controlar tu propia vida.

Mi objetivo es desafiar a aquellas personas que, por aceptar ciegamente lo que otros dicen, se pierden por completo vivir su propia vida al máximo. Esto es lo importante para cada uno de nosotros, porque esta vida es todo lo que sabemos con certeza que realmente tenemos. No se ha demostrado que nadie tenga volver para decirnos que realmente hay más. Aunque algunos afirman lo contrario, no ofrecen ninguna prueba creíble, y esa creencia requiere "fe ciega". ¿Por qué querríamos estar "ciegos"? Aceptar ciegamente algo para cualquier cosa en la vida que realmente sea importante para ti puede seriamente. Primero, porque puede negarte la verdad, que bien podría producido un resultado mucho mejor. En segundo lugar, porque te niega la oportunidad de considerar caminos alternativos cuando aparecen que pueden permitirte alcanzar más fácilmente tus objetivos en la vida, y para que puedas "actualizar" tu propia existencia. Ese debería convertirse en tu principal objetivo en la vida. El pensamiento de grupo crea "puntos ciegos" que te hacen perder oportunidades que de otro modo serías capaz de ver. Hay muchas formas alternativas de ver nuestra vida. Muchos otros caminos podrían hacer mucho más de esta vida para ti. Podrías tenerlos, si fueras capaz de . Te debes a ti mismo explorar todos los caminos, crear un escatoma bloqueando esas oportunidades realmente no tiene sentido. Para aquellos que realmente encuentren una vida en el más allá, no la perderán, simplemente tendrán ambas. Siga leyendo y vea lo que todo esto significa realmente para usted.

Plenamente humano / Plenamente vivo
Introducción

Independientemente de lo que cada uno de nosotros quiera creer, principalmente nos hace sentir mejor, al final nos enfrentaremos a la realidad. Mucha más gente hoy que nunca se da cuenta de que esta vida es probablemente nuestra única vida. Estas personas reconocen que probablemente no haya una vida en el más allá, a pesar de lo que quieran creer. Puede que no queramos . Pero, ¿cómo podemos estar seguros de que no tienen razón? tienen razón, hay dos opciones:

1. Los que confían en sus creencias no examinadas pueden simplemente seguir creyendo por "fe ciega" y continuar la vida como antes de plantearse esta cuestión. Al fin y al cabo, si mantenemos estas creencias desde la infancia, ¿por qué habríamos de creer lo contrario ahora? Sin embargo, si las personas que han dejado de lado la noción de una vida después de la muerte tienen razón, aquellos de nosotros que hemos estado confiando en un futuro en el Cielo podemos fácilmente perdernos de vivir nuestra vida al máximo mientras estamos aquí en la Tierra. Qué triste pérdida sería esa. ¿Realmente queremos eso para nosotros?

2. Podemos considerar la posibilidad de que estén en lo cierto. ¿Por qué? Porque no hay ninguna prueba creíble de que una vida después de la muerte. Cuando realmente consideramos esa creencia, pronto podemos darnos cuenta de que si esta es nuestra única vida que sabemos con certeza que tenemos, será mejor que aprovechemos al máximo lo que nos queda en esta vida. El tiempo es efímero.

¿Qué decisión tiene más sentido para usted? Ante la pregunta, si existe la más mínima posibilidad de que tengan razón, más vale que nos demos prisa. Nuestra propia vida pasa cada día.

Si estás de acuerdo en intentar mejorar la calidad de tu vida para poder seguir realizando la vida que sabemos que tenemos, sigue leyendo. El objetivo de este libro es ayudarte a encontrar tu propio camino para que puedas **"actualizar tu propia vida"**. Eso significa simplemente que tu vida será la mejor si entiendes cómo sacar el máximo provecho de esta vida en la Tierra. Tienes derecho a la oportunidad de sacar el máximo provecho de tu propia vida. Nadie puede hacerlo por ti. Para conseguirlo, debes alcanzar el nivel de vida más alto que seas capaz de lograr, utilizando los recursos que tienes a tu disposición al máximo de su potencial. Aquellos de nosotros que elegimos perseguir esa , si no hay vida en el más allá, por lo menos, no nos perderemos de aprovechar al máximo nuestra propia vida que podemos lograr mientras estamos aquí en la Tierra. Puedes iniciar ese viaje hoy mismo. Este libro te mostrará lo que significa realmente el camino para actualizar tu vida.

Además, si miras tu vida desde esta perspectiva, puedes tener el beneficio añadido de contribuir con un bien significativo para los demás. La buena obra que puedes aportar y en la que ni siquiera habrías pensado antes de leer este libro puede mejorar la vida de los demás mucho después de que te hayas ido. Las obras de Miguel Ángel y Leonardo DaVinci son tan importantes hoy como lo fueron hace más de 500 años. Hacer el bien que perdura para los demás es una forma de adquirir tu propia inmortalidad que vive después de ti y sabemos que realmente existe. Y lo que es más importante, no habrás desperdiciado la única vida que estamos seguros de poder vivir con la esperanza de una vida en el más allá que tal vez ni siquiera exista. ¿De dónde viene la idea de que existe una vida después de nuestra muerte? Al menos nos debemos a nosotros mismos intentar averiguarlo. Este libro le ayudará a hacerlo.

Aunque no hace falta pensar profundamente para reconocer que eso puede lo correcto, algunas personas seguirán su camino actual -tan seguras de que tienen razón- porque parece el más fácil. Entonces, ¿por qué molestarse en cambiar? La respuesta fácil es que algunas personas están dispuestas a seguir el ejemplo de cualquiera cuyo lenguaje sea coherente con lo que les enseñaron en su primera infancia, antes de que tuvieran la capacidad de razonar por sí mismos. Lo hacen únicamente por motivos emocionales, no por razones lógicas. Simplemente puesto, están dispuestos a permitir que su vida sea controlada por otros, ¿Es usted?

Está bien contentarse con seguir ese camino sin . Sin embargo, sigues leyendo, descubrirás que para estas personas esas creencias persisten porque fueron causadas por un . Los escatomas son puntos ciegos en la visión mental que uno tiene del mundo. Como mínimo, es importante que entiendas este concepto si quieres sacar el máximo partido a tu propia vida. La mayoría de las personas que reflexionan sobre ello están de acuerdo en que quieren ser capaces de lograr todo lo que puedan en el tiempo que nos queda de vida. Esto comienza con tu pensamiento acerca de tus creencias no examinadas que fueron originadas en ti por otros. Puedes tomar el control de tu propia vida a partir de hoy, para que realmente puedas vivir tu propia vida, y no la de ellos. Esas personas que están controlando tus creencias probablemente ya están muertas. los humanistas, como a la mayoría de nosotros, no nos gusta ser vistos como ovejas, y estamos dispuestos a tener un cuidado extra para evitar que ese control nos sea impuesto por otros. A menos que entiendas cómo ocurre esto, la mayoría de nuestros escatomas ocurren sin que nosotros mismos sepamos que estamos siendo controlados. Los humanistas nos oponemos a ser controlados sin nuestro consentimiento porque queremos el control de nuestras propias vidas. Queremos poder pensar por nosotros mismos y vivir nuestras propias vidas. Sobre todo, queremos poder decidir con conocimiento de causa si estamos dispuestos a aceptar las creencias de otra persona como propias.

Las ovejas siguen su camino porque se sienten seguras y aceptan de buen grado que las controlen. No les preocupa ser controladas porque ya no quieren tener que pensar por sí mismas. Como tienen "fe" en su Gente de Control, simplemente no se van a preocupar por ello. Eso está bien si vivir plenamente su propia vida no es importante para ellos. Sin embargo, me preocupan los miembros del clero que nos imponen nuestras creencias exigiéndonos que aceptemos lo que nos dicen por "fe ciega". Aceptar algo simplemente por fe significa renunciar al control. Por ejemplo, la noción de una vida después de la muerte impuesta por una Persona de Control que utiliza el miedo a la condenación como medio para mantener su control sobre ti es sencillamente errónea. En efecto, estos clérigos están robando la vida potencial de aquellos que son tan ingenuos. Lo hacen para poder seguir controlando a sus ovejas. Sin embargo, al menos para , es inaceptable hacerlo creando miedo en lugar de ayudarnos a crecer a cada uno de nosotros mediante una educación constructiva basada únicamente en la verdad que podemos verificar.

En lugar de permitir que otros tengan cualquier control sobre ti que limite tu vida, la mejor pregunta para ti debería ser "¿Qué creará la mejor vida para mí?". Aquellos que ejercen su control únicamente por tu propio bien puedes elegir aceptarlos, igual que haces con la selección de la mayoría de tus médicos.

Los que quieren controlarte para reforzar su propia posición o su bienestar quizá no estén dispuestos a decirte cómo lograr la mejor vida.

¿Por qué iban a ? A muchas de esas personas les gusta tener sus seguidores ciegos. ¿Es usted uno de ellos? Algunas de esas "Personas de Control" tienen el descaro de decirte que eres su "Oveja", y que ellos son tu pastor "cuidando su rebaño". ¿Por qué tolerarías eso? ¿Es porque afirman que saben más tú? ¿Estás tan seguro de que tienen razón? Alguna vez te has preguntado: "¿Por qué hacen eso?". Averigüemos juntos por qué.

Al mismo tiempo, aprendamos también por qué necesitamos algunas Personas de Control. Al hacerlo, necesitamos distinguir a aquellos que nos proporcionan un bien real que debemos aceptar, de aquellos que intentan y que abusan del poder que les hemos permitido para mantener su control. Necesitamos ser capaces de discernir la diferencia para que sólo aceptemos a aquellas Personas de Control que sabemos que realmente tienen nuestros mejores intereses en sus esfuerzos por ayudar a guiar nuestras vidas y detener a aquellos que están más interesados en mantenerte en su redil para que les apoyes. La mayoría de nosotros nunca hemos pensado en esa distinción. ¿Por qué te dicen que "debes diezmar"? Recuerda, no es Dios quien esta gastando tu dinero.

La lectura de este libro también le ayudará a comprender por qué la gente tiene muchas de las creencias que tiene, y cómo esas creencias regulan nuestras vidas. Deberíamos plantearnos de dónde proceden todas nuestras creencias y, si tienen algo más que un propósito momentáneo, deberíamos comprender por qué fueron aceptadas por nosotros.

Comprobar por qué puedes creer en una vida después de tu muerte te ayudará a ser consciente de dónde puedes estar siendo controlado. defiendes esa creencia contra la evidencia de lo contrario eso te ayudará a entender cómo un escatoma está bloqueando cualquier información conflictiva. Como se ha dicho anteriormente, cada uno de nosotros necesita considerar todos los caminos alternativos disponibles para construyendo puentes sobre nuestros escatomas para poder vivir nuestra propia vida al máximo.

Si existe una vida en el más allá, las personas que han actualizado su propia existencia podrían beneficiarse aún más. Si no hay vida en el más allá, quienes hayan actualizado sus vidas no habrán perdido la oportunidad de vivir plenamente la única vida que sabemos que existe, porque la habrán aprovechado al máximo. Este libro te ayudará a sacar el máximo partido de tu propia vida, tal y como deseas vivirla. No existe una respuesta sencilla para vivir plenamente la vida. Cada uno de nosotros puede crear y disfrutar de su propia vida. Pero para , primero debemos comprender las fuerzas que influyen en lo que creamos.

La gente encontrará sus respuestas para realizar su propia vida de mil maneras diferentes. Algunos que viven en un nivel social bajo de seguridad pensarán que tomar lo que quieren de los demás les proporcionará más. Pero, ¿lo hará a largo ? ¿Realmente queremos que se nos recuerde como alguien que toma de otras personas de formas que pueden perjudicarlas? Hay quienes se hicieron famosos haciendo eso. Bugsy Siegel, John Dillinger, Bonnie y Clyde y Al Capone fueron algunos de los que tomaron lo que querían de los demás. Pero considere su vida de miedo continuo. Debido a que estaban constantemente en riesgo de ser atrapados, o asesinados, vivían en un nivel de seguridad para su existencia. En este libro, descubrirás lo que realmente significan nuestros niveles de vida. Aquellos cuyo comportamiento esta controlado por el miedo estan viviendo su vida igual que estas personas. ¿Realmente quieres eso para ti?

¿Qué producirá la mayor calidad de vida para cada uno de , a partir de hoy? A largo plazo, ¿qué es lo más nos importa? ¿Es el poder, la riqueza o la fama? Cuando muramos, ¿tendremos algo de eso para disfrutar? ¿Merece la pena el esfuerzo? Las personas que alcanzan esos objetivos, ¿son realmente

¿Están contentos con lo que tienen, o sólo buscan más para saciar una sed insaciable?

¿Cuál es el propósito de nuestra propia vida? ¿Está nuestra vida ordenada por alguna fuerza sobrenatural que nos controla como a una marioneta? ¿O estamos solos con otros nueve mil millones de personas, viviendo nuestras vidas juntos en un pequeño planeta en un universo con miles de millones de otros planetas? Eso es lo que demuestran los hechos. ¿Qué significa esto para nosotros?

¿Existe un dios que haya creado este universo? Puede que sí, pero ¿por qué querría un dios controlar cada una de nuestras vidas? ¿Qué sentido tendría? ¿Está ese Dios jugando con nosotros? Aunque esa noción suene indefendible, algunas personas siguen . ¿O también esa noción sólo un dispositivo de control predicado por quienes quieren controlarnos?

Para las personas que realmente necesitan creer en la búsqueda de la dirección de Dios, creyendo que seguir la voluntad de Dios es su propósito en la vida, esa creencia necesita ser plenamente comprendida si vas a ser capaz de tener el control de tu propia vida. De lo contrario, estarás viviendo la vida de otra persona. Tienes que entender qué valor añade realmente esa creencia a tu vida. La verdadera pregunta es ¿quién controla lo que crees que Dios te diciendo? Las personas que han sido hipnotizadas hacen la voluntad de la persona que los ha hipnotizado. Muchas veces, su comportamiento no es algo que harían por sí mismos. Están siendo controlados voluntariamente por otra persona. ¿Por qué crees que eso no te ocurre a ti? La persona hipnotizada sigue sintiendo que tiene el control. ¿Pero tiene? Mientras está bajo el control del hipnotizador, no tiene ni idea de que su comportamiento está siendo controlado por otra persona.

Del mismo modo, la persona que pone toda su fe en Dios para que le guíe en todo lo que hace hace que algunos creyentes se sientan seguros. Esto se debe a que no tienen que pensar por sí mismos. respuestas requiere energía. Pero, ¿de dónde vienen realmente las respuestas de Dios? ¿Son otros los que las satisfacen por ellos? ¿O son sus oraciones introspectivas las que les permiten ponerse en sintonía con su yo interior, al igual que lo que podemos lograr mediante la meditación? Muchas veces, cuando nos enfrentamos a alternativas contradictorias, y dejamos reposar el asunto durante un día nos despertarnos a la mañana siguiente con nuestra respuesta. Esto se debe a que el conflicto en nuestro interior se corrige por sí solo cuando el desorden circundante se desvanece y la solución se hace evidente. Si eso es lo que ocurre, entonces eres tú quien está al mando. Eso es apropiado y aceptable.

Si sientes la necesidad de buscar la orientación de otros, eso también puede estar bien si conservas el derecho a alterar o modificar lo que te dicen en lugar de ciegamente. Si temes no hacer lo que te dicen, puede que te hayas vuelto ciego a causa de tu "fe". Tu problema es que has cedido el control de tu vida a otros. ¿Por qué has hecho eso? Para una gran parte de nuestra sociedad , las preguntas relacionadas con el sentido de nuestras vidas y la interpretación de lo que es importante las responden otras personas. Al aceptar ciegamente lo que te dicen, les has cedido el control de tu vida. Los que hacen eso realmente están viviendo una vida de ovejas. No hay nada malo en ninguna creencia si la pones en la perspectiva adecuada. Lo malo es permitir que una creencia bloquee tu capacidad de crecer. Para convertirte en la mejor persona que puedas ser durante tu corta vida, no debes aceptar ciegamente lo que otra persona te dice sin comprobar su veracidad. Esa otra persona fija tus objetivos. Sólo tú sabes lo que realmente necesitas para alcanzar tus objetivos. Entonces, ¿por qué dar ese poder a otra persona?

Aceptar las creencias de los demás sin cuestionarlas quita la responsabilidad de vivir nuestras propias vidas a quienes, de otro modo, podrían elegir un camino más satisfactorio. El objetivo de este libro es que eso no te ocurra a ti. Una vida desinformada puede ser una vida desperdiciada. Eso sería muy triste, cuando hay tantas alternativas mejores a disposición sólo aceptas vivir tu propia vida mientras estás aquí en la Tierra para convertirte en lo máximo que puedas llegar a ser.

Este libro considerará, con cierta profundidad, una visión de la vida basada en la verdad y la realidad, y le mostrará cómo no dejarse llevar por la fe ciega impuesta por otros. El objetivo es proporcionar un medio para que cada uno de nosotros encuentre su propio camino para actualizar su propia existencia al máximo para sí mismo, en cualquier circunstancia en la que nos encontremos. Esto es válido para todos. Incluso si la Persona de Control es su médico, debe entender perfectamente el consejo que recibe y las alternativas que tiene a su disposición antes de limitarse a aceptar cualquier consejo que afecte a su vida más que momentáneamente.

Incluso los encarcelados de por vida pueden vivir una buena vida para sí mismos. He demostrado, mediante la creación de Capítulos Humanistas en la penitenciaría de máxima seguridad de Iowa y otro en una prisión de nivel medio, que añaden un valor significativo a las vidas de los reclusos que son miembros al cambiar su enfoque de sentir que la sociedad los ha abandonado, a la búsqueda de medios para agregar valor a sus propias vidas a través de sus propios esfuerzos. Estos Capítulos han dado a los reclusos un propósito para vivir incluso en esas circunstancias.

El capítulo humanista de una prisión acordó limpiar primero sus propios bloques de celdas y poner en marcha un programa de reciclaje para su centro penitenciario. Su iniciativa fue un comienzo significativo. Les demostró que lo que digo es cierto: se puede vivir una vida de mayor calidad y con sentido incluso en circunstancias limitadas. El cambio de actitud que se produjo impresionó mucho a su director. Sólo hace falta un pequeño esfuerzo para marcar una verdadera diferencia en tu propia vida. Y todo empieza con una actitud positiva.

Todos empezamos con la única capacidad de vivir nuestra propia vida. Todos empezamos de cero. Todos tenemos derecho a vivir nuestra vida al máximo, con los recursos de que dispongamos. En Estados Unidos tenemos la libertad de hacerlo. Muchos otros países niegan a sus ciudadanos esa posibilidad.

"El dinero no puede comprar la felicidad" se cita a menudo, pero pocas veces se cree. Si actualmente no sientes que tienes lo que consideras suficiente, apuesto a que crees que serías mucho más feliz si tuvieras más. La vida no garantiza la felicidad. Pero eso nunca ha disuadido a nadie de sentirse con derecho a ella. Lo cierto es que la felicidad es sólo un estado de la mente. Averigüémoslo juntos. ¿Cómo puedo gestionar este estado mental para ser verdaderamente feliz?

Lester y Rosemary ("Maria") Mondale eran buenos amigos míos. Lester se jubiló como ministro unitario, habiendo sido el más joven de las treinta y cuatro personas que identificaron por primera vez la noción de que somos únicos responsables de nosotros mismos-originalmente reconocido en la antigua filosofía griega epicúrea en un contexto moderno que ahora llamamos "humanismo". Publicaron su punto de vista en el primer Manifiesto Humanista en 1933. Ese documento describía la filosofía de John Dietrich, un ministro unitario que había estado considerando el punto de vista de Epicuro desde la primera década del siglo XX. Lester Mondale nació en Minnesota y fue ministro unitario en Evanston, Illinois. Es posible que haya oído antes el nombre "Mondale". El hermano menor de Lester, Walter Mondale, llegó a ser Vicepresidente de los Estados Unidos.

Tras su jubilación, Lester y Maria vivieron en ochenta acres de colinas boscosas de Ozark, en el sureste de Missouri. Llamaron a su pedacito de cielo en la Tierra "Acantilados Copperhead". Había una buena razón para ese nombre: conocí a una serpiente cabeza de cobre deslizándose bajo la estufa de madera de su cocina. También la aceptaron como huésped. Convivían a diario con la naturaleza.

Un arroyo corría a través de su propiedad y se estanque tres veces, el más grande tiene un acantilado de ocho pies en un lado que podían bucear fácilmente en su estanque, y un acantilado de quince pies a través de ese estanque en el que los indios nativos americanos utilizados para los incendios consejo donde podían ver sus alrededores para mejor. Este arroyo desembocaba en un pequeño río que cruzaba dentro de la propiedad Mondale donde los castores habían construido una presa que creó un lago de ocho acres que los Mondale originalmente abastecieron y luego pudieron pescar en su canoa.

El bosque era denso, pero construyeron senderos y desbrozaron tres zonas separadas de un acre donde criaron la mayor parte de los alimentos que enlataron y pudieron comer durante todo el año siguiente. A los noventa y ocho años, Lester seguía talando árboles en busca de leña para calentar su cabaña de troncos. Podían vivir una vida muy feliz y tranquila con el cincuenta por ciento de su seguridad social. No querían nada y necesitaban poco. Eso se debía a que estaban realmente en sintonía con la naturaleza.

Los Mondale demuestran que no hace falta ser rico para ser feliz. Sólo hace falta estar en sintonía con uno mismo y con el entorno. Descubramos cómo hacerlo por nosotros mismos.

Capítulo I
¿Qué es el humanismo?

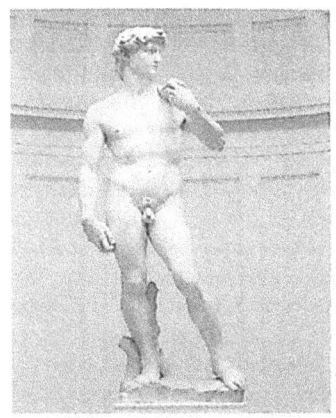

Para los , Miguel Ángel fue sin duda el creador del primer símbolo histórico del humanismo. "el David" en mármol entre 1501 y 1504. Esta estatua se encargó como símbolo de la filosofía epicúrea adoptada por la ciudad-estado de Florencia (Italia). Esta filosofía fue introducida por la familia Médicis, acaudalados banqueros- estatales italianos y dirigentes de facto de la ciudad-estado de Florencia.

República Florentina. No tenían un rey que gobernara a su pueblo. Elegían a su propio "alcalde" para administrar su provincia.

Aunque los sacerdotes católicos de Florencia seguían ejerciendo el poder, el control de su sociedad procedía del pueblo. Aunque estuvieran en el siglo XV, no estaban gobernados por Dios. Eso era muy inusual en aquella época.

Los habitantes de la Provenza florentina participaban en la elección de los gobernantes, cuya política era fijada por un consejo de gobierno. Esto contrastaba notablemente con los que vivían en toda Europa bajo el control de los reyes. El poder de un rey era el resultado de haber sido "ungido por Dios" a través de sus sacerdotes, que generalmente gobernaban en el resto de Europa en aquellos días. En contraste con una democracia donde prevalecía la voluntad del pueblo, los reyes tenían un poder absoluto que provenía únicamente de Dios, no del consentimiento del pueblo. Dado que el poder de gobernar proveniente de Dios era un creencia cultural de la , rara vez se cuestionaba. A muchos europeos se les enseñó desde la infancia que Dios nos controla, por lo que cualquier líder ungido por el sacerdote tenía el derecho exclusivo de servir. Se necesitaba valor para desafiar a Dios. Después de todo, los que lo hacían se enfrentaban a la muerte.

La Constitución de Estados Unidos fue una prueba temprana para un país de nuestro tamaño del concepto de que el poder para gobernar proviene del pueblo, en lugar de que el derecho a gobernar descienda sobre nosotros desde Dios. La mayoría de la gente en el mundo, incluso hoy, no tiene un control significativo sobre su propia vida, y mucho menos sobre su gobierno. Los estadounidenses somos muy afortunados de tener, como individuos, cierto grado de influencia.

La población de la región controlada por Florencia recibía apoyo económico principalmente de la familia Médicis. Eran muy poderosos y se convirtieron en entusiastas mecenas de la cultura renacentista. El Renacimiento fue el renacimiento del pensamiento intelectual que sacó a la civilización occidental de un periodo en el que la Iglesia Católica Romana había controlado la existencia humana en Europa durante más de mil años, muchas veces quemando en la hoguera a quienes desafiaban las creencias de "la Iglesia", aunque esa creencia no tuviera fundamento. Puede que la Iglesia Católica ya no mate a sus oponentes, pero sigue teniendo una influencia muy fuerte en lo que cree hoy más de la mitad de la población cristiana del mundo. Algunos feligreses siguen siendo percibidos como meras ovejas. Antes nos preguntábamos por la gente esa existencia. Averigüemos juntos por qué.

La noción de que nuestras vidas estaban controladas diariamente por Dioses era la creencia pública común, como lo había sido durante decenas de miles de años. Sólo que no todos estaban de acuerdo en qué Dios. A medida que avanzaba el conocimiento de las ciencias naturales, el sobrenaturalismo empezó a perder fuerza. En el siglo V a.C., Leucipo no creía que las personas fueran moldeadas de arcilla a imagen de Dios, como opinaba la mayoría de los atenienses. Leucipo creía que estábamos hechos de pequeñas partículas indestructibles. Creía que estas partículas existirían para siempre, aunque nosotros no lo hiciéramos.

Demócrito, nacido en el 460 a.C., etiquetó y describió las partículas que postulaba Leucipo. Fue el primero en creer que todo está compuesto de átomos, que se consideraban partículas físicamente indivisibles. Razonó que el mundo de los átomos se parece a las estrellas de nuestro universo. Entre los átomos hay espacio vacío. También creía que los átomos son indestructibles y que siempre han estado -y siempre estarán- en movimiento. Razonaba que existe un número infinito y muchas clases de , que difieren en forma y tamaño. El punto de vista de Demócrito sigue siendo muy parecido al de nuestra ciencia actual. El concepto se originó a partir del desarrollo de la filosofía, no a través de la ciencia, ya que el método científico para desarrollar nuestras verdades no existió efectivamente hasta hace poco.

Epicuro (341 a 270 a.C.) llegó cien años más tarde y llevó intelectualmente la emancipación de los humanos del control de sus dioses a una conclusión lógica. Creía que no estábamos controlados por un Dios "sobrenatural" del que no existían pruebas creíbles. Aunque en aquella época surgían periódicamente ateos, la mayoría de la gente creía que Dios, o los dioses, existían porque otras personas se lo decían. Pocas personas en aquellos días cuestionaban a alguien que reclamaba autoridad. No tenía sentido. Pero el público puede ser crédulo, o al menos ignorante, en cualquier tema. Muchas personas son como ovejas, se dejan seguir en lugar de abordar las preguntas difíciles sobre nuestro origen y destino. Esto sigue siendo cierto hoy en día.

Epicuro fue uno de los primeros que se elevó por encima de las masas desinformadas al darse cuenta de que cada uno es el único responsable de sí mismo. Creía que la vida consistía en buscar el placer y evitar el dolor. Además, decía que no veía ninguna razón para suponer que hubiera vida después de nuestra muerte. Epicuro se dio cuenta de que la creencia es sólo un engaño que nos impide asumir la responsabilidad de nuestras propias vidas. Epicuro ofrecía un contraste con la visión culturalmente aceptada de los Controladores de su época, que consideraban que su control era necesario para mantener una sociedad organizada. Esa dicotomía sigue existiendo hoy en día. Sin embargo, no pasó mucho tiempo antes de que la opinión pública generalmente aceptada prevaleciera y la voz alternativa de Epicuro se perdiera para el público.

La mayoría de los miembros del clero creen honestamente que están proporcionando a sus seguidores lo mejor de sí mismos al ser sus pastores. Epicuro simplemente no podía aceptar una creencia tan simplista. No veía ninguna razón válida para necesitar un pastor para una cuestión tan importante para entender por qué está aquí en la Tierra. Consideraba que cualquier Dios que pudiera crear el universo sólo estaría en un segundo plano observando para ver su mundo tal y como existía en realidad. La creencia de que Dios ejercería el control sobre su creación significaría que nuestras vidas individuales no significan nada. Seríamos meras marionetas. En cambio, Epicuro pensaba que para que nuestras vidas signifiquen algo, debemos aceptar que estamos aquí solos. Depende nosotros aceptar la responsabilidad de nuestras propias vidas. Por lo tanto, Epicuro concluye que es mejor aprovechar al máximo esta vida mientras estamos aquí en la Tierra, porque si no hay otra vida en el más allá, hacer que tu propia vida sea significativa para los demás es la única manera de que tu propia vida realmente signifique algo.

Muchas personas están hoy de acuerdo con Epicuro. Pero muchos de los que hoy sostienen esa opinión sólo han redescubierto esta filosofía en un pasado muy reciente. ¿Por qué? Porque esta creencia entra en conflicto con las Personas de Control que todavía hoy quieren que creas que hay una vida después de la muerte, y que sólo ellos tienen el billete para que llegues allí. Hemos señalado que esa noción es un dispositivo de control creado por los humanos, pero lo que perpetúa esa creencia son aquellos a los que se les dijo eso al principio de su vida. Como lo aceptaron antes de tener la capacidad de razonar por sí mismos, la mayoría no cuestionará esa creencia en toda su vida. Permanece arraigada porque la mayoría de la gente realmente quiere . Esa creencia es aceptada por razones emocionales, por aquellos que no miran esa cuestión desde el punto de vista de la lógica y la verdad verificable. Permanecen en "La La Land" de su infancia, porque parece seguro.

Cuando considere realmente esta cuestión, : ¿Por qué un Dios que realmente hubiera creado a todas las personas vivas hoy en día negaría el acceso al cielo a los de una religión diferente, especialmente si esos en cuestión nunca estuvieron expuestos a la religión "verdadera"? ¿Puedes ver ahora cómo la exclusividad religiosa es sólo un dispositivo para ? ¿Realmente crees que algún Dios capaz de crear vida en la Tierra tendría alguna buena razón para hacer eso? ¿O es simplemente un medio para la gente de control te controle?

Aunque no hay absolutamente ninguna prueba que justifique esa creencia de exclusividad, y aunque no hay ninguna duda válida de que tales creencias se utilizan como dispositivos de control, los verdaderos creyentes que confían en su propia "fe ciega" no pueden ver eso. Esta es también una prueba bastante buena para ti de si tus creencias están siendo . Si sientes el impulso de defender esa creencia, eso es una prueba bastante buena de que tus propias creencias fijas y estrechas se han endurecido en un "escatoma". Recuerda que los escatomas son bloqueos mentales, que actúan como bloqueadores de spam, impidiendo fervientemente que cualquier otra sea considerada, y mucho menos aceptada por ti. ¿Por qué es así? Este libro te ayudará a responderlo por ti mismo.

En primer lugar, tienes que entender que no puedes golpear un escotoma de frente. Son creencias de nivel de seguridad y golpearlas de frente produce una reacción de ira. Necesitas construir un puente a su alrededor a través de una educación lógica que te muestre los caminos alternativos a esa creencia. Una de ellas se convertirá en aceptable para ti y aunque el escotoma no desaparezca, simplemente ya no controlará. Del mismo modo que el camino que rodea una barricada en la carretera ya no te impide avanzar por ella. Ese es uno de los principales objetivos de la universitaria. Te obliga a pensar más allá de tus mecanismos de defensa.

A medida que avanzaba el conocimiento de la naturaleza y la comprensión del enfoque científico para descubrir el conocimiento, las respuestas sobrenaturales se modificaban con frecuencia lo suficiente como para permitir la ciencia, con lo que el conflicto entre religión y ciencia en esa cuestión se convertía, por el momento, en un asunto sin importancia. Así es como funcionan todos los memes hasta que acaban siendo irrelevantes. Consideremos el desafío a Galileo por parte de la Iglesia Católica. Pasaron varios cientos de años antes de que la Iglesia finalmente reconociera que la Tierra realmente gira alrededor del Sol.

Tales creencias sobrenaturales expresadas por Control People de confesiones fundamentalistas hoy en día se están volviendo tan arcaicas como la idea de que la Tierra es plana, y si nos acercamos al , corremos el riesgo de caernos. Los que aceptan esa visión de su vida no son conscientes de lo fuera de contacto que está su fe ciega hoy en día. Están ccegados por sus escatomas puestas por fuertes e influyentes Personas de Control. Su escatoma les impide ver más allá de esas creencias. Esperemos que sus nietos sean capaces de superar el dogma anticuado de sus abuelos.

Para muchas creencias religiosas, nuestros puntos de vista religiosos están entretejidos en nuestras identidades antes de la edad en la que hemos desarrollado la capacidad de razonar por nosotros mismos. Muchas personas no pueden escapar de ese punto de vista durante su vida porque temen que las Personas de Control que les impusieron esas creencias puedan tener razón, y ninguna otra alternativa ofrece ese mismo nivel de seguridad. Si la promesa de una buena vida en el más allá no es suficiente para , esas personas también inventaron el "infierno". La combinación de recompensa y castigo utilizada eficazmente por la Gente de Control es potente. "Si no creo por fe ciega, iré al infierno". Esta creencia es una de las herramientas sociales más fuertes para controlar a la gente ingenua que quedan en existencia hoy en día. Charles Darwin dijo que "El infierno es la creencia más condenable impuesta a la humanidad". ¿Qué punto de vista es el correcto: ¿La de Darwin o la de la Gente del Control? ¿Qué diferencia hay en cómo vivimos nuestras propias ? Hay una gran diferencia. Esta cuestión merece nuestra propia consideración. Al fin y al cabo, como has oído muchas , nuestra vida actual puede ser la única que nos quede por vivir.

Si Epicuro tiene razón, habremos malgastado nuestra propia vida si no la vivimos al máximo mientras estamos aquí. ¿Cómo hacemos? Sabemos que somos plenamente humanos. Sin embargo, ¿sabemos realmente cómo llegar a ser Plenamente Vivos? ¿Podemos hacerlo y seguir deseando una vida en el más allá? Por supuesto que sí. Pero estas preguntas merecen una reflexión más profunda para quienes desean mejorar la calidad de su propia vida.

No estoy diciendo que no puedas aferrarte a cualquier creencia por la razón que sea importante para ti. Si te reconforta, ¿por qué iba a decirte nadie que estás equivocado? Puedes aferrarte a esa creencia y seguir aprovechando al máximo tu vida mientras estés aquí. Aprovechar al máximo esta vida es importante, para que no te hayas perdido de vivirla plenamente, independientemente de las creencias que decidas aceptar, incluida posibilidad de tener una vida en el más allá. Si no permites que el deseo de una vida en el más allá controle tu vida en la Tierra, no hay razón para que no puedas aferrarte a esa creencia. Entonces no interferirá con usted. vivir tu vida en la Tierra lo más plenamente que . Cada uno de nosotros llegará a sus propias conclusiones; y a nadie debería importarle realmente qué camino te atrae. Sin embargo, aquellos que se aferran a esa creencia, haciendo que descuiden aprovechar al máximo esta , perderán de cualquier manera. Eso tiene poco sentido inteligente para muchas más personas hoy en día.

Puesto que el propósito de este libro es ayudarle a obtener lo máximo que pueda de la única vida que sabemos con certeza que tenemos, consideremos que si Epicuro está en lo cierto, y también cumple lo que cree que se requiere para que pueda optar a una vida en el más allá, habrá obtenido lo máximo que de la vida. Para lograrlo, debes tener el control de tu vida, de modo que puedas crecer hasta el nivel de vida más alto que puedas obtener, tal y como lo describe el psicólogo Abraham Maslow. Si permites que otros controlen lo que crees, estarás viviendo su vida y no la tuya. Debes tener el control de tu propia vida para poder elegir tu propio camino si quieres crecer como consideres apropiado. Para realizar tu propia existencia, necesitas alcanzar tu nivel de vida que actualiza tu propia vida para que seas capaz de hacer lo máximo que puedas fuera viviendo tu propia vida hoy. Nadie más puede hacerlo por ti. Sigamos leyendo para descubrir lo que todo esto significa realmente para ti.

Si las Personas de Control que están influyendo en tu vida están en lo cierto, aún habrás ganado más en tu vida, especialmente en la medida en que tu vida se haya vuelto significativa para quienes mejor gracias a que tú estuviste aquí. Incluso si las Personas de Control no son honestas en su planteamiento, sino que se limitan a controlarte como medio para crear el pegamento social que nos permite convivir con éxito, este libro no destruirá esas creencias. Este libro pretende ampliar tu visión de la realidad en la que vives.

Y, con suerte, no te habrás perdido vivir de verdad la única vida que realmente sabemos con certeza que existe. El problema está en quién controla tu vida, no en lo que tú decidas creer.

Aquellos que sentían que su control religioso sobre la gente se veía amenazado por Epicuro, intentaron desacreditarlo afirmando que era "un hedonista". Decían que Epicuro afirmaba que nuestro objetivo era "comer, beber y ser felices, porque mañana morirás", y porque sin una vida en el más allá, obviamente no existe un "infierno" que te castigue por tus pecados. Los amenazados por ese punto de vista también afirmaban que Epicuro decía que "puedes pecar libremente todo lo que quieras pecar". Epicuro era un hedonista en el sentido literal de la palabra, pero sus creencias eran exactamente las opuestas a las de quienes intentaban . Creía en vivir la vida plena sintonía con el propio entorno. Para Epicuro, la buena vida era "no desear nada, y necesitar poco, y experimentar plenamente cada momento". También creía que en la medida en que tu vida estuviera guiada por la lujuria o por el objetivo de complacerte en exceso en cualquier cosa, te dejabas llevar por tus propias necesidades y deseos, en lugar de permitir que tu vida estuviera guiada por tu . La buena vida era la vida que disfrutaba o apreciaba plenamente cada momento, sin buscar nada. Sus distractores miraban la vida desde una perspectiva equivocada. Epicuro no querría tener nada que ver con las personas que describían.

Como la vida de Lester y Maria Mondale, la vida sencilla produce la mayor felicidad, porque no tienes ninguna necesidad que te impulse a adquirir nada. Simplemente disfrutas al máximo de todo lo que te rodea, de lo que haya disponible para que luego lo disfrutes, como una hermosa puesta de sol. Epicuro creía que uno debe tomar las riendas de su propia vida. Para , los dioses no te controlaban, simplemente estaban en el fondo observando. Sólo esperan que aproveches al máximo la vida que han dado. No te ayudarán a conseguirlo; debes hacerlo por ti mismo.

Debido a las creencias abrumadoras en los muchos dioses que se creía que controlaban al pueblo de Atenas en el siglo IV a.C., su meme cultural superó a la filosofía del humanismo expresada por Epicuro y la creencia de Epicuro disminuyó en Europa. Afortunadamente, fue inmortalizada en un poema épico por Tito Lucrecio Caro, que fue un poeta y filósofo romano, que vivió alrededor del año 100 a.C.. Su única obra escrita conocida es el poema filosófico didáctico, De Rerum Natura, sobre la ciencia que incluía los principios y filosofía del epicureísmo, que suele traducirse al español como "Sobre la naturaleza de las cosas".

Lucrecio era mucho más provocador que Epicuro. Afirmaba que la filosofía epicúrea ponía patas arriba la religión. Su interpretación era que exalta la existencia humana y pisotea la religión. Creía que, tras nuestra muerte, no existiríamos en toda la eternidad. Sólo el efecto de nuestra vida aquí en la Tierra permanece después de nosotros, y por lo tanto crea nuestra única inmortalidad. queremos aprovechar al máximo esta vida, debemos buscar nuestra propia felicidad mientras estemos aquí. Sin embargo, cercano a la creencia de Epicuro, Lucrecio afirmaba que el único impedimento para nuestra felicidad es el deseo. Tenemos el poder exclusivo de controlar nuestros propios deseos. poder depende de que tengamos libre albedrío para tomar nuestras propias decisiones.

Si no hubiera sido por Lucrecio, quizá no hubiéramos conocido la filosofía epicúrea ni siquiera hoy en día. También nosotros podríamos seguir viviendo en el pasado, temiendo por nuestra propia vida si no estuviéramos de acuerdo con la Gente de Control dentro de la Iglesia que sigue dominando la vida de miles de millones de personas que viven hoy en día. Algunos incluso podrían sentir que ese tipo de vida es análoga hoy a la descrita por George Orwell en Diecinueve Ochenta y Cuatro.

El poema de Lucrecio permaneció inactivo durante 1.500 años en un monasterio alemán hasta que fue descubierto por Peggio Bracciolinicompañero de estudios y amigo de Cosmo Medici. Bracciolini era un ávido buscador de manuscritos antiguos. Procedía de la ciudad-estado de Florencia, en el norte de Italia. Vendió el manuscrito a Cosmo Medici a principios del siglo XV de nuestra era. Cosmo pidió a Nicol Medici, que era secretario del Papa, que tradujera el poema de Lucrecio del griego a la lengua italiana de Toscana en lugar de al latín, que era la lengua religiosa utilizada por la Iglesia para todo lo demás que traducía.

La familia Médicis leyó, y el pueblo de Florencia adoptó, la filosofía epicúrea como planteamiento filosófico para la vida de quienes vivían en su región de influencia en torno a la ciudad-estado de Florencia. Este poema, y la filosofía de vida que describía, hicieron que se produjera el Renacimiento que abrazó las artes y mejoró la cultura, y adoptaron la filosofía epicúrea para Proporcionar libertad individual. La cultura en torno a Florencia floreció, y ella surgieron las importantes obras de Miguel Ángel y Leonardo DaVinci, entre otros.

La Iglesia controlaba las creencias culturales occidentales predominantes en aquella época, como lo había hecho durante más de 1.200 años. Muchos teístas abrazaron el cambio cultural que supuso el Renacimiento, aunque enturbiaron las aguas de lo que, por otra parte, era un contraste significativo con sus creencias aceptadas que lo precedieron. No obstante, la visión epicúrea de la vida desafiaba la filosofía de la vida vigente, que se había convertido en un meme cultural aceptado por la mayoría de los habitantes de la Europa medieval. Más que un , fue un incendio. La adopción por los floridanos de la visión epicúrea de la vida en la región italiana de Chianti había iniciado el periodo renacentista que sacó a la civilización occidental de la edad oscura dominada por el estricto control de la Iglesia católica romana extendida por gran parte de Europa.

Miguel Ángel vivía en Florencia y servía al Papa en el Vaticano, en Roma. La Iglesia y los Medici fueron sus principales mecenas. La Iglesia le encargó el diseño de la cúpula de la Basílica de San Pedro y la pintura del techo y la pared del altar de la Capilla Sixtina. A menudo me he preguntado cuántos católicos se han dado cuenta de que esas esculturas y la escultura de mármol de la Virgen María y el Niño en el santuario de San Pedro del Vaticano fueron creadas por un humanista.

Aunque era muy religioso, estaba muy influido por la filosofía de de los Médicis. Cuando le pidieron que hiciera una escultura que representara la filosofía epicúrea de Florencia, creadora del Renacimiento, Miguel Ángel eligió una pieza desechada de mármol blanco de una cantera cercana, de poco más de diecisiete pies de largo y unos cinco pies cuadrados. Se vendió con descuento porque otro artista había roto una esquina del bloque. Como tenía un defecto, Miguel Ángel lo consiguió a precio de ganga. No se quejó aunque tuvo que tallar "El David" en diagonal a través de su bloque de mármol.

Ya que la filosofía epicúrea reconocía a cada , en lugar de a un dios, como centro de "la naturaleza de las cosas". Miguel Ángel decidió

El rey David era la mejor representación del hombre conquistando su propia vida, en lugar de los humanos siendo controlados por Dios. La estatua de Miguel Ángel se colocó finalmente en el patio contiguo a las oficinas del gobierno (actual Galería de Arte de los Uffizi). La primera pasarela del mundo conectaba este con las oficinas y el palacio de los Médicis. Con una longitud de más de un kilómetro y medio, cruzaba el río Arno por el Ponte Vecchio, dos pisos por encima de la vía pública del puente a través de los mercados comunitarios de carne, situados entonces en la planta baja del puente, donde los mercaderes podían arrojar sus residuos a las aguas del río, mientras que los que pasaban por la planta dos pisos más arriba caminaban seguros hasta la residencia de los Médicis. Hoy en día, el Ponte Vecchio alberga a los mercaderes de oro, ya que los Médicis finalmente dictaminaron que los mercados de carne debían trasladarse debido a que el olor a carne podrida que producía el mercado había alcanzado el nivel superior del puente.

Como resultado de esta nueva libertad para desafiar a la Iglesia, el clima cultural cambió y dio lugar a la Reforma protestante. La expansión de una alternativa al estricto control de la Iglesia caló rápidamente en Europa Occidental. Esta libertad frente al miedo a las Inquisiciones y su amenaza de muerte por parte de la Iglesia, que antes había imperado en toda , fue un soplo de primavera para la opinión pública. Así, Martín Lutero se sintió libre para fijar sus Noventa y Cinco Tesis en la puerta de la iglesia católica de Todos los Santos en Wittenberg, Alemania, objetando algunos de los cánones de la Iglesia. El resultado fue la Reforma Protestante, cuando Lutero y sus seguidores fueron excomulgados de la Iglesia Católica. Su solución fue crear su propia Iglesia. Pero eso solo cambio quien gobernaba la religion que gobernaba al pueblo. A las masas se les seguía diciendo por la Gente de Control lo que debían creer. Los protestantes seguían dentro de la fe cristiana. Esas Personas solo tienen un clero y orden de diferente.

Los que adoptaron la filosofía epicúrea de la vida vivieron como humanistas, libres del control externo de su vida durante unos dos siglos, antes de que los memes de las creencias culturales, creados por la Iglesia, volvieran a imponerse sobre el control de las creencias públicas. La ignorancia y la fe ciega volvieron a influir por tercera vez en el público para que aceptara predominantemente

la creencia cultural tradicional de que Dios regía la vida de cada persona. Los que tenían esa creencia también aceptaban que la Iglesia hablara en nombre de Dios. Los sacerdotes volvían a controlar la vida en la región, aunque muchos de los que controlaban eran ahora etiquetados como "protestantes".

La imprenta, inventada a finales del siglo XV, produjo la en masa. Por primera vez, las masas pudieron leer la Biblia por sí mismas. Esto redujo el papel necesario que los sacerdotes habían desempeñado durante 1.500 años.

Ahora les resultaba más difícil afirmar que eran los intercesores del público ante Dios, ya que el público pronto aprendió a leer y podía entonces interpretar la Biblia por sí mismo. Ahora también había muchas religiones que aspiraban a desempeñar ese . Combinado con el efecto del Renacimiento, que hizo que el público tuviera una sensación de control sobre sus propias vidas, el poder de la Iglesia Católica ahora compartía el escenario con los protestantes, de modo que su control de la religión se redujo significativamente. Sin embargo, el meme que creaba la creencia cultural del público en Dios, de cualquier forma, era tan fuerte que la creencia pública simplemente reajustó cómo se expresaba este Dios en una forma más moderna que todavía existe hoy.

Leonardo de Vinci, veintidós años mayor que Miguel Ángel, también vivió en la República Florentina. Pintó La Última Cena, muy conocida hoy en día. Leonardo era un humanista mucho más fuerte que Miguel Ángel. De hecho, Leonardo se convirtió en un líder entre aquellos con una visión humanista más liberal de la vida, sugiriendo que todos aprovechar al máximo nuestra vida aquí en la Tierra hoy, porque eso fácilmente podría ser todo lo que hay para que disfrutemos. Leonardo se convirtió en uno de los artistas, científicos y pensadores de vanguardia más famosos de su época. Su obra sigue siendo venerada, incluso por los católicos. Leonardo y Miguel Ángel son inmortales. Sus vidas siguen afectándonos a todos más de 500 años después de su muerte. Es una inmortalidad significativa, aunque no exista nada más para ellos como individuos.

Sin embargo, los cambios en el poder y las nuevas incertidumbres permitieron que surgieran muchas personas que contribuyeron a que el público tuviera una visión alternativa de la religión. Además de Martín Lutero, otra persona con una influencia significativa fue Erasmo. Se sintió obligado a desafiar a la Iglesia organizada. Se formó como sacerdote católico pero finalmente se convirtió en un humanista cristiano holandés cuyos extensos escritos influyeron significativamente en el Renacimiento que alteró el amplio control que existía anteriormente para la Iglesia. Aunque desafió el pensamiento de la Iglesia, lo hizo dentro de la religión.

Aunque el control de la Iglesia que había prevalecido durante más de un milenio, dictando lo que cada persona debe creer disminuyó, simplemente se compartió con otras confesiones religiosas, algunas incluso superaron el audaz control de la Iglesia sobre las vidas de sus ovejas. Antes de que te sientas piadoso y por encima de la contienda, en Estados Unidos no éramos inmunes. En tiempos más "modernos" tuvimos la caza de brujas de Salem, que demostró que, incluso en la "tierra de la libertad", el poder de las falsas creencias para hacer daño a la gente no había desaparecido. Muchas creencias culturales, incluso hoy en día, siguen siendo bastante primitivas.

El control de la Iglesia sobre lo que debemos creer era tan fuerte que arrolló fácilmente el cambio de visión adoptado en Florencia que contribuyó al Renacimiento. La memoria histórica de las masas en el resto de Italia había quedado bien cimentada en su cultura anterior, sobre todo después de haber sido reforzada por las amenazas de la Iglesia sobre la vida de quienes negaban su control. El Renacimiento hizo que la Iglesia modificara sus técnicas de control, pero no eliminó su dominio en las vidas de la mayoría de las personas que vivían en otras regiones cristianas de , y pronto se introduciría en América como parte de nuestra cultura. Hoy en día, simplemente se te dice que si no crees "Irás al infierno", pero la Iglesia ya no te ayuda a llegar allí como lo hacía quemando a los incrédulos en la hoguera.

El Renacimiento simplemente redujo el poder de la Iglesia y la empujó hacia una visión más liberal de la vida. Como todos los memes, la Iglesia simplemente se adaptó al cambio en la visión cultural. Por lo tanto, el control de la Iglesia sobrevivió. Y los que adoptaron el Epicureísmo la filosofía se desvaneció de la existencia prominente afectando al cambio cultural por tercera vez, pero había marcado la diferencia. Afortunadamente, el avance social que supuso la Ilustración también trajo consigo el estudio de la ciencia en el siglo XVIII.

Aumentó la conciencia del público sobre el beneficio del conocimiento y la filosofía. El conocimiento y la verdad se hicieron populares. Sin embargo, ni siquiera ese clima perduró. Mucha gente reconoce hoy que las masas público pueden ser crédulas y están desinformadas, cuando no son ignorantes, sobre casi cualquier tema. Nuestra propia sociedad sigue determinando lo que la gente "debe creer".

Incluso con este ímpetu, la filosofía epicúrea de la vida no tenía fuerza suficiente para superar el meme públicamente aceptado del cristianismo que, tras generaciones de crecimiento, había adquirido ahora producir una vida independiente. No hay duda de que la religión se había convertido en un meme, adaptándose con el cambio en nuestra cultura de . En este libro aprenderemos cuál es el verdadero efecto de los memes sobre nuestras creencias.

Con toda la agitación religiosa existente en aquella época, el epicureísmo no tuvo fuerza suficiente para . Así, las creencias religiosas culturales predominantes de la Iglesia que han existido durante más de 2.000 años han seguido siendo predominantes hasta nuestra moderna.

Este libro no pretende decirle que debe renunciar a sus creencias religiosas. Su religión personal proporciona los símbolos que ha aprendido desde la primera infancia e incluye lazos emocionales que le unen. La lógica no puede sustituir fácilmente las creencias profundamente sentidas que adquirimos antes de nuestra edad de la razón, ya que las adquiridas en nuestra primera infancia se aceptan por razones emocionales, y no lógicas, basadas en hechos demostrables.

Muchas personas utilizan símbolos para expresarse de formas actualmente no tenemos otro medio mejor de abordar. La religión satisface los niveles más bajos de las necesidades de seguridad de la mayoría de la gente. El objetivo del humanismo es proporcionar un enfoque para maximizar su vida aquí en la Tierra. No tiene necesidad de una vida en el más allá. Hoy en día hay humanistas que pueden

creen en un más allá para cumplir su objetivo de maximizar nuestra vida mientras estamos aquí en la Tierra. Si eso realmente añade valor a tu vida, eso debería depender de ti. Humanismo significa no renunciar al derecho de controlar tu propia vida, y a la capacidad de vivir tu propia vida al máximo que puedas alcanzar. La preocupación de los Humanistas con la religión es cuando causa escatomas que interfieren con la capacidad de sus miembros de actualizar sus propias vidas.

El humanismo no te dice que no puedas creer en lo quieras creer. Es tu propia vida para que vivas como quieras. Lo que nos preocupa son las Personas de Control religiosas que se sienten amenazadas cuando piensas por ti mismo. Especialmente si usan el miedo o la culpa como herramientas para mantener su control sobre ti. El objetivo del Humanismo es mostrarte cómo aprovechar al máximo tu vida en la Tierra tal y como tú quieres . Para ello tienes que ser capaz de tomar tus propias decisiones con conocimiento de causa, sin aceptar ciegamente lo que otros digan. No dejes que te nieguen la oportunidad de validar su verdad por ti mismo si su creencia ha de ser aceptada por ti más que momentáneamente. El edicto de que hay que "tener fe" crea una barrera que muchos nunca podrán superar.

Mucha gente puede situar su religión por encima de la filosofía humanista de la vida porque la mayor parte de la religión se centra en una vida en el más allá, y sólo marginalmente en cómo vivimos nuestra vida aquí en la Tierra. El camino para llegar al cielo es lo que la Iglesia afirma que proporciona si realmente quieres alcanzar una existencia después de la muerte. Ningún humanista debería oponerse si eso es importante para alguna persona. Pero la mayoría de los humanistas no encuentran ninguna razón para aceptar tal creencia en primer , ya que no hay ninguna evidencia válida de que exista - y mucho menos el compromiso de tiempo requerido si quieres aceptar esa creencia, y por lo tanto debes seguir el camino prescrito de tu Persona de Control que ellos afirman es necesario para que llegues al Cielo. Los humanistas sólo creen en lo que pueden aceptar como verdadero para ellos mismos. Cómo determinamos lo que es verdad para nosotros mismos es un tema que debemos abordar ahora.

Uno de los puntos de este libro es si puedes darte cuenta de lo que te está sucediendo que te niega la capacidad de vivir tu propia vida al máximo porque estás dispuesto a ser guiado. Como resultado, estás dispuesto confiar en las creencias de la Gente de Control sin verificarlas. La cuestión es si quieres mantener el control sobre tu propia vida. Probablemente nadie te haya hecho esa pregunta antes, pero la forma en que respondas a esa pregunta puede cambiar tu vida. Si quieres controlar plenamente tu propia vida, te liberará para convertirte en la mejor persona que puedas llegar a ser. Y te ahorrará la pérdida de tiempo que te crea barreras si deseas crear un camino .

Muchas personas mayores que los Millennials ya no encuentran la necesidad de controlar sus propias creencias debido a que sus propios "escatomas" socialmente desarrollados se han endurecido hasta convertirse en cemento, y al hecho de que se han acomodado en su propio nicho limitado en la vida. Por lo tanto, muchos adoptan la postura: "No me digas que estoy equivocado, porque realmente no quiero ". Si usted es una oveja contenta, este libro no es para usted. Pásaselo a alguien más joven, a una persona más abierta de mente. Este libro está destinado a las personas que, como Epicuro, creen que cada uno debe tomar las riendas de su propia vida.

Aún más importante es aprender a maximizar la única vida que sabemos con certeza que existe. Si usted es una de estas personas, este libro le dirá cómo usted también puede lograr ese objetivo para que pueda actualizar su propia existencia.

Capítulo II
La filosofía del humanismo hoy

El conocimiento y la conciencia de la realidad en cualquier profundidad requieren una experiencia de toda la vida, o un nivel superior de educación, a menudo no disponible o fuera del alcance del público medieval en el pasado, ya que muchos eran incapaces de leer. La mayoría de las personas que tenían la capacidad de leer en nuestra historia anterior eran monjes y sacerdotes que trabajaban dentro de la Iglesia. La filosofía humanista volvió a ser subvertida por tercera vez, esta vez durante cerca de 500 años. Recuerde que no fue hasta 1440, cuando Johannes Gutenberg inventó la imprenta utilizando tipos móviles que hacían los libros más accesibles al público, que la gente pudo aprender a leer. La creación de Gutenberg cambiaría todo el campo de juego religioso en el futuro, ya que el público podría, por primera vez, leer la Biblia por sí mismo.

La filosofía epicúrea resurgió formalmente en América durante la primera década de 1900, inicialmente con un ministro unitario que vivía al oeste del río Misisipi. En aquella época, quienes se trasladaban al oeste tenían que ser autosuficientes para sobrevivir. Para entonces, para la mayoría de las personas que vivían al este del Mississippi, la civilización cultural se había desarrollado hasta el punto de que la sociedad proporcionaba las respuestas a la mayoría de las cuestiones para la mayoría del público, y el "pensamiento de grupo" controlaba significativamente sus creencias. Las personas que vivían al este del Mississippi ya no necesitaban realmente pensar por sí mismas, si estaban dispuestas a aceptar lo que la sociedad creía. Como todo el conocimiento necesario para el público estaba en las instituciones religiosas y los memes culturales, la vida no requería que un individuo pensara por sí mismo.

La gente que se trasladaba al Oeste tenía que ser más autosuficiente, ya que la sociedad no estaba tan organizada como en el Este. El reverendo

John Dietrich fue un pensador innovador. Era ministro de la Iglesia Unitaria de Spokane, Washington. Esto es lo más al oeste que se podía llegar entonces en el territorio continental de Estados Unidos. Dietrich redescubrió el concepto de que "el hombre es el centro de su propia vida humana, y no estamos controlados por ningún "dios"". Esta es la misma filosofía interpretada por primera vez en la historia documentada por Epicuro. El reverendo Dietrich predicó este concepto de autonomía personal en sus sermones durante varios años antes de que le llamaran para trasladarse a otra congregación en su carrera, algo típico en el clero. El reverendo Dietrich se convirtió en ministro de la Primera Iglesia Unitaria de Minneapolis. Discutió su pensamiento con otros ministros unitarios del Medio Oeste. Al reverendo Curtis W. Reese, ministro de la Primera Iglesia Unitaria de Des Moines, Iowa, le gustó la visión de la vida que tenía Dietrich. La congregación unitaria de Reese no se reunía en los meses de verano de junio, julio y agosto. Antes de que existiera el aire , hacía demasiado calor en Iowa como para querer sentarse en un banco de la iglesia los domingos. Además, muchos de los que vivían en Iowa en aquella época eran agricultores que trabajaban siete días a la semana durante la temporada de cultivo.

A diferencia de la mayoría de las demás confesiones eclesiásticas, a las Personas de Control de la Iglesia Unitaria no les preocupa no poder controlarte te tomas un descanso estival. Eso es porque en la Iglesia Unitaria debes pensar por ti mismo. Nadie te da una respuesta a nada que se espere que aceptes como tu creencia personal. A sus miembros se les presentan cuestiones sociales a considerar en sus sermones, y cada persona tiene que pensar en una respuesta apropiada para sí misma. Aceptar cualquier cosa teniendo "Fe" no es un requisito en la mayoría de las congregaciones Unitarias. De hecho, cualquier requisito para creer cualquier cosa por "fe ciega" sería generalmente visto como un insulto, y como una negación de la inteligencia de sus miembros. Los que estaban en la Iglesia Unitaria de Des Moines buscaban conocimientos, no respuestas prescritas.

Para reanimar a su congregación en la primera semana de septiembre, el sermón de Reese tenía que ser un "granero encendido" para volver a captar la atención de sus miembros. Los miembros unitarios de su iglesia eran todo menos ovejas. Reese compartió su propuesta de sermón con

Dietrich, quien la aprobó, excepto por el título. Dijo que el título debía ser algo que la congregación recordara. Sugirió que Reese podría llamarlo algo sencillo, como "Humano" o "Humanismo".

Así, la primera vez que la filosofía epicúrea fue calificada de "humanismo" fue en el sermón de Curtis Reese pronunciado en la Primera Iglesia Unitaria de Des Moines en 1917, hace sólo poco más de cien años. Este sermón se centraba en que el individuo era el único que tomaba las decisiones en su propia vida, en lugar de que un dios sobrenatural, del que ni siquiera pruebas, tomara las decisiones por él. Esta Filosofía es la que fue formalmente definida en el Manifiesto Humanista I, por Lester Mondale, John Dietrich, Curtis Reese y otros treinta y un filósofos y ministros cuando fue publicado por primera vez como el Manifiesto Humanista en 1933. Así pues, esta toma de conciencia de la filosofía epicúrea se produjo hace poco, durante la vida de algunos de los que aún vivimos hoy. Pero cambiar la conciencia del público sobre cualquier visión de la realidad lleva su tiempo. El crecimiento de nuestras ideas se acelera mediante un algoritmo, no en línea recta.

A continuación, Dietrich y Reese formaron la Asociación Humanista Americana (AHA) en 1941, con su primera oficina ubicada en Yellow Springs, Ohio, cuando nombraron al ministro unitario de esa comunidad, el reverendo Edwin H. Wilson, primer director ejecutivo de la AHA. El primer Consejo de Administración de la AHA eligió a Raymond Bragg, entonces actual ministro unitario de Minneapolis, como primer presidente de la AHA. Su propósito era garantizar que la voz de la filosofía epicúrea fuera escuchada por el público, ya que había sido ahogada tres veces antes por los antiguos dogmas religiosos de las creencias culturales. Querían que sus bisnietos supieran que tenían a su disposición una alternativa inteligente a las creencias religiosas de fe ciega, basada en la verdad y la realidad verificables, si tan sólo escuchaban. Al igual que lo fue para la gente de la antigua Grecia 2.500 años antes, ésta era una forma única de pensar sobre lo que sus vidas realmente significaban para ellos.

Wilson empezó a publicar un boletín periódico titulado Free Mind (Mente libre), dirigido a quienes se identificaban con esta filosofía de recién resucitada. La AHA se convirtió en "el ratón que rugió". Podía haber sido pequeña. Pero desde sus , la filosofía de la AHA fue poderosa, y dijo la verdad sobre la realidad. Wilson seguía siendo miembro de la junta directiva de la AHA cuando me convertí en su duodécimo presidente, treinta y ocho años después de su creación.

Hoy el humanismo es conocido en todo el mundo. Mi camarera de vinos a bordo de un crucero Viking River en Rusia que viajaba de San Petersburgo a Moscú, había seguido un curso universitario en Vladivostok, Rusia, situada en un rincón lejano de nuestro mundo siete husos horarios al este de Moscú, que había enseñado sobre humanismo. Esa comunidad está a sólo unos 160 kilómetros de las islas de Alaska.

Hoy en día, en algunos países europeos, el humanismo es la creencia predominante. El mensaje humanista que se originó en mi Iglesia Unitaria de Des Moines, Iowa, se ha escuchado en todo el mundo en menos de 100 años. Nuestro control cultural de las creencias de fe ciega que aún predominan en Estados Unidos se considera primitivo en algunas partes del mundo occidental actual.

La verdad debería prevalecer en última instancia si cuenta con defensores fuertes que se organicen hasta que la verdad prevalezca y se convierta en su propio meme cultural. La dicotomía entre el matón y el altruista, de la que hablaremos más adelante, lo aclarará. Cuando sólo hay individuos que defienden la verdad, es fácil que su creencia acabe siendo ahogada por los memes culturales religiosos mucho más fuertes que rodean a esa persona. La voz de Robert Ingersoll, un humanista que fue públicamente muy popular hace siglo y medio, decía esta verdad, pero su mensaje no perduró. Así, la formación de la AHA fue un punto de inflexión para el humanismo. Nuestro objetivo hoy es que su voz se mantenga para que sea escuchada por las generaciones futuras.

El humanismo atrae a todo tipo de intelectuales, incluidos académicos y científicos. Charles Darwin era humanista en una época en que la filosofía epicúrea no gozaba de reconocimiento público. Temió por su vida cuando divulgó su prueba de que la vida humana evolucionó de forma natural a partir de criaturas marinas, y no fue creada únicamente por Dios, por lo que pospuso su publicación hasta la vejez. Entre los humanistas más recientes figuran Albert Einstein, Theodor Seuss Geisel (Dr. Seuss) y el astrónomo Carl Sagan, creador de la serie de Cosmos, y Bill Nye "el Tipo de la Ciencia", Jonas Salk, que proporcionó una cura para la polio, hasta Betty Friedan, que sacó a las mujeres de la oscuridad cultural como Ciudadanas de segunda clase, y su sucesora, Gloria Steinem, que actualmente dirige la Organización Nacional de Mujeres.

He conocido personalmente a la mayoría de estas personas. A esa gente le molestaría que los de Control nos trataran como borregos.

Estamos viendo en América la misma conciencia personal y deseo de autonomía hoy en día por parte de los millennials y los más jóvenes. Pronto, todo aquel que acepte la responsabilidad de su propia vida se dará cuenta de que es hora de que la gente entienda que aquellos que son marionetas, sujetos al control de otros, ya no son la mayoría. El humanismo habrá llegado al punto en que también se convierta en un meme que ya no pueda ser erradicado de la aceptación pública. Y la creencia cultural actual de que la religión es inmune a la crítica pública y al desafío ya no será tolerada. La religión tendrá que superar la prueba de la verdad. Las religiones que aportan valor a sus miembros seguirán existiendo. Las que intenten controlar a sus miembros utilizando el miedo y la culpa como instrumentos de control se volverán impopulares y se marchitarán.

Muchas personas religiosas de control que consideraban importante atender a su rebaño para su propia , tendrán que añadir un valor real basado en una educación significativa y un beneficio personal reconocido para las personas a las que sirven. Ya no se tolerará que a sus rebaños les digan que deben "diezmar" aquellos que dependen de sus dones para mantenerse y así poder mantener su iglesia. Tendrán que ganarse su derecho proporcionando a sus miembros valor que sus miembros sientan que realmente necesitan, en lugar de ser sólo necesarios para su prometida recompensa en una vida del más allá que no tienen medios para demostrar que siquiera existe.

Históricamente, no ha sido así. ¿Se ha preguntado alguna vez por qué, en una comunidad pobre de México y , con frecuencia la única muestra de riqueza está en la Iglesia? La Iglesia debería contribuir con liderazgo, brindando oportunidades de éxito a todos sus feligreses para que ellos también puedan participar al mismo nivel económico para justificar la muestra de de la Iglesia.

Ha llegado el momento de que los miembros más antiguos despierten, y la protección cultural de la religión que antes sostenía a los Control People que han estado abusando de sus privilegios ya no les protegerá. Usted ve el comienzo de esto con la Iglesia teniendo que lidiar con la preocupación pública por el abuso sexual de los sacerdotes a sus hijos. Seguirán otros desafíos. Su clero ahora tendrá que añadir un valor real mensurable reconocido por las personas a las que sirven, o su iglesia se marchitará y morirá porque sus miembros más jóvenes simplemente no estarán allí.

El camino de la Capilla Sixtina a la Basílica de San Pedro lleva al público a través de un pasillo forrado de cristal para que el público pueda ver el interior del Museo Vaticano, repleto de objetos de gran valor, mientras los pobres se sientan contra el exterior del muro que rodea el Vaticano suplicando "Limosna para los pobres" a los que hacen cola para visitar la Capilla Sixtina. Sin embargo, nadie dentro de los muros del Vaticano presta atención. ¿Por qué? Este es un ejemplo de lo que estoy diciendo que quizá quiera considerar.

Hoy las oficinas de la AHA están en Washington, DC, a menos de una milla al norte de la Casa Blanca. Recientemente, la AHA formó el Congressional Freethought Caucus, al que presta apoyo y donde se reúnen actualmente. Como resultado, la AHA redactó un proyecto de ley relacionado con los derechos humanos que ya ha pasado por el Congreso. La AHA está marcando hoy una diferencia sustancial en la vida de las personas. Hay millones de humanistas en todo el mundo, en parte porque Dietrich y Reese crearon el "ratón que rugía", y su voz está siendo escuchada. Todavía queda mucho trabajo por hacer para la AHA. El Censo de EE.UU. de 2020 nos dice que hay al menos un veintisiete por ciento de estadounidenses adultos que afirman "ninguna" cuando se les pregunta por su religión. Más del cuarenta por ciento de las generaciones más jóvenes, principalmente los millennials y los más jóvenes, afirman no tener ninguna afiliación religiosa. Muchas de estas personas se identificarían como humanistas si supieran que existe esta filosofía de vida. El objetivo de la AHA es asegurarse de que estos "nadie" escuchen la voz del humanismo. Ese es uno de los propósitos para escribir este libro.

Reconocer que hoy por fin es culturalmente aceptable que cada uno de nosotros sea responsable de su propia vida. Podemos convertirnos con seguridad en centro de nuestra propia existencia sin miedo a ser excomulgados. O, peor aún, miedo a ser enviados al "infierno". (Como si aquellos capaces de elevarse por encima de las ingenuas creencias del público pudieran siquiera aceptar que tal lugar existe). Hoy en día, aunque muchas personas todavía permiten que sus vidas sean reguladas por esas Personas de Control, un número mayor acepta que sus Personas de Control tienen una autoridad válida porque es un hecho válido que todos nos beneficiamos de vivir pacíficamente juntos en nuestra , porque la religión todavía proporciona nuestro pegamento social. Pero al mismo tiempo, más personas que nunca ya no están dispuestas a ceder el control y la responsabilidad de sus propias vidas a estas Personas de Control. Esas personas no ser tratadas como ovejas.

Hoy los humanistas no estamos controlados por ningún Dios "sobrenatural" externo, y desde luego no tenemos que rendir cuentas a ninguna Gente de Control si no . Nos reservamos el derecho a desafiar a todos los que controlarnos, a menos que entendamos que lo que están haciendo es por nuestro propio bien, o que nuestra sociedad nos dicta que debemos hacerlo para que todos podamos vivir juntos con seguridad. Los humanistas somos conscientes de que no tenemos por qué aceptar ningún meme cultural que tenga raíces poco válidas, a menos que elijamos hacerlo.

Hoy podemos ignorar a esas Personas de Control que afirman que un dios, o dioses, gobiernan nuestras vidas. Tampoco tenemos que aceptar su afirmación de debemos aceptar la autoridad de estas supuestas Personas de Control, ya que son nuestro único camino disponible para interceder ante Dios, y si no aceptamos su creencia, sufriremos las consecuencias de la ira de Dios. Hoy en día ya no existe la amenaza de ser quemado vivo en la hoguera viviendo en los Estados Unidos. Sin embargo, hoy en día hay muchas regiones, especialmente en las naciones islámicas de Oriente Próximo, donde hay poca tolerancia hacia las diferentes creencias en conflicto. A pesar de que muchas creencias, todavía hoy aceptadas por un público ingenuo, son irracionales.

Afortunadamente, cada vez más personas son conscientes de que nuestro pensamiento grupal es primitivo y no resiste ninguna prueba de la verdad.

Quizás este ejemplo aclare mi punto de vista: ¿Pensarías normalmente que alguien que "oye voces", que le llevan a mutilarse los genitales y a tentar de muerte a su propio hijo, tiene un problema? Pensaría que una persona que hace eso tiene graves problemas mentales. En vez de eso, Abraham fue el creador de una creencia de fe que afecta a las vidas de miles de millones de personas que viven hoy en día y que siguen pensando que estuvo bien que él hiciera eso, y que sus creencias deben seguirse porque él dice "la palabra de Dios". La religión ha creado nuestra lente cultural nublada bloqueando nuestra capacidad de ver de una manera que de otro modo despertaría esa conciencia. La lente turbia de las creencias culturales protege todas las creencias religiosas de la crítica pública. Es hora de que la sociedad limpie la lente a través de la cual vemos la vida.

Para muchos humanistas de hoy, cuando se trata de la libertad de creencia, sentimos que nosotros, en América, finalmente nos hemos vuelto libres. Ese derecho es razón suficiente para defender dicha libertad de cualquiera, o de cualquier creencia religiosa, o de cualquier político, que pisotee nuestro derecho a ser libres de su control.

La religión ya no debe ser libre de ignorar que es culturalmente inaceptable cuestionar cómo la religión controla a su pueblo. La religión ya no puede esconderse tras su velo alegando que es inmune a las críticas. Es nuestro derecho constitucional, y quizá nuestro deber, cuestionar cualquier cosa que controle nuestras vidas o las de las personas que amamos. La gente de hoy comprende que puede vivir una vida más plena sin necesidad de aceptar nada por "fe ciega". Cuando una Persona Controladora afirma: "Debes tener fe". Eso debería ser una bandera roja para ti. Detén a la Persona en ese momento y exige saber ¿por qué? Presiona esa pregunta hasta que escuches todas sus respuestas, y cuando te digan que simplemente debes creer "por fe" porque no hay pruebas, para deberías darte cuenta de estás siendo controlado.

Es hora de que todas las personas tengan derecho a vivir sus propias vidas, como deseen vivir, sin que la Gente de Control amenace con la condenación eterna, o niegue recompensas en el cielo de las que no hay absolutamente ninguna prueba de que existan. Estas son creencias primitivas que sólo existen como un "pegamento social" necesario para aquellas personas que deben tener un control externo para que puedan siquiera existir en nuestra sociedad. Para muchos que viven entre las necesidades de nivel inferior, y los que no pueden o no quieren ver más allá de sus creencias culturales actuales, el control externo sigue siendo esencial para su propósito de mantener su vida dentro de nuestra sociedad. Pero

Esas personas se están convirtiendo en una minoría de nuestra población actual. Si nuestra sociedad enseñara a todo el mundo la jerarquía de necesidades de Maslow para que la gente se diera cuenta de que puede vivir en niveles de necesidad superiores a su existencia actual, muchos alcanzarían las estrellas. En el momento en que superas el nivel de del ego, el pegamento social que proporciona la religión ya no es necesario.

La creencia cultural de que está mal criticar la religión ya no es aceptable. Esa creencia ha protegido las creencias religiosas del escrutinio durante siglos; y ya no debería tolerarse. Eso es lo que ha protegido a la religión de la verdad. La gente muere en guerras innecesarias, incluso hoy en día, en nombre de su religión. Ese es el peor tipo de pensamiento primitivo, porque hace daño a la gente sin ninguna razón válida. Sin embargo, aún hoy muchos lo aceptan porque se hace en nombre de su Dios. Se acepta por "fe ciega". Eso ya no debería tolerarse. Sin embargo, los que todavía lo hacen están aceptando algo como cierto, sin ninguna prueba válida que apoye esa creencia. Es un pensamiento primitivo, pero sigue existiendo. eliminamos la lente turbia, todo el mundo podría ver la verdad. El problema que eso causaría a quienes no pueden elevarse por encima del nivel social no es algo que nuestra sociedad pueda aceptar actualmente porque no ofrecemos ningún sustituto. Se trata de creencias a nivel de seguridad, y la filosofía humanista no aporta nada a ese nivel.

Esta libertad frente a la religión sólo ha estado disponible para cualquiera de nosotros hace relativamente poco tiempo. La filosofía de Epicuro se originó cerca de cinco siglos antes de Jesús, y más de un milenio antes del nacimiento de Mahoma. La filosofía epicúrea resurgió en Roma, cerca del inicio del calendario moderno, superada por las memorias culturales más predominantes de las masas primitivas. La filosofía epicúrea volvió a perderse durante 1.500 años hasta el Renacimiento, donde contribuyó en gran medida a sacar al mundo occidental de Edad Media. Al cabo de unos cientos de años, desapareció de la conciencia pública por tercera vez a causa del meme cultural más dominante quesalvo en algunos pequeños focos apenas perceptibles, permaneció , hasta que volvió a surgir durante el siglo pasado.

La filosofía epicúrea, desde nuestra perspectiva cultural, es nueva, pero es mucho más antigua que muchas de las creencias que el público abraza hoy en día. Y lo que es más importante, para los que participamos en el humanismo organizado, nuestra filosofía de vida está más rápidamente que cualquier creencia religiosa o que cualquier confesión religiosa.

Hoy en día, especialmente a través de las redes sociales, más de cuatro millones de estadounidenses están conectados con la Asociación Humanista Americana de una forma u otra diariamente. La conciencia pública ha crecido de menos de 100.000 personas hace sólo veinte años. Esperemos que esta cuarta vez para la evolución de nuestra filosofía humanista podamos generar impulso para convertirnos en un "meme" cultural, teniendo una vida propia independiente comparable a la de cualquier religión existente hoy en día.

Los medios sociales permiten que el humanismo resuene entre un público lo suficientemente amplio como para que ya no pueda ser ahogado por filosofías religiosas competidoras que se sienten amenazadas. A los humanistas les resulta más fácil aceptar la verdad y la realidad, en lugar de basarse en mitos culturales para los que no existen pruebas válidas que los respalden, salvo autoridades que sólo son validadas por otras autoridades. Para un humanista, la mayoría de las creencias religiosas no tienen pruebas fiables que apoyen una verdad que pueda confirmarse, por lo que su aceptación sólo es necesaria por "fe ciega". Para los humanistas, esto no tiene ningún sentido inteligente y, sin embargo, miles de millones de personas siguen dispuestas a aceptar sus propias creencias por fe ciega" hoy en día. ¿Por qué querrían hacerlo? ¿Es porque así no tienen que pensar por sí mismos? Con esa actitud, otra persona les dirá lo que deben creer. Ya no vivirán su propia vida. Estarán viviendo la vida de una oveja.

En los años 80, Richard Dawkins acuñó el concepto original de "memes". Los memes son creencias humanas identificadas que se han autoreplicado y se transmiten de cerebro a cerebro y que ahora cobran vida propia. Las personas que sostienen esa creencia son sólo anfitriones temporales de esa creencia, y transmiten esa información a los demás como su verdad, sin necesidad de validación. Esta autorreplicación mantiene los memes culturalmente vivos en la sociedad. Más adelante descubriremos que algunos memes que conocemos personalmente. Sin embargo, nunca nos hemos planteado por qué los conocemos. ¿Por qué?

Es interesante cómo los jóvenes han popularizado hoy el concepto de meme de Dawkins. Entender que las creencias tienen vida propia perpetua, separada de la verdad, es un concepto poderoso. Esperemos que los jóvenes sean mucho más capaces de . ¿Supones que las mismas personas que temen que el público pueda llegar a entender conceptos que desafían sus creencias de "fe ciega" son también las que han contribuido a disminuir la comprensión actual del concepto de meme? Interesante reflexión, ¿verdad?

Tal vez algunas personas con creencias culturales más antiguas que se sentían amenazadas han intentado disuadir a su rebaño de descubrir otras formas de , por lo que han reducido la permeabilidad cultural de los memes para los más inclinados a la religión, convirtiéndola en una parte cotidiana de nuestro lenguaje, sin comprender su verdadero significado. Puede que no sea una coincidencia.

El logro es el equivalente de lo que hacen los matones de primaria en el patio de recreo. Llaman a otro compañero con un nombre inocuo como "enano", que se convierte en burla cuando otros se unen a la burla. En lugar de utilizar nombres mezquinos, los que intentan distanciar a la religión de ser reconocida como un meme consiguen el mismo resultado diluyendo el significado de la palabra meme en su intento de hacerla menos significativa. Una jugada brillante que puede haber funcionado. La verdad tiene ahora una voz fuerte, y será escuchada.

Nadie debería rechazar toda religión porque ofrece un valioso "pegamento social" que es esencial para muchas personas en todo el mundo. La religión contribuye a que gran número de personas, sobre todo en nuestra cultura occidental, puedan convivir con éxito. Se trata de una función cultural importante y necesaria. Para muchas personas cuyas vidas no han superado el nivel social medio de la jerarquía de necesidades de Maslow, que pronto comprenderemos, no existe en la actualidad un medio mejor de cumplir esa función necesaria en nuestra sociedad. Quizá llegue un momento en que casi todas las personas hayan actualizado su propia existencia; en que sus valores innatos sean aceptados por todos simplemente porque son los más válidos y produzcan los comportamientos correctos para todos. En ese , puede que la religión ya no sea necesaria en nuestra sociedad. Los que vivimos hoy en día nunca veremos eso, porque actualmente seguimos viviendo en una sociedad muy primitiva.

En la actualidad, la mayoría de las personas que profesan una fe religiosa en Estados Unidos lo hacen principalmente por razones sociales que tienen poco que ver con el mito religioso subyacente o con la historia de la religión. Intentaré demostrarlo en un capítulo posterior. Para muchos, su historia religiosa sólo sirve como símbolo para expresar los valores necesarios para sostener nuestra sociedad organizada. Por ejemplo, exigir confesiones, históricamente aceptado como parte necesaria de algunas confesiones religiosas, sólo es relevante porque refuerza el papel de los participantes en la corrección de sus comportamientos negativos para que puedan vivir con éxito en nuestra sociedad. Puede que Dios no esté directamente implicado en ello, sólo simbólicamente. Pero para muchos, incluso para algunos dentro de esa , el concepto ya no es aceptado por ellos necesario, o incluso beneficioso.

Sin embargo, la religión como institución sigue siendo una parte necesaria de nuestra sociedad para la mayoría de las personas. La religión como institución debe seguir siendo apoyada hoy en día, no condenada, por el bien que proporciona. La religión, como aglutinante social, sigue siendo importante en el mundo occidental para sostener nuestra sociedad para la mayoría de nuestra . Pero eso no significa que algunas técnicas utilizadas dentro de su fe por algunas Personas Controladas deban ser toleradas. Algunas prácticas religiosas pueden ser muy objetables y no deben ser toleradas por el mayor porcentaje de nuestra sociedad que puede ver el daño que han creado.

Es el control abierto por parte de algunas Personas Controladoras en nombre de su religión a lo que los humanistas deberían oponerse; especialmente cuando la culpa y el miedo se utilizan como medios para imponer un dispositivo de control. Esas técnicas con frecuencia, incluso hoy en día, impiden psicológicamente que algunas personas vivan sus propias vidas por sí mismas al máximo que podrían alcanzar de otro modo. Los humanistas no encuentran ninguna razón aceptable, y mucho menos válida, para crear estas barreras psicológicas en un público ingenuo.

La filosofía humanista goza hoy de gran aceptación. Para muchos de nuestros , es quizás la filosofía más aceptable... de la vida de los seres humanos, y ya no sólo tímidamente tolerada por nuestra sociedad actual. Es la filosofía más cercana a la realidad demostrable. No requiere nada más para ser aceptada. El humanismo se basa únicamente en el conocimiento demostrable, la mayoría de las veces validado por la ciencia. Hoy en día hay más personas nuevas que se identifican anualmente con el humanismo en Estados Unidos que con cualquiera de las religiones organizadas. Los humanistas no necesitamos tener fe para aceptar nuestra filosofía, lo cual es una de las principales razones por las que la creencia está creciendo.

Los humanistas aceptan que todo conocimiento es provisional. La única verdad absoluta que sabemos con certeza es que algún día moriremos. Todos los demás conocimientos son sólo la mejor información disponible en la actualidad. A medida que se dispone de más información, un humanista modifica fácilmente lo que está dispuesto a creer. Pero eso también es temporal hasta que surja una comprensión más profunda de nuestro conocimiento.

Todavía en 1985, los humanistas eran vistos por el público en general en Estados Unidos como el "Diablo encarnado" gracias a Jerry Falwell, un "fanático de la Biblia" de la televisión que tenía treinta y siete canales de televisión cubriendo a un público crédulo todos los domingos por la mañana. Su argumento era que si no creías lo que él predicaba, no podías vivir una buena vida controlada por Dios. Para él, eras "un pecador". Esto es ignorante, y ciertamente no es verdad, pero las masas del público son crédulas. El público suele estar desinformado, cuando no es ignorante, sobre casi cualquier tema, y todo el mundo quiere creer en algo. Por eso, muchas personas aceptan ciegamente lo que les dicen quienes consideran más informados que . El mensaje de Falwell era claro en una cuestión: "Envíenme dinero". Los evangelistas de la televisión se alimentan de esta necesidad haciéndote sentir bien porque tienen respuestas, y porque tú las has encontrado.

Te enseñarán cómo puedes ser "salvado". Esa es la epidemia del galimatías. Muchos hablan en un lenguaje simplista presentándose como una "autoridad". Como televangelista, solo Falwell se llevó 54 millones de dólares anuales del público ingenuo ya en 1984. ¡Eso es más de un millón de dólares a la semana! El Presidente de la Iglesia Presbiteriana dijo ese : "piense en lo que podríamos hacer por los demás con ese dinero". Aparte de proporcionar su emisión, Falwell hizo poco bien público real con los impuestos... ingresos gratuitos que adquirió. Salvo por lo poco que declaraba como salario, Falwell no tenía que responder ante nadie por la riqueza que , ni siquiera ante el Servicio de Impuestos Internos. Mi propia madre envió una vez a Falwell cinco dólares que no podía permitirse gastar. Cuando le pregunté por qué, me dijo: 'habla con tanta '".

No pude reunir a los medios de comunicación para superar la imagen negativa del humanismo que Farwell pintaba utilizando sus treinta y siete emisoras de televisión para difundir su mensaje por toda América, que era esencialmente su único gasto primario. No podía aceptar ser honrado como el "Diablo Mayor", ya que no creo en el Diablo, ni que el Infierno exista siquiera, excepto en las mentes de los fanáticos religiosos que quieren . Pasé mucho tiempo pensando en esto. Estaba cenando con Isaac Asimov y su mujer, la psiquiatra Janet Jepsen, que estaban sentados frente a mí, al lado de Steven Jay Gould, el profesor de historia geológica de Harvard, y los dos discutían sobre la prueba de la razón de la extinción de los dinosaurios. El iridio es un elemento que sólo se encuentra en el nivel geológico de 66 millones de años, lo que, según Gould, prueba que fue un meteorito el que mató a los . Pensaba en cómo enfrentarme a Falwell, cuando me cayó un rayo encima. Yo no podía reunir la prensa para vencer a Falwell, pero Asimov sí. Así que me senté en su habitación de hotel a la mañana siguiente y le convencí para que se convirtiera en el portavoz del humanismo, la voz de Asimov sería escuchada para superar a Falwell. Para , convencí a Isaac Asimov de que aceptara convertirse en mi sucesor como Presidente de la Asociación Humanista Americana.

El Dr. Asimov fue un autor de renombre, que publicó 480 libros a lo largo de su vida, desde Asimov's Guide to Science: a Asimov's Guide to Physics: a Asimov's Guide to the Bible. Esta última ocupa dos volúmenes para cubrir cada capítulo de la Biblia y mostrar históricamente por qué se ese capítulo bíblico. Además, un tercio de sus libros eran de ciencia ficción. A pesar de ser el escritor de ciencia ficción más importante de su época, Asimov no volaría en avión. Si no podía viajar en coche o en tren, no salía de su apartamento de Central Park.

El Dr. Asimov aceptó ser mi sucesor si yo me encargaba de que no tuviera que viajar en avión para asistir a las reuniones de la junta de la AHA. Acepté presidir las reuniones de la junta para que él no tuviera que asistir. Accedió a mi petición porque sabía que podría conseguir la prensa necesaria para superar a Jerry Falwell. También se dio cuenta de cómo Falwell estaba abusando del público al que servía. Falwell supo inmediatamente que sus días de riqueza inexplicable estarían contados si desafiaba a Asimov. Por lo tanto, los humanistas creímos que cambió su mensaje de utilizar el "humanismo secular" como su "espantapájaros", y en su lugar utilizó su púlpito para crear lo que él etiquetó como la "Mayoría Moral" (que Edwin Wilson me dijo "No es ni lo uno ni lo otro"). Falwell utilizó su servicio dominical para animar a sus ovejas fundamentalistas religiosas a ser políticamente activas. Como resultado de crear activistas políticos de extrema derecha, los fundamentalistas religiosos han arruinado ahora el Partido Republicano para muchos republicanos de la corriente dominante. menudo me he preguntado si debería sentirme responsable de que eso ocurriera.

Una de las mejores cosas que logré en beneficio de nuestra sociedad es que me puse en contacto con mi amigo, el senador estadounidense

Chuck Grassley, que entonces presidía el Comité de Finanzas del Senado. Le pedí que me explicara por qué los evangelistas de la televisión pueden siquiera optar a la exención de impuestos cuando hacen poco bien que beneficie al público en general. El senador Grassley insistió en esa pregunta. Muchos de esos "fanáticos de la Biblia" de la televisión que se aprovechaban inmerecidamente de nuestra ley fiscal, dejaron de ordeñar al ingenuo público millones de dólares anuales que principalmente sólo llenaban sus propios bolsillos. Falwell creó su propia universidad para producir aún más gente que pensara él. ¿He conseguido realmente algo bueno?

Algunos evangelistas televisivos siguen activos hoy en día, pero saben que atacar directamente al humanismo será contraproducente. La AHA se ha vuelto agresiva en la defensa legal y legislativa y está logrando avances significativos desafiando a quienes utilizarían el gobierno para promover sus creencias religiosas en detrimento de quienes tienen otras creencias. Como he mencionado antes, la Asociación Humanista Americana también ha creado un Grupo de Librepensamiento en el Congreso de los Estados Unidos para hablar en nombre de quienes eligen ser responsables de sus propias . Los humanistas están incluso llevando sus desafíos al Tribunal Supremo de los Estados Unidos para defender los cimientos laicos del país. Nunca lo hubiera creído posible cuando entré en el Tribunal Supremo hace cincuenta años. Me incorporé porque en aquel era juez militar.

En contraste con los individuos guiados desde una perspectiva religiosa fundamentalista, que se preparan para una vida en el más allá que muy probablemente ni siquiera exista, la filosofía del humanismo trata de que cada persona tenga la capacidad desinhibida de maximizar nuestra propia vida mientras vivimos en esta Tierra. En lugar de preocuparnos por una vida después de la muerte, la mayoría de los humanistas se dan cuenta de que nuestra única forma demostrable de inmortalidad, que sabemos que realmente existe, es el grado en que dejamos la Tierra como un lugar mejor por haber estado aquí.

La Gente de Control no hace que los humanistas gasten la única vida que tienen buscando un billete para una vida después de la muerte de la que no tenemos pruebas válidas de que exista siquiera. Algunas Personas de Control no sólo insisten en que cada uno de nosotros debe diezmar, sino que exigen que sigamos sus indicaciones para el camino al cielo. Al menos en una fe prominente, a sus ovejas se les dice que deben gastar los limitados recursos de sus familias en funerales elaborados que apenas conmemoran el significado de la propia vida del difunto. Su capacidad para extorsionar con estas "contribuciones" a un público crédulo se debe a que afirman que son los únicos que pueden proporcionarnos el billete que nos asegure la entrada en el Cielo. Por lo tanto, "por una contribución un poco mayor, podemos comprar la salida del Purgatorio para aquellos amamos". ¡Vamos, gente!

No tiene ningún sentido inteligente. Sin embargo, las personas inteligentes, que tienen esas creencias inculcadas en ellos antes de su edad de la razón, no pueden simplemente ignorar sus emociones que les obligan a cumplir. Si no fuera por la lente nublada creada por la Gente de Control, todos veríamos que realmente no tiene ningún sentido. Los que obedecen lo hacen por motivos emocionales, no inteligentes. Las emociones siempre triunfan sobre la inteligencia.

La esposa de Isaac Asimov, Janet Jepson, acaba de morir mientras escribo esto. Era psiquiatra, y ella personalmente era la autora publicada de veintisiete libros, seis de los cuales son novelas. La Dra. Jepson respondió a hace unos años en una entrevista para la revista The Humanist cuando le preguntaron su opinión sobre el Cielo:

"En realidad son pocos los seres queridos a los que querría volver a ver, y mucho menos en una noción convencional del cielo. De hecho, quizá sólo a uno, pero mi marido tampoco creía en el cielo, así que quizá nos encontremos en el limbo. Rodeados de todos los Homo Sapiens más inteligentes".

En un escrito anterior publicado sobre religión, el Dr. Jepson escribió:

"Admito hace frío temblando en la corriente de una mente abierta mientras se intenta ser un ser humano decente sin la perspectiva de un castigo o una recompensa inducidos sobrenaturalmente, enfrentándose a la nada con el valor que sea posible reunir. Entre escalofrío y escalofrío, puedo respetar a las personas capaces de mantener la mente abierta mientras disfrutan de cualquier religión organizada convencional que necesiten, siempre que no dependan de sus organizaciones religiosas para que piensen por ellos y les digan lo que tienen que hacer".

Requiere fuerza de carácter asumir la responsabilidad de tu propia vida, y valor para pensar por ti mismo, pero la recompensa final por hacerlo es que invertirás tu energía, y el resto de tu vida, asegurándote de que el mundo será un lugar mejor porque tú has vivido. De este modo te asegurarás tu propia inmortalidad en la única forma de la que estamos seguros que realmente existe. También harás que merezca la pena vivir tu propia vida.

Capítulo III
¿Dónde está nuestra cultura actual?

Puesto que nuestras creencias religiosas nos fueron presentadas antes de nuestra edad de la razón, nuestras primeras creencias se refuerzan con las emociones experimentadas cuando fueron creadas. Muchas personas se sienten seguras y queridas en el momento en que adquirimos esas . Su familia es su vida. Para esas , esas creencias se convirtieron en una parte muy positiva de nosotros como persona y no pueden ser simplemente ignoradas, sean ciertas o no. Como resultado, muchas personas inteligentes simplemente continúan en la vida tal y como fueron formadas de niños, en lugar de asumir lo que, para ellos, puede ser visto como un riesgo si niegan esas . Para el mantenimiento de nuestra sociedad y nuestra capacidad de vivir todos , estas creencias desempeñan un papel muy importante como "pegamento social".

Obviamente, la mayoría de las personas de control que trabajan dentro de la religión organizada hacen mucho bien a las personas a las que sirven. Creen que son necesarios para mantener nuestra sociedad actual en el nivel actual de nuestra evolución cultural. Como se ha dicho anteriormente, lo más importante para todos es que la religión es un factor importante como "pegamento social" que mantiene nuestra sociedad. Era esencial para la capacidad de las masas de vivir juntas de forma segura en el mismo nivel de necesidad psicológica en nuestra sociedad primitiva, y sigue siéndolo hoy en día. No hemos sobrevivido lo suficiente como para que nuestra sociedad haya superado esa necesidad. Mantenemos la religión dentro de nuestra sociedad para que todos podamos vivir juntos con seguridad. Por lo tanto, la mayoría de los Humanistas no cuestionan la religión en sí misma, independientemente de su nivel de verdad. Sin embargo, podemos desafiar a aquellos que abusan del privilegio o a aquellos que permanecen en el control utilizando las amenazas y el miedo como medio para mantener su control. Esa puede ser una herramienta fácil para algunos credos, pero es un abuso de su poder, y causa un daño significativo a las personas a las que sirven.

Nuestra Constitución de los Estados Unidos fue diseñada por personas de familias que eran inmigrantes relativamente recientes que llegaron a América para alejarse del estricto control religioso de la Iglesia. Incluso aquellos procedentes de Inglaterra que habían abandonado la fe católica sólo la habían sustituido por el Rey en lugar del Papa en el poder. Por lo tanto, nuestra constitución americana pretendía protegernos de la religión, separando claramente los poderes de la iglesia de los del estado. La separación del público y de nuestro gobierno de la religión es esencial para que la gente sea libre y pueda vivir su propia vida. Aquellos que pensaban que América se formó como un país cristiano por la historia del Mayflower están simplemente equivocados. Por eso el Mayflower se dirigió tan al norte como lo hizo para evitar las zonas más pobladas de las colonias, para que los peregrinos pudieran vivir en su propia comunidad y expresar su propia fe sin inhibiciones.

El Dr. E.O. Wilson es un humanista que se jubiló como profesor emérito de biología en Harvard, donde creó la ciencia de la "sociobiología". El Dr. Wilson demostró que la biología no termina en el momento del nacimiento y que la sociología se convierte en la ciencia exclusiva a de ese momento. Descubrió que muchas de nuestras necesidades biológicas prevalecen para controlar nuestro comportamiento después del nacimiento. Por ejemplo, la necesidad de espiritualidad es una necesidad humana. Nuestra fe religiosa no tiene nada que ver con la creación de esa necesidad, aunque la religión la haya reclamado como su provincia. Nadie es inmune a esa necesidad. Cómo expresarla es una cuestión personal que no requiere religión. Incluso contemplar una hermosa puesta de sol puede satisfacer esa necesidad. La espiritualidad puede satisfacerse esencialmente sintonizando con la naturaleza. Es un fenómeno natural, no competencia exclusiva de lo sobrenatural.

El Dr. Wilson señaló que las sociedades de menos de 150 personas durante la época de los cazadores-recolectores podían existir sin ningún control externo de su sociedad, porque las personas se conocían entre sí y el miedo al rechazo de sus amigos mantenía el control social del comportamiento de cada miembro.

El Dr. Wilson explicó que, una vez que la sociedad dejó de ser cazadora-recolectora y se convirtió en agraria, pasó a ocupar lugares permanentes.

Las sociedades organizadas aumentaron de tamaño hasta abarcar a miles de personas. La sociedad ya no era capaz de controlar el comportamiento por el hecho de que todos conocieran a todos. Para mantener una sociedad tan grande se necesitaban controles sociales más sofisticados que sirvieran de "pegamento social" y controlaran el comportamiento para que pudiéramos convivir con éxito.

La primera historia registrada nos dice que la sociedad religiosamente avanzada, que utilizaba este medio para crear el aglutinante social que mantenía unida a su sociedad, era fuerte hace unos 15.000 años. Eran los habitantes de Sumeria, en Mesopotamia. Registraron su vida por escrito. Los sumerios fueron una de las primeras civilizaciones culturales agrarias. Los sumerios tenían numerosas ciudades-estado situadas entre los ríos Tigris y Éufrates, en un área del tamaño de Massachusetts, en lo que hoy es el sur de Irak. Su concepto de la religión evolucionó como parte integrante de sus sociedades. Cada ciudad-estado tenía su propio dios.

Para mantener la religión era necesario crear una clase de personas que mantuvieran dicha sociedad. Estas Personas de Control estaban socialmente facultadas como "Sacerdotes". A medida que su papel evolucionaba en las generaciones posteriores, fueron magnificando su autoridad, hasta el punto de asumir la responsabilidad de coronar a los Reyes de su , alegando que el poder del Rey proviene de Dios. Con el tiempo, como en muchas culturas, hicieron creer al público que la autoridad de los Sacerdotes era primordial en la sociedad, incluso actuando colectivamente los Sacerdotes afirmaban que su autoridad superaba el poder del Rey. Esta dicotomía mantenía a la sociedad en equilibrio.

Los responsables de la excavación de afirman que Abraham procedía de la ciudad-estado de Id, en esta antigua sociedad de Sumer. Sus guías turísticos te mostrarán lo que afirman que fue el hogar de Abraham. Esa comunidad fue excavada en lo que hoy es el sur de Irak por los arqueólogos de Saddam Hussain.

Los sumerios eran una cultura bien organizada. Inventaron las primeras ruedas, construyeron carros y conquistaron el Mediterráneo occidental hasta Egipto. Como los babilonios invadieron sus tierras y absorbieron su cultura, nadie supo de su existencia anterior hasta que

una roca grabada encontrada en Irán hace aproximadamente 250 años transmitía el mismo mensaje con tres idiomas. Por fin pudimos leer los miles de tablillas de arcilla halladas en las arenas del sur de Irak, que revelaban que una sociedad avanzada habitaba esa tierra hace 15.000 años. Tenían escuelas para sus hijos con maestros, había médicos y, en efecto, abogados en una sociedad organizada.

La cultura egipcia es un buen ejemplo de la relación entre reyes y sacerdotes: los reyes gobernaban desde Menfis como faraones y los sacerdotes desde Tebas. Cada uno de ellos tenía un obelisco que representaba su autoridad y que alcanzaba los veinte metros de altura, mostrando su poder a la vista de todos. Los eruditos siguen debatiendo cómo esculpieron esos obeliscos en una sola pieza de piedra, cómo los transportaron más de cien millas desde su cantera y cómo los levantaron verticalmente con sus herramientas primitivas. Me paré sobre un obelisco que estaba siendo tallado en su cantera y que se había partido en el proceso, por lo que fue abandonado. La idea de que pudiera ser transportado en la antigüedad, y más aún que se mantuviera vertical, era abrumadora. Ni siquiera podía comprender cómo el obelisco que yo tenía en la cantera podía moverse hoy en día, y mucho menos cómo podía separarse de la roca que debajo.

Los egipcios llamaban "Maat" a su concepto de paz entre su Faraón y su Sacerdote. Cuando ambas columnas estaban en pie, el pueblo tenía paz y prosperidad. Para los egipcios, el obelisco era un símbolo de poder muy importante. El primer Templo judío construido en Jerusalén tenía dos columnas en la entrada. La tumba del apóstol Juan tiene dos columnas en la entrada. Este símbolo sobrevive hoy en día en el pedestal del Guardián Mayor y el Guardián Menor en cada Logia Masónica. Sin embargo, muy pocos masones saben por qué. Las tradiciones culturales que heredamos desde aquellos días ya no sirven a las necesidades de todos en nuestra sociedad actual. Ahora hemos adquirido conocimientos a través de la ciencia que nos transmiten verdades que nos permiten comprender nuestro papel en la evolución y nuestra relación con la naturaleza que ya no dependen de nuestras creencias primitivas anteriores.

Ahora sabemos que la Tierra no es realmente plana y que nuestro universo existe desde hace más de once mil millones de años. No se formó hace sólo 6.000

hace años, aunque algunas personas todavía creen. A su "Gente de Control" se le deberían prohibir los beneficios de nuestra sociedad moderna por negar a sus ovejas la capacidad de ver la verdad de la realidad que yace a su alrededor, si tan sólo se les permitiera abrir los ojos y ver por sí mismos. La mente humana puede ser controlada. Hemos demostrado que los hipnotizadores pueden controlar lo que crees, tanto si esa persona es un psicólogo que nos ayuda a superar los escatomas que niegan nuestra capacidad de ver la verdad, como si esa persona es un sacerdote.

El hecho sigue siendo que algunas personas no pueden aceptar el conocimiento que es evidente justo delante de ellos, incluyendo una creencia actual tan infundada que la verdad debería ser evidente que el mundo no es plano. El hecho de que algunos sigan temiendo caerse de la Tierra si viajan hasta el borde es increíble. Desde que somos capaces de volar alrededor del mundo no hace falta mucha inteligencia para ver la verdad. Sin embargo, algunas personas niegan la verdad. Eso es una buena prueba del daño que puede alguien cuyas ovejas han dado a la Gente de Control ese nivel de poder sobre ellos. Hay muchos otros ejemplos, pero esto debe hacer mi punto evidente para usted.

Por fin ha llegado el momento de que todos los humanos tengan la libertad cultural para que aquellos capaces de vivir su vida más cómodamente en sintonía con la realidad demostrable tengan la libertad de la religión para aceptar la realidad como su verdad. Eso permitiría a esas personas ser capaces de ver una vida mejor, en lugar de nuestras restricciones culturales religiosas más antiguas controlando su existencia. El problema es que esas personas que siendo controladas desde la primera infancia no pueden ver que lo están, a pesar de que los hechos son tan evidentes como la prueba de que el mundo no es plano. Utilicé ese ejemplo porque la mayoría de las personas que todavía están siendo controladas pueden ver que la persona que sostiene esa creencia está siendo controlada, y sin embargo pueden no reconocer que ellos también están siendo controlados. Es lamentable que algunas religiones todavía exijan el control de sus fieles para "tener fe", en contraste con aquellas religiones cristianas mayoritarias en América que sólo pretenden proporcionar apoyo, en lugar de control, sobre las personas a las que sirven. Cuando te dicen que debes tener fe, te están controlando. No permitas que te "cieguen".

En lugar de perpetuar creencias infundadas que se originaron en una época más primitiva en la que la gente vivía su vida basándose en antiguos mitos y miedos que ahora sabemos que no existían de forma válida, al menos en la en que el público los acepta hoy en día, las religiones que fomentan el crecimiento individual en lugar de restringir la libertad y exigir conformidad seguirán siendo relevantes para las generaciones venideras.

Los humanistas encuentran que su filosofía proporciona todo el control social necesario sin necesidad de amenazas de condenación, o recompensas de una vida después de la muerte que ninguna evidencia legítima apoya. Tales creencias sólo pueden existir si aceptamos la "fe ciega" impuesta por la Gente de Control. Los humanistas no ven ninguna razón para esa "fe ciega" cuando existe una vida mejor y más responsable sin ella. Desde la corriente principal del cristianismo protestante hasta el budismo, muchos de sus clérigos y miembros en el fondo están de acuerdo con eso hoy en día.

Los Rollos del Mar Muerto se descubrieron en 1947 en Cisjordania de lo que antes era Israel. Fueron escritos en Qumrán, en la esquina noroeste del Mar Muerto, entre el 250 a.C. y el 67 d.C. aproximadamente. Fueron escritos diariamente durante toda la vida de Jesús.

Muchos de los pergaminos eran copias de los escritos desde la época de Moisés hasta los tiempos actuales. Estaban escondidos en cuevas bajo el Segundo Templo Judío en el Monte Moriah, donde Abraham debía sacrificar a su hijo. Ese es el sitio seleccionado por el Rey David para construir el Templo Judío, porque es donde Dios habló por primera vez al Hombre cuando Dios habló a Abraham. Hoy es el lugar del santuario islámico con su cúpula dorada; un punto de referencia de Jerusalén, que cubre la huella en la roca por donde los musulmanes creen que Mahoma ascendió al Cielo en su caballo. En el muro occidental del Monte del Templo, en una zona del tamaño de una manzana cuadrada, se puede vivir hoy todo el conflicto de Oriente Próximo.

Cuando los romanos expulsaron a los judíos de Israel, los pergaminos que se escribían en Qumrán se escondieron en cuevas. Allí permanecieron casi dos mil años antes de ser descubiertos en 1947 por un aburrido pastor beduino que se entretuvo lanzando una piedra la boca de una cueva situada a diez metros por encima de él. La piedra hizo "tink".

y no "thud". Tenía que averiguar por qué. Subió a la cueva y encontró cientos de pergaminos escondidos en tinajas de barro.

La Historia no los ha tocado desde hace más de dos mil años. El hecho de que nos cuenten una historia que difiere de nuestras tradiciones religiosas actuales tiene preocupados a muchos cristianos y judíos. Lo que se ha hecho evidente es que una lección importante que los pergaminos nos dicen es que nuestras tradiciones religiosas actuales han sido seriamente moldeadas durante los últimos dos mil años. Debido a bienintencionadas Personas de Control, nuestras creencias actuales difieren de muchos hechos históricos que revelan los Rollos del Mar Muerto. Nuestras actuales tradiciones de fe cristiana y judía parecen servir a nuestra sociedad actual, así que ¿por qué debería importarnos?

El problema es que estos nuevos conocimientos han hecho que muchas personas se cuestionen su propia fe. Dado que muchas de nuestras suposiciones tradicionales sobre nuestro propósito en la Tierra no son "verdades inmutables", ¿en qué autoridad basamos nuestra propia existencia? Puede que no exista una verdad histórica singular que guíe nuestras vidas. Puede que estemos aquí en la Tierra completamente solos. El tema de "¿Por qué nací?" es una pregunta que ahora todos debemos responder por nosotros mismos. Escribí un libro con ese título, ahora disponible en Kindle y Nook. La mayor parte de su contenido se incluye en este ensayo. La cuestión es que esta pregunta también me ha afectado a mí.

Todos los libros del Antiguo Testamento se encontraron en diez de las cuevas de los alrededores de Qumrán donde se escribieron los Rollos, excepto el Libro de Ester. Un libro de la Biblia tenía cuarenta y una copias, y todas eran diferentes. ¿Cuál ordenó Dios?

Estos Pergaminos se escribían diariamente a sólo doce millas aéreas de Jerusalén. ¿Por qué no se menciona la resurrección de Jesús? Uno pensaría que un evento como ese habría sido notado. Hubo una historia de una resurrección unos cien años antes de un Mesías con doce discípulos, que nunca tuvo tracción. Aparentemente, no era creíble. Entonces, había alguna historia de tal reclamo en la historia judía que los escritores de la vida de Jesús podrían haber capturado como parte de su historia para ayudar a hacer a Jesús aceptable a todos los judíos.

El hecho de que culturalmente aún tengamos esa creencia hoy en día significa que la información que apoya esa afirmación vino de alguien que, o bien observó esos hechos, o conocía a alguien que lo había hecho, o más probablemente, ya que la historia que fue escrita más de cuarenta años después de la muerte de Jesús, el autor fue alguien que no había conocido personalmente a Jesúspero quería hacer la vida de Jesús más aceptable para la comunidad judía. Por lo tanto, la historia de la vida de Jesús fue embellecida para impresionarlos. De hecho, esa historia separó a Jesús de otros que también afirmaban ser el Mesías. Era bastante popular en esos días hacer la afirmación de ser el Mesías porque la tradición judía de ese día era su espera de un Mesías que vendría porque creían que era necesario para que todos los judíos fallecidos ascendieran a su otra vida al mismo tiempo al "final de los días". Pero ya que no hay mención de Jesús, ni de una resurrección, en los Rollos del Mar Muerto que estaban siendo escritos por gente que quería creer que un Mesías estaba viviendo durante la vida de Jesús, eso es una evidencia bastante buena de que simplemente no sucedió.

Los monjes que vivían en Qumrán buscaban un Mesías porque creían que el Mesías vendría inmediatamente antes del "fin de los días", cuando todos los judíos ascenderían al mismo tiempo al cielo. Creían que eso debía suceder la semana próxima porque estaban listos para partir. De hecho, buscaban dos Mesías: Un Mesías Rey y un Mesías Religioso. Sin embargo, no reconocían a Jesús como ese . ¿Por qué no, si de hecho lo era? Hay muchas otras cuestiones que los hechos desafían nuestras actuales tradiciones religiosas culturales.

Los que escriben sobre la vida de Jesús mucho después de su muerte cuentan la historia de Jesús echando a los cambistas del Templo. También afirman que Jesús era descendiente del rey David. Su punto es que Jesús era a la vez un Mesías Rey y que tenía el mismo poder que los sacerdotes cuando echó a sus cambistas del Templo. El obispo episcopal John

Shelby Spong, que murió hace poco, creía que el objetivo de los primeros escritores bíblicos era simplemente hacer que Jesús fuera relevante para los judíos.

Discutiremos sus creencias más adelante.

La cuestión es que, aunque nuestras religiones expresen nuestras , éstas no tienen por qué basarse en hechos históricos para que podamos aceptarlas o para que sus historias añadan valor a nuestras vidas.

La religión se ha convertido en un meme con vida . Los memes se modifican a sí mismos para mantener su vida independiente a medida que se replican. Al igual que los humanos evolucionamos al pasar nuestros genes a la siguiente generación, los memes evolucionan para ser aceptados en su entorno cultural actual al ser modificados por la persona que transmite la creencia.

A pesar de que muchos Humanistas pueden seguir participando en su propia sociedad religiosa desde su infancia, la mayoría lo hace por razones familiares o culturales. La religión llena el nivel de seguridad y social de nuestras necesidades para la mayoría de las personas, sin tener nada que ver con su mito unificador. La participación para muchas personas se debe a la red social de asociarse en un grupo más pequeño de personas que comparten valores similares y apoyo mutuo que no tiene nada que ver con el mito que les une. No hay nada malo en ello. Aquellos Humanistas que aceptan identificarse con una creencia religiosa han tomado una decisión informada de hacerlo por sus propias razones. Aquellos Humanistas que sí participan colocan sus creencias religiosas por encima de la filosofía Humanista. El Humanismo no aborda esas cuestiones, ni satisface las necesidades de nadie en los niveles de seguridad o sociales más bajos. Los Humanistas que eligen mantener su religión lo hacen por razones personales válidas, no porque estén siendo controlados por otros que insisten en que deben creer en lo que ellos creen.

Para poder aceptar realmente el humanismo como filosofía que guíe su vida, los humanistas deben ser capaces de vivir psicológicamente por encima del nivel social medio de Maslow, normalmente por encima del nivel medio del ego. Deben, al menos, sentirse seguros de sí mismos. Averigüemos qué significa esto. El punto para este capítulo es que el humanismo no atacar ninguna religión para aquellos que necesitan esas creencias para sostener su propia existencia.

La única interfaz beneficiosa del humanismo con la religión como filosofía es objetar cuando los fanáticos religiosos que sirven como Personas de Control crean barreras culturales por sus propias razones que resultan en la inhibición de la religión. a nadie de convertirse en un ser humano plenamente realizado, que viva plenamente su propia existencia individual en la actualidad. América tenemos el derecho constitucional a ser libres de religión si queremos ser libres. Sigue leyendo, vamos a averiguar lo que esto significa.

Para aquellos que no son capaces de elevarse por encima de su actual nivel de , ¿por qué debería importarles a los Humanistas si esas creencias son suficientes para ellos mismos si individuos externos no están causando esa decisión por ellos usando el miedo como medio de su control? No nos oponemos a nada de lo que elijas creer, aunque no estemos de acuerdo con esa creencia. Tiene derecho a creer lo que . Sólo nos preocupa si tienes miedo de no creer en algo porque te están controlando. La filosofía del humanismo acepta que todas las personas deben ser libres de vivir su propia vida hasta la existencia más plena que puedan alcanzar, como deseen vivir su propia vida. Nos preocupan las personas de nuestra sociedad que están atadas por escatomas que bloquean su capacidad de vivir una vida más plena. Nos preocupan aquellos que, debido a sus escatomas, no pueden llegar a comprender siquiera que los seres humanos podrían vivir una vida mejor y más plena si no estuvieran inhibidos.

Por ejemplo, dos personas pueden estar sentadas una al lado de la otra en el mismo banco de la iglesia, pero pueden estar allí por razones muy diferentes. Una de ellas puede sentir que es un pecado mortal no estar allí, porque se le ha prohibido asistir todos los domingos. La otra persona puede estar allí simplemente porque busca la iluminación, o desea apoyar a otros miembros de su familia. La persona que asiste por miedo no puede elevarse por encima de su nivel de vida actual mientras exista ese escatoma, o al menos no se haya superado. La persona que acude para aprender o apoyar a su familia puede elevarse por encima de su religión, de modo que ésta no le impida llegar a estar Plenamente Viva.

Incluso entre los ateos, hay quienes toleran las creencias de la persona que se sienta a su lado porque aprecian que todo el mundo tiene derecho a vivir su propia vida. Se dan cuenta de que amenazar la creencia de otra persona es un comportamiento poco humanista. La mayoría de los ateos que Humanista, es tolerante con el derecho de los demás a creer en lo que deseen por cualquier razón que importante para ellos.

Sin embargo, muchos Humanistas de la corriente dominante tienen un problema con aquellos Ateos altamente activistas que llevan su celo más allá de su creencia personal insistiendo en que nadie debería creer en ningún "Dios", en lugar de limitar su objeción sólo a aquellos con conceptos de dioses sobrenaturales más primitivos. En lugar de eso, insisten en que tú también debes aceptar su creencia de que "Dios no existe, así que supéralo". Ese comportamiento es claramente "poco humanista". La misma objeción existe para los fundamentalistas religiosos que insisten en que todo el mundo debe compartir su creencia. Ambos extremos del espectro religioso son, en efecto, "matones" cuando se ponen "en tu cara".

Descubriremos, si seguimos leyendo, que intimidar a la gente no es un enfoque exitoso para una sociedad organizada. Sólo beneficia al acosador. Sin embargo, también aprenderemos por qué la sociedad se beneficia culturalmente del acoso. Los humanistas no se oponen a sus creencias. Es por sus comportamientos "en tu cara" que nos oponemos a tolerar, independientemente del extremo del espectro religioso que puedan estar expresando.

La sociedad se beneficia de un matón que exprese con contundencia información contradictoria, porque hace que los demás tengan que pensar más allá de su estrecha visión, provocando así un cambio evolutivo en lo que finalmente estamos dispuestos a creer. Tener que responder al matón modifica lo que uno cree. Si todos estamos de acuerdo, no se produce ningún cambio.

El humanismo organizado apoya a aquellos cuyo objetivo es asumir la responsabilidad de sus propias vidas, independientemente de cuál su historia religiosa personal. Las objeciones religiosas humanistas se limitan a asegurarnos que podemos vivir libres de aquellas personas de Control religioso que quieren quitarnos nuestra capacidad de pensar por nosotros mismos, y de aquellas que hacen daño a los demás en nombre de su religión, independientemente de la fe que representen.

Afortunadamente, no todos los líderes religiosos de hoy en día siguen el camino de los que te negarían la libertad religiosa. Muchos más clérigos hoy en día utilizan los símbolos de su fe únicamente para ayudarte a ver más allá de tu vida actual, en lugar de insistir en que ellos son los imprescindibles para proporcionarte el único camino al cielo. Tal control por parte de los sacerdotes que intentan mantenerte en su redil sólo resulta en un incómodo sentimiento de culpa, si fuiste criado en su fe y ahora sientes que debes negar sus creencias porque ahora te das cuenta de que muchas de esas enseñanzas no tienen ninguna base de verdad en la realidad. Si consideras esas creencias como símbolos, y no como hechos, puedes reinterpretarlas para que mantengan un valor válido para ti. Considera lo que esto significa más adelante cuando explique dónde ocurrió nuestro error cultural para aquellos que deben creer que Jesús murió en una cruz, cuando en realidad Jesús murió en una "T".

El número de personas que se identifican hoy con el humanismo crece algorítmicamente, mientras que el número de miembros de muchas religiones mayoritarias más tradicionales, incluido el catolicismo, disminuye seriamente.

Me han dicho que incluso la Iglesia católica se está acercando ahora a los millennials, aparentemente con un vívido recordatorio de que tienen el camino al cielo. Personalmente, sin embargo, tengo problemas para ver cómo alguien se sentiría espiritualmente sentado junto a cualquiera de los dos Papas momificados, cada uno yaciendo en un ataúd de cristal, como lo hacen en el santuario de la Basílica de San Pedro en el Vaticano. Me dijeron que esos Papas han sido "santificados". Por lo tanto, muchos católicos que vi sentados a su alrededor no parecían compartir mi preocupación. Es una manera interesante de hacer que la Iglesia es el camino al cielo, debo admitir que me llamó la atención. También puede ser por eso que la Iglesia ha estado trabajando diligentemente para hacer de Juan Pablo II un "Santo" para que pueda ser añadido para que el público lo vea, porque fue conocido personalmente por personas que aún viven hoy en día. Incluso he estado a menos de seis metros de él cuando visitó la comunidad en la que vivo. Por lo tanto, debería aumentar drásticamente la atención del público hacia su objetivo. Debo admitir que es un enfoque novedoso. Puede que funcione para otros, pero yo personalmente me sentiría más espiritual sentado a la orilla de un lago con mi mujer contemplando una hermosa puesta de sol en una cálida tarde de verano.

Más adelante conoceremos las enseñanzas religiosas del antiguo obispo episcopal John Selby Spong, cuya visión del cristianismo es la que mejor expresa el humanismo cristiano. Cree que nuestras creencias religiosas culturales dominantes actuales están muriendo, o al menos deberían hacerlo. La sociedad ha avanzado. Lo que estamos viendo hoy es un cambio cultural en la religión. Para quienes han sido captados en una tradición religiosa estricta en su primera infancia y están siendo controlados por relaciones estrechas y fuertes con otras personas que limitan su exposición a cualquier creencia conflictiva, esas iglesias todavía pueden ser sostenibles. Pero dentro de las religiones mayoritarias vemos un descenso en el número de miembros. Incluso la Iglesia Católica está preocupada por la disminución de miembros de la generación del milenio y más jóvenes. Por eso esperan que sus papas momificados les hablen.

Si todas las iglesias cristianas enseñaran su fe desde el punto de vista del obispo Spong, incluso la religión dominante podría sobrevivir y posiblemente crecer. La diferencia que introduce el obispo Spong es que añade símbolos cristianos a la verdad del humanismo. De lo contrario, las iglesias de la corriente principal del cristianismo podrían extinguirse a medida que nuestra cultura madura.

La filosofía epicúrea que hoy conocemos como "humanismo" parece tener ahora la fuerza suficiente para convertirse en un meme aceptable por sí mismo, disponible para las generaciones futuras, cuando esperemos que la filosofía del humanismo se haya convertido en un punto de vista aceptado para todas las personas del mundo, disponible para que todos lo consideren en el futuro. Independientemente del contexto religioso en el que se exprese. El objetivo del humanismo es que todas las personas realicen su propia existencia, independientemente del camino que consideren aceptable para llegar a ella.

El intento de la religión de controlar nuestra sociedad disminuirá a medida que la gente ascienda a los niveles superiores de la jerarquía de necesidades de Maslow, y a medida que la sociedad ofrezca más alternativas para satisfacer los niveles de seguridad y de baja necesidad social. A medida que nuestra cultura madure, el meme de la religión se modificará y aquellas que se adapten para satisfacer las necesidades de sus feligreses y mantener su relevancia sobrevivirán, mientras que las lentas en cambiar se marchitarán y deberán fusionarse o evaporarse. Los millennials y los más jóvenes determinarán el futuro de las religiones, mientras el humanismo sigue creciendo.

Capítulo IV
¿Por qué nací?

¿No tiene valor una flor que florece en un bosque deshabitado? ¿No tiene sentido su vida? Cumplir su propio destino, además de polinizar a su posteridad, puede ser su único propósito, pero para esa flor, ser lo mejor que puede ser es suficiente para que su propia vida tenga sentido.

Gracias al telescopio Hubble, los astrónomos ya han descubierto cientos de miles de galaxias, cada una con millones de estrellas. Carl Sagan, un popular astrónomo humanista, me dijo una : "En el universo conocido hay al menos 300.000 planetas, cada uno de los cuales es capaz de sustentar una vida similar a la que hay aquí en la Tierra". Por tanto, afirmó, "es bastante vano por nuestra parte suponer que los humanos son la forma de vida más elevada del universo". Si existen formas de superiores, ¿nuestro objetivo como humanos es evolucionar hacia esa forma? Puede que sea cierto, pero ¿qué implicaciones tiene no ser la forma de vida más elevada para que hoy vivamos nuestra propia vida aquí en la Tierra? Fue la afirmación de Sagan la que planteó la pregunta: "¿Por qué he nacido?". Decidí dedicar mi vida a averiguar la respuesta a esa pregunta.

Comenté mi preocupación por la afirmación de Sagan de que posiblemente seamos la forma de vida más elevada con Donald Johansson, el paleoantropólogo humanista que descubrió a "Lucy", el simio de cuatro millones de años que vincula a los humanos con nuestros antepasados (el eslabón evolutivo que conecta la existencia humana con la cadena evolutiva natural de la vida que se extiende desde el nivel de la ameba hasta el del simio). Johansson afirmó que Lucy demuestra que la existencia humana fue un accidente, lo que en ciencia se conoce como "una anomalía". Al igual que el brazo de un cactus saguaro es causada por una ruptura en su superficie que permite que el fluido interior rezume formando un brazo en el lado del tallo principal, la existencia humana parece haberse producido debido a una ruptura en la evolución genética normal.

En respuesta a mis comentarios sobre la observación de Sagan, Johansson señaló que las probabilidades estadísticas de que se repita una anomalía de este tipo son de una entre dos millones. En una población conocida de sólo 300.000 planetas, una segunda ocurrencia sería bastante rara. Por tanto, puede que los humanos seamos la forma de vida más elevada del universo. Si los seres humanos somos la forma de vida más elevada del universo, ¿tiene eso un "significado especial" para nuestras vidas? Tal vez sí.

En algún momento de su vida, muchas personas se preguntan por qué existen. En nuestra primera etapa formativa, otros han intentado responder a esa pregunta por nosotros. Aceptamos sus nociones, al menos inicialmente, sobre todo si son las opiniones de nuestros padres, y esas experiencias influyen permanentemente en nuestras creencias. La mayoría de nosotros perpetuamos esas respuestas transmitiéndolas a nuestros hijos. Al fin y al cabo, el propósito de nuestra propia existencia es una pregunta difícil de responder por nosotros mismos. Por desgracia, la mayoría de estas respuestas no están muy bien fundamentadas. Estamos plagados de incoherencias en nuestra comprensión de nuestro ; y cualquier conocimiento basado en pruebas de por qué estamos aquí en la Tierra no existe hoy en día. Las pruebas sugieren que tal vez no exista una razón.

Hay muchas preguntas sobre nuestro mundo a las que la ciencia aún no ha dado respuesta. Por ejemplo, ante la pregunta de si "Dios" existe, algunos han citado al "Einstein" humanista de hoy, Stephen Hawking, quien afirmó que, al ver las fuerzas básicas del universo en una teoría unificada, hay un hueco que hasta ahora sólo se ha explicado como la Presencia de la naturaleza. Aunque Hawking no piensa así, algunos creen que esa fuerza es Dios.

Aunque Hawking no fuera religioso en el sentido tradicional, sí compartía su admiración por la naturaleza. La visión de Hawking no implica el concepto de un dios inteligente que microgestione el universo de alguna manera sobrenatural en la que algunas personas siguen insistiendo. Hawking se limita a afirmar que, hasta ahora, no podemos comprender algunas fuerzas del universo. No podemos basar una existencia útil en la Tierra en la guía de un dios tan impersonal, aparte de asumir que se supone que debemos vivir nuestras vidas en armonía con la naturaleza. Ya deberíamos . No vivir en armonía con la naturaleza es peligroso para nuestra salud.

Pero, ¿por qué estoy aquí?

En Spirituality Without Faith, (The *Humanist,* enero de 2002), Thomas Clark informa de que la ciencia actual nos muestra que el universo se está expandiendo pero no tiene masa suficiente para colapsar en otro "Big Bang". Afirma que, en última instancia, toda la materia se convertirá en polvo; el universo se volverá negro y frío. La ciencia muestra que, aparentemente, nuestro destino final es convertirnos en polvo espacial, lo que no hace muy atractiva la noción de inmortalidad. ¿Quizá no es muy realista?

En el siguiente artículo de esa edición de El Humanista, titulado "De dónde viene la muerte", Joshua Mitteldorf analiza por qué mueren los seres humanos. Sabemos que nuestros cuerpos se desarrollan a partir de una sola célula que se subdivide según un plan genético único, creando todas las partes de nuestro cuerpo. Y, además, al menos cada siete años, la mayoría de las células del cuerpo se reemplazan a sí mismas. Aparentemente, no hay ninguna razón biológica por la que no podamos existir eternamente... o al menos hasta que nuestro sol deje de brillar.

Mitteldorf señala que nuestro deterioro físico por el envejecimiento se debe a la evolución natural del acervo genético. Como individuos nos volvemos irrelevantes después de nuestra fértil. Por ello, nuestros genes contienen un mecanismo de autodestrucción que extingue nuestra existencia individual para mantener el acervo genético en evolución. Si todos los seres humanos vivieran en la Tierra para siempre, el acervo genético nunca cambiaría. Aparentemente, el propósito de la vida humana está ligado a la supervivencia de la especie, y no del individuo. El propósito último, o el significado, de nuestra propia existencia sigue sin respuesta. La verdad es que puede que no haya ninguno.

Algunas personas no aceptan que la ciencia sea relevante para su visión de la vida. Algunos afirman: "Los humanos no hacen más que vivir el plan de Dios". Sí, esta noción responde a la pregunta de forma simple y definitiva, pero convierte a los seres humanos en marionetas. Para muchos esa noción es ingenua. Si el guión de nuestra vida ya está , ¿para qué molestarse en vivir? Del mismo modo, algunos creen en

la reencarnación, según la cual vivimos vidas sucesivas hasta llegar a ser perfectos. Por infundada que esta creencia, uno puede entender por qué quienes consideran que sus vidas son inadecuadas agradecerían tener la oportunidad de volver e intentarlo de nuevo. Por desgracia, pocas de estas teorías, si es que hay alguna, sobreviven a un examen intelectual informado. Muchas personas simplemente no están dispuestas a vivir sus vidas basándose en premisas tan poco realistas o trilladas. Así que debe haber una respuesta mejor.

Cuando nos comparamos con la inmensidad del tiempo y del universo, nuestra existencia individual resulta insignificante. ¿Por qué querría un dios microgestionar una mota en la Tierra, provisional y demasiado efímera? ¿Qué sentido tendría? Tales visiones de la vida sólo pueden aceptarse por "fe ciega". ¿Por qué habríamos de hacerlo?

Sin embargo, cada uno de nosotros tiene "fe" en algo, aunque sólo sea en el poder de la naturaleza para responder a nuestras acciones. Tal es el caso cuando plantamos correctamente una semilla. Tenemos fe en que la naturaleza la hará crecer.

Mi acción fue plantar la . Aparte de darnos cuenta de que la semilla ha evolucionado a partir de la existencia de plantas anteriores, no sabemos realmente por qué crece la semilla, aunque la ciencia puede decirnos cómo crece. Lo que ocurre después de plantar la semilla escapa a mi control, aunque puedo seguir influyendo en el resultado regando la planta. Sin embargo, puede que a la naturaleza no le importe realmente si esa semilla vive o muere. Al fin y al cabo, tiene muchas otras. La naturaleza sólo ofrece la oportunidad. Nadie sabe realmente "por qué", aunque algunas Personas Control pueden afirmar que sí lo saben. Estamos razonablemente seguros de que la flor crecerá basándonos en la "fe", porque hemos visto crecer otras antes. Esta forma de fe es aceptable. La " ciega", basada únicamente en las autoridades, sólo deberíamos aceptarla provisionalmente hasta que aparezca una respuesta más razonable. Hay una gran diferencia cuando se añade la palabra "ciega". No todas las verdades basadas en la fe tienen el mismo nivel de verdad. Cuando hay alguna duda, los Humanistas aceptarán cualquier creencia sólo tentativamente.

Pronto aprendemos que, como individuos, formamos parte de algo que es más grande y poderoso que nosotros. El problema es que la relación última con nuestro universo se escapa. Mucha más gente se contenta hoy con creer que la naturaleza no tiene por qué ser plenamente entendidos para que aceptemos que la naturaleza es todo lo que existe, los Humanistas se encuentran entre ellos. La mayoría de los humanistas están dispuestos a aceptar que tal creencia deja muchas preguntas sin respuesta. La naturaleza parece ser todo lo que está a nuestro alcance para interpretar, y por tanto comprender, nuestra propia existencia. La ciencia sigue expandiéndose y nosotros seguimos aprendiendo. Los humanistas pueden reconocer que realmente no tenemos que conocer las respuestas a todas las preguntas para que nuestras propias vidas tengan sentido.

Sin embargo, algunas personas esperan respuestas completas más inmediatas y, ante la escasez de alternativas, suelen rellenar las lagunas de conocimiento verificable con respuestas religiosas históricamente aceptadas en épocas más primitivas, o incluso pueden crear respuestas propias. Una vez aceptada cualquier respuesta, a nadie le gusta que se cuestionen sus propias respuestas. Cada siente que su propia respuesta es "correcta" y, por tanto, suficiente para sí mismo. Así, para algunas personas, exigir que su "verdad" se base en hechos resulta irrelevante. Estas personas suelen aceptar un mito como su verdad personal. Una vez aceptado, lo defenderán hasta su muerte, aunque la ciencia haya demostrado que tal creencia es falsa.

Los uniformados siguen existiendo, y las masas de hoy en día son ignorantes en casi cualquier tema. Todos somos ignorantes antes de aprender. Hay que trabajar para ser estúpido negando las pruebas válidas que difieren de las opiniones que uno prefiere creer. Como ese es un camino más sencillo, algunos prefieren ser estúpidos. Afortunadamente, hoy en día la mayoría no lo hace. Puede que simplemente no tengan suficiente motivación u oportunidades para aprender. Una cosa ser uniforme; todos lo somos en algunos temas. Pero tener la oportunidad de aprender y rechazarla sólo porque entra en conflicto con la creencia que uno prefiere, incluso después de haber sido expuesto a pruebas válidas de lo , raya en la estupidez. Tú no eres una de esas personas, de lo contrario ya habrías entregado este ensayo a una persona más joven o lo habrías guardado en algún lugar para que te persiguiera hasta que finalmente te dieras cuenta de que puede haber más cosas que aprender.

La diferencia para los humanistas es que no vemos prueba válida de que los poderes del universo que son superiores a nosotros como humanos tengan la intención de controlarnos como individuos. No encontramos pruebas de que exista un Dios "sobrenatural". Tampoco encontramos pruebas de que haya vida...

más allá de nuestra vida actual aquí en la Tierra. Si todo eso es cierto, ¿cambia entonces la forma en que viviremos nuestra propia vida, que difiere de nuestras antiguas tradiciones culturales? Claro que sí. Nos permite, como individuos, ser libres para aprovechar al máximo nuestra propia existencia en el poco tiempo que tenemos.

¿Cómo hacemos? Siga leyendo.

Capítulo 5
¿Qué es la "verdad" para mí?

En la raíz de nuestra capacidad para aceptar cualquier creencia por nosotros mismos está cómo determinamos lo que es verdad para nosotros. Obviamente, no podemos probar cada hecho antes de aceptarlo como cierto para nuestro propio uso, al menos temporalmente. Para muchas de nuestras creencias, cada uno de nosotros aceptará la opinión de personas en las que confía, especialmente cuando esas creencias no sean, en ese momento, especialmente importantes para nosotros.

Al principio de nuestras vidas confiamos en nuestros padres, hermanos mayores, profesores, pastores y cuidadores para que respondan a nuestras preguntas. Esto es especialmente cierto cuando se nos dan respuestas a preguntas que no hemos formulado, como el fundamento de nuestros puntos de vista religiosos. Aceptamos esas respuestas por emocionales. En aquel , la verdad era irrelevante.

A medida que maduremos, al menos los más valientes, pondrán a prueba las creencias seleccionadas. Pero incluso los más valientes seguirán aceptando algunas respuestas de otros cuando no tengan un interés personal inmediato en ellas. Permitir que las figuras de autoridad nos den las respuestas es más fácil, y la mayoría de la gente sigue el camino de menor resistencia. Sin embargo, para quienes son menos propensos a aceptar ciegamente las respuestas de los demás, deben ser capaces de obtener los mismos resultados por sí mismos poniendo a prueba al menos algunas de sus creencias antes de aceptarlas después como su "verdad".

Lo que distingue a los humanistas de muchas otras filosofías de la vida son los medios que utilizan para encontrar verdades aceptables. Algunos dicen que tenemos cuatro medios distintos para averiguar nuestra propia verdad.

El enfoque de Sócrates para discernir la verdad

El primero de puede verse en la forma en que ponemos a prueba la cuestión de la culpabilidad o la inocencia en los juicios penales mediante un método socrático de debate. Dos abogados que adoptan posturas opuestas ponen a prueba la veracidad de las pruebas disponibles, y a partir de este esfuerzo un órgano decisorio en forma de juez o jurado determina lo que cree que es la verdad. Este es el mejor sistema que tenemos para proteger los derechos de un acusado inocente, pero el sistema no es perfecto.

Aunque a Sócrates le pareciera el mejor medio para determinar lo que es verdad para él, los humanistas nunca lo aceptarían como un medio válido para determinar sus propias verdades sobre las que estarían dispuestos a basar su propia existencia en la Tierra.

Confiar en las autoridades para establecer nuestras verdades .

El segundo medio para establecer nuestras verdades se evidencia en cómo la mayoría de la gente está dispuesta a confiar en las autoridades para establecer lo que es verdad para ellos. Los humanistas pueden aceptar tentativamente a una autoridad para satisfacer una necesidad actual, pero no confiarían en ella sin cuestionarla. En la medida en que una proposición tenga importancia en sus vidas, los Humanistas pueden aceptar la opinión de sus Autoridades hasta que aparezca una respuesta mejor, pero conservarán el derecho a dudar y pondrán a prueba continuamente la veracidad de esa creencia.

Un humanista suele ser un escéptico. La mayoría de los Humanistas no pueden aceptar la opinión de nadie, o cualquier palabra escrita, como una verdad última sobre la que estarían dispuestos a basar toda su existencia. En el mejor de los casos, podrían aceptar tímidamente las afirmaciones de sus autoridades. Los humanistas creen que todas las ideas y creencias deberían estar sujetas a una prueba continua contra lo que cada persona ha validado como verdad, y lo que es observable para ellos en nuestro mundo. Si entran en conflicto, un humanista dudará de esa autoridad y no confiará en su punto de vista. Con el tiempo se demuestra que la mayoría de las autoridades no son la verdad absoluta. No son más que la mejor interpretación o análisis actual de que dispone en ese momento, porque nuestros conocimientos se amplían continuamente. Así pues, aceptar la opinión de otra persona, o depositar la fe en cualquier texto como una verdad inmutable, es muy difícil para un Humanista.

Examinemos más a fondo un ejemplo que he utilizado antes: No hay pruebas válidas de que la Biblia sea la "palabra divina de Dios". Sólo la Gente de Control se lo ha dicho. Entre los Rollos del Mar Muerto se encontraron cuarenta y una copias de un libro de la , y todas son diferentes. ¿Qué versión inspiró Dios? ¿O fue ese libro de la Biblia simplemente la mejor idea de una persona preocupada que escribía en una cultura más primitiva, y cada persona que copió el libro original se sintió libre de añadir sus propios pensamientos al esfuerzo de los antiguos humanos por interpretar la vida con la mejor información de que disponían entonces? La persona que le dijo que creyera cada palabra de la Biblia porque es "la palabra de ", ¿está simplemente tratando de controlarle "por su propio bien"? ¿O simplemente eres la oveja de esa ? ¿Cómo determinas lo que es verdad para ti mismo?

La lógica es la base de la verdad comprobable para la mayoría de los humanistas .

La lógica es una tercera técnica para determinar la verdad. Los humanistas son más aptos para aplicar la lógica aplicando sus conocimientos previos a cualquier situación para determinar la verdad de una nueva proposición. Quienes necesitan validar la verdad de lo que les dicen sus Autoridades deben ser capaces de deducir lógicamente la verdad resultante pensando en cada paso a partir de verdades que ya han validado para llegar a una aceptación razonable (e incluso entonces, sólo provisional) de cualquier nueva proposición. Nuestro conocimiento está continuamente sujeto a cambios con nueva información. Por tanto, la aceptación de nuestras verdades también cambia a medida que aumentan nuestros conocimientos. Por eso debe tener una mente abierta para leer este . Este libro desafiará tu forma de pensar, pero el resultado de ello es que te proporcionará información suficiente para que puedas tender puentes sobre los escatomas que actualmente te impiden ver cualquier cosa que entre en conflicto con una creencia previa. Así pues, para sacar el máximo provecho de este libro debes recordarte constantemente que debes mantener la mente abierta. Recuerda que siempre puedes volver a una creencia anterior si hacia donde vas en nuestra discusión con la que no estás de acuerdo. Usted siempre tiene el control de sí mismo.

La ciencia exige validación para ser aceptada como verdadera .

Sin embargo, no todas las verdades son discernibles por deducción. El cuarto medio para determinar las verdades que los humanistas consideran más fiable es el método científico, en el que gran parte de la información se obtiene mediante el razonamiento inductivo. En la ciencia, el investigador comienza observando o considerando ciertos fenómenos o sucesos, establece una hipótesis de lo que causó ese suceso y luego prueba la hipótesis para determinar si se sostiene como una explicación plausible de los fenómenos. Para que se considere una teoría válida, otros científicos deben ser capaces de duplicar los resultados. Incluso entonces, la hipótesis se acepta sólo provisionalmente, y otros científicos pondrán a prueba continuamente la teoría, intentando desacreditarla o mejorarla a medida que vayan más pruebas. Un Humanista es más apto para aceptar este medio de establecer lo que creerá como verdad fiable. Sin embargo, incluso estas verdades son siempre provisionales.

La ciencia se basa en el principio de poner a prueba las creencias. Para cada observación de un fenómeno, los científicos proponen una hipótesis como explicación. Para que los científicos la acepten como verdadera, otros deben ser capaces de probar la teoría duplicando el resultado. Si otros pueden hacerlo, la hipótesis se acepta provisionalmente como verdadera hasta que surge otra respuesta como nueva hipótesis, normalmente basada en un nivel más profundo de explicación de los orígenes de esos hechos. De este , el proceso de desarrollo de la "verdad" que aceptamos actualmente evoluciona hacia un nivel de creencia más profundo e informado.

La Teoría de la Relatividad de Albert Einstein se publicó por primera vez en 1915. No fue aceptada por la ciencia como un hecho, en lugar de una teoría, hasta 2017, más de cien años después.

Para algunos, aceptar las autoridades de la infancia en las creencias religiosas establecidas puede ser suficiente para el resto de sus vidas. Otros, especialmente los capaces de vivir en niveles de necesidad psicológica más altos, pueden se vuelven escépticos. Pueden pensar que falta más pruebas para que algo sea aceptable. Al igual que los científicos, muchos escépticos reconocen que no hay verdades absolutas. Todas las creencias deben aceptarse provisionalmente. Una noción puede ser aceptada como tentativamente verdadera por todos nos sirve por el , aunque reconozcamos que no se puede confiar en esa creencia como una "verdad" indiscutible.

Muchos científicos aplican el mismo rasero a la hora de aceptar sus opiniones religiosas que a la hora de aceptar las observaciones de nuestro mundo físico. Muchos otros aceptan sus creencias religiosas por conveniencia social o familiar y, por tanto, no les preocupa comprobar la veracidad de sus creencias religiosas personales. La verdad puede ser irrelevante para ellos. Como un objeto arte, simplemente les , por lo que la verdad no tiene relevancia para sus puntos de vista religiosos. La distinción para la aceptabilidad para un Humanista es si conservan el control para sí mismos.

Muchas personas son incapaces de aceptar cualquier verdad simplemente por "fe ciega" en que su Autoridad tiene razón, o por "desear" que algo sea cierto equivale a saber que lo es. Algunas personas necesitan estar seguras antes de aceptar una creencia importante como una verdad inmutable. Los humanistas suelen estar entre ellos. Para aceptar algo como "verdadero", la mayoría de los humanistas deben ser capaces de probar los hechos por sí mismos. Si no pueden , no confiarán en . Una creencia no probada es simplemente un deseo que un escéptico reconoce que sólo puede aceptarse tentativamente. A los escépticos no les importa si la creencia es una teoría científica o sus creencias religiosas. Los humanistas están dispuestos a reconocer que no podemos vivir eternamente. A medida que la verdad se despliega a través del descubrimiento y la búsqueda -generalmente utilizando el método científico-, nuestras creencias, incluidas nuestras propias opiniones religiosas, también deberían crecer y adaptarse continuamente al mundo cambiante en el que vivimos.

Si te criaras en lo que, antes de tu llegada, era una isla desierta no tendrías Autoridades que te dijeran en qué debes creer. La mayoría de la gente en esa situación adquiriría naturalmente la filosofía del humanismo.

Esto se debe a que cuando ves la vida sin la influencia de ninguna Autoridad exterior sólo tienes la naturaleza como guía.

El humanismo no requiere la fe para que nuestras propias vidas tengan un propósito y para que podamos vivir una buena . De hecho, los humanistas creen que la ausencia de un componente de fe da más sentido a sus valores éticos. Un problema para un humanista es que exigir que la fe ciega guíe su vida significa que alguien más está controlando su existencia. Vale la pena repetir que lo que distingue a los Humanistas de la mayor parte de nuestra sociedad cultural es que los Humanistas asumen su propia responsabilidad sobre sí mismos, y quieren el control primario sobre sus propias vidas. No están dispuestos a dar a nadie más el control absoluto de su vida, salvo que le den el control momentáneo a alguien en quien confían para que resuelva una necesidad inmediata.

Los humanistas reconocen que las razones por las que aceptan los valores que regulan sus vidas son simplemente porque ese comportamiento es lo correcto y produce los mejores resultados para ellos. No dependen de una declaración divina que debamos seguir, so pena de sufrir las consecuencias. El comportamiento de un Humanista no está motivado por el miedo al castigo que alguna Persona de Control ha impuesto.

El Humanismo no pretende desafiar la fe de , pero los Humanistas sí afirman que las personas podemos vivir una buena vida basándonos exclusivamente en el conocimiento empírico actual sin necesidad de averiguar nuestras propias verdades teniendo que confiar en la "fe ciega", o basar nuestra vida en la Tierra en la búsqueda de una vida después de la muerte que no tiene pruebas válidas que la respalden. Lo único que sabemos con certeza es que tal vez no exista.

Puede que haya una vida después de la muerte, pero como no tenemos pruebas válidas de su existencia, los Humanistas simplemente no lo consideran un factor de preocupación para sus propias vidas. No nos importa si crees en Papá Noel, si todavía necesitas o quieres hacerlo, pero preferimos simplemente considerar a Papá Noel como un deseo culturalmente impuesto para crear ilusión en nuestros niños. Papá Noel es simplemente un mito que se cuenta a los niños de nuestra sociedad antes de que alcancen la edad de la razón para que nuestra tradición navideña tenga sentido y sea emocionante para ellos. Algunos padres también utilizan el mito para controlar el comportamiento de sus propios hijos Navidad. No pretendo decir que continuar con esa tradición sea malo, sino sólo hacer esta : del mismo modo, la noción de una vida después de la muerte es impuesta a los adultos por la Gente de Control, que tiene han sido aceptadas como Autoridades, basándose exclusivamente en la "fe ciega". No hay otra base de verdad para la noción de que algo existe para nosotros como individuo después de nuestra muerte que nuestro deseo de que sea verdad. Esa no es razón suficiente para que la mayoría de los Humanistas acepten que una vida después de la muerte sea una razón válida para influir en nuestro comportamiento. Creemos que la única forma de inmortalidad que estamos seguros que realmente existe, es la medida en que el mundo es un lugar mejor porque estuvimos aquí. Sabemos que esa creencia es cierta.

Muchas personas creen que su religión debe basarse en "la verdad" para ser aceptable para ellos mismos. Culturalmente, la religión satisface un segmento muy importante de las necesidades de muchas personas, especialmente de las que viven principalmente en niveles de necesidad más bajos. Su participación tiene poco que ver con las tradiciones históricas o el mito, o la historia que unifica a sus miembros. La verdad puede no ser relevante para ellos. Para muchos, se limitan a satisfacer su seguridad y sus necesidades sociales más bajas.

Cada religión, y la filosofía del humanismo, contienen una ética, o conjunto de valores morales, porque son necesarios para sostener cualquier sociedad organizada. Cada tradición afirma que la suya es "la verdad". Por desgracia, la mayoría de las religiones afirman que la suya es la única verdad como medio de control sobre sus propios miembros. Para nuestra sociedad organizada, cada religión es un sistema autónomo que permite a un gran número de personas convivir de forma segura al proporcionar apoyo mutuo necesario para cada uno de nosotros. La religión satisface una necesidad cultural definida. Cada iglesia, templo, sinagoga o mezquita tiene un propósito que cumple en la vida diaria de sus propios miembros que va más allá de su creencia religiosa. Por tanto, cada religión sirve a necesidades importantes en la vida de sus miembros que poco tienen que ver con la verdad del mito que las une. Por eso muchos Humanistas pueden participar cómodamente. Y hay Humanistas dentro de cualquier tradición religiosa; la mayoría simplemente no sabe que la filosofía existe. Así que, fíjate si eres Humanista. Esa podría ser la razón por la que estás leyendo este ensayo.

Aunque no hubiera "verdad" en el mito subyacente de ninguna religión, sólo hay tradición, eso no debería ser motivo para que una persona rechace sin más sus propios símbolos religiosos, a menos que adopte algo que se vuelve aún más importante para ellos a medida que su visión del crece a través de su educación. Hace falta educación para que una persona sea capaz de sustituir los símbolos de su infancia y satisfacer sus necesidades, porque esos símbolos tienen valores emocionales que han sido muy importantes en la vida de esa persona.

Por eso, a muchos en nuestra sociedad les cuesta un verdadero esfuerzo llegar siquiera a la filosofía del humanismo. Muchos sienten que estarían rechazando sus creencias más profundas de toda la vida. No se dan cuenta de que pueden colocar sus puntos de vista religiosos por encima de la filosofía del humanismo. No trata de elegir entre una cosa u otra. Es simplemente empezar desde el punto de vista de tomar las riendas de tu propia vida.

Sería erróneo, y contrario a la ética del comportamiento Humanista, condenar la religión basándose en la verdad, porque la iglesia como institución organizada sí satisface una necesidad cultural y personal muy válida para muchas personas que no tiene nada que ver con la verdad de su mito central. La filosofía Humanista no aborda actualmente las necesidades de aquellos que llenan sus necesidades en el nivel de alta seguridad/medio social con su propia religión.

Sin embargo, la mayoría de los humanistas estarían de acuerdo en que el conocimiento de que el mito central de nuestras religiones tradicionales no está basado en hechos cambiaría la forma en que esa religión controla nuestras propias vidas. Nuestro control debe basarse entonces únicamente en la razón, no en una verdad primitiva que ahora sabemos que puede no existir.

Los humanistas que son miembros de cualquier fe normalmente pensarán que sus miembros no deberían estar controlados por la culpa o el miedo, o por la promesa de una vida después de la muerte que sólo está disponible para aquellos que creen en la visión limitada de una Persona de Control. Los humanistas están motivados para actuar sólo por razones que están dispuestos a aceptar, y mantendrán el control sobre sus propias vidas.

Como se ha dicho antes, aunque los Humanistas se encuentran dentro de la mayoría de las religiones, la mayoría de los Humanistas encuentran que es imposible aceptar una doctrina o autoridad religiosa en particular como una verdad inmutable basada puramente en la "fe ciega", o aceptando cualquier autoridad, sin que esté basada sobre la base de hechos que consideran verdaderos por sí mismos. Muchos Humanistas no lo harán ni siquiera tentativamente, especialmente como la única base de deben vivir sus propias . Sin embargo, los Humanistas pueden aceptar a la Persona de Control de su religión como su Autoridad en muchos aspectos de su propia vida debido a la calidad del trabajo de esa persona, y debido a su conocimiento superior en un área del pensamiento en la que el Humanista no quiere gastar el esfuerzo de duplicar por sí mismo.

A la mayoría de los humanistas no les preocupa lo que otra persona quiera aceptar como su verdad, si esa persona no sus nociones. Una persona que "te planta cara" es ofensiva, tanto si se trata de un fundamentalista evangélico religioso activista como de un ateo activista que insiste en que debes creer ellos. En algunos credos incluso creen que si no lo haces, tienen derecho a matarte. Algunos incluso creen que su libro de autoridad, ya sea el Corán o la Biblia, les ordena que es su deber hacerlo. Por lo general, a los humanistas no les preocupa intentar cambiar la visión de la vida de los demás, y normalmente no lo harán a menos que otra persona limitar la capacidad del humanista para vivir su propia vida al máximo según su elección.

Esto se debe a que el humanismo como filosofía no está particularmente preocupado por ninguna religión, ya que el enfoque del humanismo se centra exclusivamente en nuestra vida aquí en la Tierra. A muchos humanistas sólo les preocupan los métodos impartidos por la religión que afectan a cómo se espera que se viva cada vida aquí en la Tierra hoy en día que limita a cualquier humano derecho o la capacidad de vivir su propia vida. Los Humanistas quieren que todos tengamos el derecho a aceptar cualquier creencia que encontremos beneficiosa para nosotros mismos, o para aquellos de los que nos sintamos , así como el derecho a rechazar cualquier creencia. Cualquier Humanista es libre de aceptar cualquier parte de las tradiciones religiosas que encuentre cómoda para sí mismo.

Muchos humanistas se dan cuenta de que pueden añadir algunas partes de nuestras tradiciones religiosas culturales a su filosofía de . Si un Humanista encuentra que una tradición religiosa en particular es importante para él para abordar sus propias preocupaciones que el humanismo no responde, o para

añaden una dimensión espiritual a su enfoque filosófico de la vida, o desean el apoyo de su comunidad eclesiástica, o consideran beneficioso apoyar las necesidades de otras personas de su familia, o por cualquier otra razón, nadie debe preocuparse ni criticar. Los humanistas creen que todas las personas pueden vivir su vida como quieran. Los humanistas reconocen que no tenemos todas las respuestas a la vida. Nuestro conocimiento sigue creciendo y nadie tiene todas las respuestas.

Consideramos que el humanismo es una filosofía de vida completa. Sin embargo, el humanismo no pretende sustituir a la religión para quienes deseen ir más allá de nuestra filosofía.

El principal denominador común entre el humanismo y la religión es que cada uno tiene un sistema de valores. La diferencia es que a los humanistas les preocupa principalmente cómo vivimos nuestras propias vidas en la Tierra hoy en día. Para la mayoría de los , nada más importa realmente. Cuando ves la vida exclusivamente desde el punto de vista de cómo la vives en la Tierra, te tomas la vida misma mucho más en serio, haciendo que tu propia vida tenga todo el sentido y significado que encuentres posible. Los Humanistas no queremos dejar de vivir la única vida que sabemos con certeza que tenemos mientras nos preocupamos por una vida después de la muerte que tal vez no exista.

Dado que no tenemos ninguna evidencia real aparte de las Autoridades para validar muchas creencias religiosas, la mayoría de los Humanistas generalmente no aceptarían sus edictos, y mucho menos los dictados de cualquier Autoridad que hable en nombre de una religión en particular, como la base principal de cómo vivirán su propia vida. Esto es especialmente cierto en el caso de las afirmaciones de que nuestra falta de aceptación de la creencia de cualquier autoridad basada exclusivamente en su "fe ciega" requerida tendría como resultado la condenación eterna. Nadie conoce la respuesta a estas preguntas de forma inequívoca y absoluta. Sólo podemos afirmar que la conocemos, y tales afirmaciones nunca se han demostrado.

Los humanistas pueden participar en cualquier tradición religiosa, pero la mayoría lo hace principalmente por razones sociales o familiares, y cada uno conservará la libertad de dudar. Además, los Humanistas normalmente verán su relación con cualquier comunidad religiosa sólo como un intento de llenar el vacío en su búsqueda de respuestas a esas preguntas que cada uno de nosotros somos capaces de plantearnos en nuestra diaria, para las que la ciencia actualmente proporciona

ninguna respuesta clara. Nuestras religiones proporcionan los símbolos para describir nuestro universo cuando no tenemos mejores medios de expresarlo para aquellos que necesitan una respuesta a la pregunta del "por qué" que puede no existir de otro modo. La cuestión para un Humanista es que la pregunta del "Por qué" en sí misma puede no ser válida. La "verdad" es que puede no haber respuesta a esa pregunta.

Capítulo 6
¿Quiénes son las personas de control?

Nuestra sociedad está construida sobre el concepto de "Personas de Control". Tenemos presidentes, gobernadores, padres, maestros, policías, bomberos, clérigos, médicos y abogados, entre muchos otros, que ostentan su rango en nuestra sociedad por ley. Su elección, licencia o delegación les confiere autoridad. Intenta decirle a un comandante militar o a un oficial de policía, o a tu alcaide de prisión, o carcelero, que él o ella no es una Persona de Control. O que te niegas a . Cada uno tiene control sobre algunos aspectos de nuestra existencia; algunos independientemente de nuestros deseos, otros en la medida en que lo permitimos, la mayoría voluntariamente. Algunos son necesarios porque controlan nuestro sistema social que nos permite vivir juntos en armonía.

Permitimos que muchos otros tengan el control sobre algunos aspectos de nuestras vidas por acuerdo, incluidos los empleadores, los líderes de los scouts, los cónyuges, nuestro médico personal, los abogados, los corredores de bolsa y otros que aumentan el valor de nuestras vidas gracias a nuestro consentimiento. Además, hay quienes intentan imponer su autoridad sobre nosotros. Intenta decirle a un cobrador no tiene autoridad. La cuestión es que muchas personas intentan imponer cierto poder sobre nuestras vidas y nuestro comportamiento. La pregunta válida sigue siendo: ¿les transfieres el control de tu vida, o mantienes la responsabilidad de tu propia vida tomando tu propia decisión de cooperar con sus dictados sólo si entiendes que es lo mejor ti? Si eres estos últimos, puede que seas un Humanista y simplemente no lo sabías antes de leer este ensayo.

En la medida en que aceptes seguir sus dictados pero sigas asumiendo la responsabilidad de tu propio comportamiento, eso es aceptable para un Humanista. En la medida en que te sientas obligado a obedecer sin pregunta, estás siendo controlado. Has permitido que te conviertan en una marioneta. En la medida en que eres manipulado por el miedo, la culpa o la recompensa para actuar más allá de tus propios deseos, eso es inaceptable para un Humanista porque dejas de vivir tu propia vida. No sólo eres una marioneta, sino que estás sujeto al control de otra persona que a menudo puede ir en contra de tus propios intereses. Te has convertido en una oveja.

Es por eso que los Humanistas se resisten a aquellas Personas de Control que insisten en que debemos creer o aceptar cualquier cosa como verdadera simplemente por "fe ciega", especialmente si sólo son capaces de apoyar su posición basándose en un texto que ellos, como Personas de Control, insisten en que se basa en "la palabra de Dios", como su máxima autoridad. Eso significaría que las autoridades sólo pueden ser validadas por autoridades. Ese razonamiento sería fácilmente entendido como desafiando la lógica incluso por la persona promedio en la calle. Si no fuera por la mística que crea la lente turbia a través de la cual vemos nuestras propias religiones, estarías de acuerdo.

Culturalmente se espera que uno crea en su propia religión; por lo tanto, muchos quieren creer. Es una lógica tortuosa. El problema para un escéptico es que, si sólo sabemos que algo es cierto porque la Gente de Control nos dice que lo es, ¿cómo podemos validar la "verdad" de esa Persona de Control basándonos en pruebas que sólo son validadas por la Gente de Control? Eso desafía a la lógica. Esa forma de control es inaceptable para los humanistas.

Puede que nunca sepamos cuándo nuestra vida afectará a la de otra persona. Un tío abuelo que vivía en Illinois era un escéptico que influyó significativamente en la trayectoria vital de Tony Hileman, antiguo Director Ejecutivo de la Asociación Humanista Americana, que vive en Washington, DC. Esto se debe a que su pariente al que nunca conoció publicó un libro en 1899, titulado The Life Experience of a Skeptic (La experiencia vital de un escéptico), donde señalaba: "Cuando ellos ("Control People") te dicen que creas, te están diciendo que no pienses. Porque pensar es (crea) dudar. Y al dudar, los poderes que intentan controlarte no pueden soportar".

Ese único pensamiento cambió el rumbo de la vida de un pariente que el escritor nunca llegó a conocer personalmente. Hay que tener en cuenta que el autor escribía antes del renacimiento de la filosofía epicúrea en América. por John Detrich. Para el escritor, este pensamiento fue una revelación. Lo razonó por su cuenta, e inmortalizó sus pensamientos en letra impresa - y Tony reflexionó sobre lo que ese pensamiento significaba realmente durante sus años de formación. Eso guió a Tony hacia su filosofía de vida que ha marcado una diferencia significativa en su vida, creando un líder Humanista cuatro generaciones después. Lo más interesante de esta historia es que la hermana de Tony es una monja católica, y él se crió en una familia católica. Sin embargo, su transición al humanismo le resultó natural porque vio a través del velo de su religión gracias al mensaje de su tío abuelo, que le proporcionó una luz que le habló cuatro generaciones después. Todos tenemos el poder de influir en los demás. Alguna influencia crea el bien para otros, porque conduce a su vida realizada. Algunas causan un daño importante, porque la persona de Control creó una barrera en forma de escatoma que bloqueó el crecimiento de alguna persona y le impidió llegar a estar "plenamente viva".

Ese mismo proceso lógico es válido incluso si la Persona de Control es nuestro propio médico y nuestra propia vida depende de su criterio. Puede que no estemos informados en ese ámbito de preocupación, pero nuestra principal necesidad es seguir siendo siempre responsables de nosotros mismos. Nos sentiremos libres de hacer nuestra propia investigación independiente para validar lo que nos dice nuestro propio médico. Por lo general, nos negamos a ceder el control de nuestra propia existencia a otro, salvo por nuestra decisión razonada de que es lo que más nos conviene ese momento, y conservamos el derecho, y la capacidad, modificar o incluso revocar nuestras decisiones.

Todos debemos someternos a las Personas de Control, hasta cierto punto, para mantenernos mientras vivimos en nuestra . Mantener nuestra sociedad es necesario para apoyar nuestras necesidades superiores porque nos proporciona la oportunidad de disfrutar de las otras necesidades superiores de nuestra vida. Después de todo, sabemos por muchos ejemplos en la historia que la anarquía podría reducir nuestra vida a un nivel caótico de existencia no superior a un nivel de seguridad necesario para nuestra propia supervivencia.

Un problema que los Humanistas tienen con cualquier estructura organizada es cuando sus Personas de Control intentan abusar de su poder, especialmente utilizando técnicas como el miedo o la culpa. Debes conservar el derecho a resistir. Tú debe ser libre de no cumplirla, por cualquier razón que sea importante para ti, para que puedas siquiera realizar tu propia vida y, en última instancia, hacer que tu propia vida tenga sentido para ti y sea significativa para los demás. Sin ese poder, y sin que asumamos la responsabilidad personal por nosotros mismos, nuestra propia vida carecerá de valor real para nosotros. Estaremos viviendo la vida de otro.

Ciertamente, no debemos renunciar a nuestra libertad personal en beneficio del sostenimiento de la Persona de Control. Ya no estamos controlados por el sistema feudal que produjo reyes. Recuerda que sólo las Personas de Control religiosas insisten en que debemos diezmar. ¿Por qué es así? Cuando renunciamos al control, podemos sentirnos obligados a trabajar en beneficio de otra persona, para satisfacer sus necesidades o deseos, que fácilmente pueden entrar en conflicto con los tuyos. Incluso en nuestra religión deberíamos actuar sólo porque estamos de acuerdo en que es lo mejor nosotros. Toda la vida es un acto de equilibrio.

Uno de los objetivos de este ensayo es que te plantees qué hace falta para poder conservar o recuperar la responsabilidad de tus propias decisiones sin dejarte manipular por ninguna Persona de Control. Tal control bien puede reducir la calidad de tu propia vida. Puede que nunca lo sepas. Tienes derecho a aceptar a cualquier Persona de Control que considere beneficiosa y aceptable para ti, y ningún Humanista se opondría a que conservaras el derecho a verificar su verdad. La cuestión es, ¿sabrás la diferencia?

Capítulo VII
¿Cómo debemos vivir nuestra vida?
(¿Qué esto?)

La pregunta más relevante sigue siendo: si todo lo que sabemos es que existimos, ¿cómo establecemos un propósito en nuestra propia vida? Si nuestro fin último es sólo la supervivencia y el crecimiento de nuestra , ¿nuestra razón de estar aquí es sólo procrear y luego morir como una abeja macho, una hormiga macho o una araña viuda negra? Si es así, los mayores deberíamos cumplir con nuestro deber y dejar de malgastar los recursos de la Tierra. No es un pensamiento muy satisfactorio.

Al menos deberíamos tener una respuesta para nosotros mismos. La existencia humana puede haber sido un accidente, como sugiere Donald Johansson. Puede que un dios sobrenatural no dicte nuestro comportamiento. Pero eso no significa que mientras estemos aquí nuestra vida no deba tener valor, al menos para nosotros mismos. El campo de la psicología puede ser la única ciencia actualmente disponible que podemos emplear para aumentar nuestra comprensión de lo que es importante en última instancia en nuestra propia vida.

Este es el capítulo más importante de este libro para tu propia vida. Tómate el tiempo necesario para comprender plenamente lo que estás leyendo antes de seguir adelante, y luego vuelve a consultar este capítulo con preguntas o inquietudes posteriores. **Comprender este capítulo es la clave esencial para que cada uno de ustedes adquiera una existencia plena.**

La psicología como ciencia

La psicología se originó como ciencia con Sigmund Freud. Freud que ayudó a los enfermos mentales a mejorar sus vidas centrándose en lo que estaba mal en su comportamiento. Así, la psicología comenzó como una ciencia negativa.

Los "conductistas" representan la segunda fase de la psicología moderna. Todo el mundo ha oído hablar del perro de Pavlov, que asociaba el sonido de una campana con la entrega de comida. Su perro salivaba cuando tocaba la . Esto demostró que el comportamiento podía condicionarse. B. F. Skinner, psicólogo humanista, construyó laberintos en los que experimentó con ratas blancas, demostrando que tienen capacidad de aprendizaje. El conductismo demuestra que la privación de necesidades provoca el impulso, que da lugar al comportamiento. Modificando cualquier estímulo antecedente, se puede cambiar el comportamiento. Mientras estudiaba ciencias del comportamiento en el Departamento de Psicología de la Universidad de Drake, una vez me dijeron que "podríamos enseñar a ir al baño a un niño en un día utilizando una picana". (El instructor reconoció que: "Por supuesto, ese niño se volvería neurótico para el resto de su vida, pero sin duda se podría modificar su comportamiento". Lo que quería decir el profesor era que toda ciencia, al igual que todo conocimiento, puede utilizarse mal).

Skinner era humanista. Yo le escribía como Presidente de la Asociación Humanista Americana el mes en que murió. Skinner estaba trabajando en un libro para explicar la evolución de la psicología desde la perspectiva de Darwin. Lamento mucho que muriera antes de que estuviera listo para publicarse. Edwin Wilson, el primer Director Ejecutivo de la AHA, se sentó en un taburete de bar entre BF Skinner y Abraham Maslow durante una reunión anual de la Asociación. Discutían sobre sus interpretaciones personales del significado del humanismo. Me habría encantado ser un ratón en un rincón escuchando su discusión. Me he arrepentido varias veces de no haber pedido a Ed Wilson que escribiera un artículo describiendo su discusión para nuestros archivos humanistas, que ahora existen en la Biblioteca del Seminario Unitario Meadville-Lombard de Chicago. Habría sido un clásico entre los psicólogos.

El propósito de Maslow para nuestras vidas

La psicología humanista se ha convertido en la tercera fuerza de la psicología en este campo de la ciencia, y ha revolucionado nuestra comprensión de cómo podemos vivir nuestra propia vida al máximo de nuestro potencial.

El Dr. Abraham Maslow, fundador de la psicología humanista, ha articulado una teoría científica viable para encontrar un propósito en la vida de cada individuo. Maslow creció en la era del conductismo. Para averiguar por qué dos de sus profesores de psicología eran personas tan maravillosas, Maslow no pudo encontrar una privación de necesidades que pudiera haber causado su maravilloso comportamiento. De repente, se dio cuenta de que tal vez el campo de la psicología tenía la noción de "necesidades" al revés. Cuando hay privación de necesidades, las personas se vuelven anormales, hasta que acaban enfermando, como los pacientes de Freud. Maslow descubrió que cuando las personas están totalmente sanas, carecen de privación de necesidades. Tras reflexionar seriamente sobre este problema, Maslow reconoció que existen varios niveles, o categorías, de necesidades humanas claramente diferenciados, basados en la fuerza motriz de la necesidad para satisfacerla. La fuerza de la privación de la necesidad no es más lineal, como se había aceptado anteriormente.

Maslow descubrió entonces que los seres humanos vivimos en múltiples niveles psicológicos y que nuestro comportamiento y nuestra orientación individual ante la vida varían significativamente en función del nivel en el que estemos viviendo principalmente en ese momento. Nuestro nivel de necesidad predominante actual regulará nuestra existencia momentánea.

Nuestro objetivo debe ser seguir creciendo a lo largo de toda nuestra vida. Nuestra sensación de éxito proviene de la medida del viaje por la vida misma. El éxito no es simplemente alcanzar una meta. El éxito es la sensación que tenemos al reconocer nuestro propio crecimiento a medida que avanzamos hacia una . En el momento en que alcanzamos un objetivo, un nuevo objetivo debería haber sustituido al anterior a medida que estiramos nuestras vidas y hacemos que nuestra vida sea lo más significativa para nosotros mismos. Nuestro crecimiento continuo a lo largo de nuestra vida es nuestro objetivo en la vida para que podamos realizar nuestra propia existencia, obteniendo el más alto nivel de vida que podamos alcanzar para nosotros mismos. Nuestras metas son momentáneas y deben ampliar constantemente nuestros horizontes a medida que crecemos para que nuestra vida tenga un valor real para nosotros. Maslow fue el primer psicólogo en creer que el objetivo de cada uno de nosotros en la vida es lograr nuestra propia realización alcanzando el nivel de vida más alto que seamos capaces de alcanzar individualmente. Maslow reconoció que el significado de nuestra propia realización varía en función de cada nivel de necesidad. La mayoría de las personas se conforman con vivir en un nivel inferior niveles de necesidad. Algunas personas pueden alcanzar los niveles de vida más altos. ¿A qué se debe esta diferencia?

Jerarquía de necesidades de Maslow

Maslow descubrió que las necesidades podían clasificarse según la fuerza del nivel de impulso provocado por su carencia; y que prevalecen las necesidades con mayor fuerza de impulso. Si una persona tiene suficiente hambre, por ejemplo, su comportamiento atenderá primero a esta cuestión, aplazando el deseo de ayudar a los demás o de seguir escuchando música clásica. Maslow descubrió que existen seis niveles jerárquicos muy distintos de necesidades humanas. Además, descubrió que la fuerza motriz de las necesidades del nivel inferior es, por término medio, el doble que la del nivel inmediatamente superior, de modo que esas necesidades dirigen el comportamiento de la persona en ese momento a satisfacerlas para que luego pueda atender sus necesidades del nivel superior.

Necesidades básicas

La supervivencia es la principal preocupación de todos los organismos vivos (y de todas las instituciones, gobiernos y sistemas organizados). De ahí se deduce que las necesidades más fuertes, o primarias, son las de necesidad fisiológica. Estas necesidades básicas incluyen, entre otras, la alimentación, el agua, el aire, el sexo, la eliminación, el calor y el sueño. Si uno realmente tiene que ir al baño, nada más es particularmente importante en ese . A efectos ilustrativos, estas "necesidades básicas" pueden caracterizarse como aquellas necesidades con un nivel de fuerza de uno. Muchas personas en algunas zonas del mundo apenas pueden superar este , incluso hoy en día. Fíjate en la vida actual durante esta década de aquellos en Asia que han sido forzados a abandonar sus hogares por un dictador trastornado.

Necesidades de seguridad

Una vez que nuestras necesidades básicas esenciales están suficientemente atendidas, naturalmente "emplumamos nuestros nidos" para asegurar su futura satisfacción. Nos buscamos refugio para protegernos de los elementos. Nos volvemos protectores. Maslow clasificó este siguiente nivel como "necesidades de seguridad" y descubrió que estas necesidades suelen tener un nivel de fuerza motriz inferior a la mitad del de las necesidades básicas. Como describimos por primera vez en la introducción, algunas personas que tienen un nivel de riqueza, pero han elegido una vida que desafía a la sociedad, deben pasar la mayor parte de su vida viviendo en este nivel protegiéndose de los demás para su propia supervivencia.

Cuando nos sentimos , normalmente no pensamos en la proximidad del baño más cercano. Sin embargo, cuando no podemos hacer nuestras necesidades, sí que nos preocupamos por lo que ocurrirá la próxima vez, sobre todo si barreras que impidan nuestro alivio instantáneo. Un soldado raso del ejército que tiene que ir al baño en formación aprende muy bien esta lección. Nunca vuelve a ocurrir.

Necesidades sociales

Una vez seguros, tendemos naturalmente a buscar amistades y relaciones amorosas. Somos capaces de vivir en el nivel de necesidad "social o de pertenencia". Queremos pertenecer, ser aceptados y amados. Entonces traemos a los demás dentro de nuestros mecanismos de defensa y les permitimos que compartan con la satisfacción de nuestras necesidades. Aunque esto es muy importante para todos nosotros, estas necesidades sociales tienen un nivel de fuerza de deficiencia de aproximadamente sólo una cuarta parte del de nuestras necesidades básicas (intenta explicar ese concepto a un adolescente con hormonas), El setenta por ciento de todos los estadounidenses de hoy están encerrados en el nivel Social o por debajo, sin darse cuenta de que hay tres niveles por encima de ellos.

Necesidades de ego, autoconciencia o identidad

Cuando nuestras propias necesidades y las de nuestros seres queridos -o de los que nos sentimos responsables- también están a salvo y sus necesidades básicas satisfechas, somos libres para buscar el reconocimiento de los demás. Maslow clasificó este nivel como "ego", "autoconciencia" o "necesidades de autoestima". Aunque la fuerza del ego puede parecer fuerte, la fuerza motriz de estas necesidades suele ser sólo la mitad de la de nuestras necesidades sociales.

Actualización

El objetivo constante de toda persona debería ser "actualizar" su propia existencia aquí en la Tierra. Sentirse "realizado" Una vez satisfechos de que no sólo somos aceptados, sino apreciados por los demás, somos libres para identificarnos e integrarnos con nuestro entorno. Entonces podemos reconocer y "sintonizar" con nuestra propia realidad. Sólo entonces somos psicológicamente capaces de actualizar nuestra propia existencia.

Maslow consideraba que las personas que se han actualizado se convierten en una "persona completa". Definió las necesidades de "actualización" en quince adjetivos diferentes. Son la verdad, la bondad, la belleza, la unidad, la vitalidad, la singularidad, la perfección y la necesidad, la plenitud, la autosuficiencia, la justicia y el orden, la sencillez, la riqueza, la ausencia de esfuerzo, el juego y el sentido. Cuando saboreamos el mundo que nos , intentamos satisfacer el nivel actualizado de nuestras propias necesidades.

Sólo somos capaces de alcanzar este objetivo cuando nuestras necesidades básicas, de seguridad, sociales y de autoconciencia están razonablemente satisfechas. En este nivel nos preocupamos por conceptos abstractos, como la estética, y mejoramos el entorno que nos . Empezamos a convertirnos en personas plenas, en paz con nosotros mismos. Entonces, por primera vez, somos capaces de buscar la plenitud en la vida de los demás únicamente en su beneficio, y no en el nuestro. Por primera vez somos capaces de ir más allá de nosotros mismos para alcanzar la Plenitud de Vida.

Hasta el punto de actualización, Maslow reconocía que nuestras necesidades, en grados cada vez menores, son necesidades deficitarias o de carencia. Si tenemos un déficit, sentimos la necesidad de resolverlo. La fuerza del déficit determina la fuerza del impulso de nuestro comportamiento actual, ya que buscamos satisfacer esa necesidad. Dado que nuestro comportamiento innato está impulsado esencialmente por la necesidad de nuestra propia supervivencia, estas necesidades son primarias y, por tanto, las más fuertes. Maslow dijo que estas necesidades son "instinctoides", como las necesidades instintivas. Entre las necesidades básicas, a través de las necesidades de autoconocimiento del yo, mejoramos gradualmente la calidad de nuestra propia vida. Las necesidades de actualización entran en el ámbito de las necesidades de "ser". Uno se esfuerza por llegar a ser lo más completo, el "yo más

pleno", una persona completa.

De ahí que el término utilizado por Maslow sea "autorrealización". Todas las criaturas son totalmente egoístas en los niveles más bajos de la vida. La fuerza de nuestro impulso egoísta disminuye al mismo ritmo que disminuyen todas las demás necesidades hasta que todo egoísmo desaparece en el nivel de actualización. El altruismo sólo empieza a aparecer cuando nos acercamos a la actualización.

Lo que ocurre una vez que realizamos plenamente nuestra propia existencia es el más importante de los descubrimientos de Maslow. Cuando realizamos todo nuestro potencial, alcanzamos momentáneamente un estado de plenitud total. En este estado de satisfacción, podemos resonar en armonía con nuestro propio entorno. Al menos durante ese momento estamos libres de todo estrés y podemos entonces reconocer nuestra propia sensación de paz como una "experiencia cumbre". Maslow reconoció que sólo alrededor del seis por ciento de nuestra sociedad actual alcanza alguna vez este nivel. Sólo el uno por ciento alcanza una experiencia cumbre. Uno de los principales objetivos de una sociedad organizada es crear el entorno que permita a todos los que estén dispuestos a realizar el esfuerzo necesario tener la oportunidad de alcanzar este nivel.

Cuando experimentamos una experiencia cumbre tenemos, en ese , una comprensión total de nuestra situación actual y estamos totalmente satisfechos. Al igual que una lancha motora surcando las aguas que llega a un plano por encima de las olas, funcionamos con mucha menos necesidad de energía y aceleramos con mucha mayor velocidad y mucha más profundidad de comprensión porque durante ese momento podemos pensar y comprender nuestra propia situación con mayor claridad. Entonces vemos momentáneamente nuestra propia vida, y todo lo que rodea, como si fuéramos un observador fuera de nosotros mismos mirando hacia dentro sin ninguna restricción. Más que en cualquier otra experiencia anterior de nuestras vidas, la mayoría de las personas se sienten verdaderamente estimuladas, liberadas y realizadas durante una experiencia cumbre.

Sin embargo, incluso aquellos que han actualizado su propia existencia deben pasar la mayor parte de su vida atendiendo a sus necesidades de nivel inferior para poder vivir momentáneamente en su nivel de vida más elevado. Vivimos predominantemente en un solo nivel a la vez. Comenzamos nuestra vida en el nivel más bajo, pero si no nos vemos inhibidos por fuerzas externas y disponemos de los recursos necesarios para satisfacer nuestras necesidades, podemos crecer de forma natural a través de cada nivel. Maslow descubrió que el objetivo natural y el nuestra propia vida es para nuestro propio crecimiento continuo. Es para mantener nuestra vida en el nivel más alto que podamos alcanzar y, en última instancia, para que podamos alcanzar una experiencia cumbre. Entonces sabremos que estamos viviendo plenamente nuestra propia vida. A partir de ese momento, dejaremos de estar motivados por nuestras necesidades egoístas. Entonces podremos llegar a estar Plenamente Vivos.

¿Cómo superar nuestro egoísmo?

Maslow descubrió que, una vez que una persona ha llegado a una experiencia cumbre, algunas personas son entonces capaces de hacer una transición desde sus propias motivaciones más egoístas y son capaces de dirigir sus esfuerzos ulteriores más allá de sí mismas. Algunas personas son entonces capaces de aceptar motivaciones externas que trascienden a una causa, o a otra persona, o incluso a un compromiso de por vida. Entonces podemos sentirnos plenamente satisfechos de vivir en beneficio de otra persona, o por una causa para el mayor bien de los demás, posiblemente incluso en detrimento físico propio. Trascendernos a nosotros mismos permite que nuestras propias vidas sean aún más significativas y, en última instancia, aún más significativas para nosotros mismos. En el momento en que trascendemos nuestro propio yo y, de hecho, nos convertimos en "transhumanos", nos sentiremos "plenamente vivos" y en sintonía con todo lo que rodea.

Muchos estudiantes de psicología insisten en que Maslow sólo identificó cinco niveles de necesidades. Esencialmente, ésa es la jerarquía de Maslow. Más adelante en su carrera, Maslow extrapoló a un sexto nivel al reconocer que algunas personas pueden fusionar su propia existencia con causas que están más allá de ellos mismos.

Este sexto nivel, el más elevado, abre un nuevo reino para la vida. Una madre se une a su hijo o hija; un artista se pierde en su pintura hasta el punto de dejar de comer y dormir; un médico trabaja para salvar al paciente al que atiende hasta el punto de arriesgar sus propias necesidades; y un profesor puede perder su propia identidad y volcarse por completo en sus alumnos. El profesor está absorbido por el crecimiento de sus alumnos. Un abogado se identifica con el éxito de su cliente.

Una que vive actualmente en este nivel ha fusionado las necesidades de las personas a las que sirve, o de una causa o una idea, con las suyas propiaspor lo que esas necesidades externas pueden dictar sus propias necesidades y deseos, incluso excluyendo sus propias necesidades personales.

Una prueba para determinar si una persona puede vivir en este nivel es analizar cómo describe sus propios esfuerzos. ¿Incluye la descripción del trabajo de su vida una referencia personal a sí mismo? Si es así, es posible que sus motivos sigan estando en el nivel del ego. Las preguntas que hay que hacer a estas personas son: "¿Qué actividades le dan más satisfacción o recompensa en su vida?". "¿Qué es lo que da más sentido a su vida?". Los valores transpersonales que expresan las personas que han trascendido más allá de sus propias necesidades nos dicen mucho sobre esa persona. Una vez que una persona puede vivir en este nivel, el yo se funde con la causa, que se ha convertido entonces en el propósito primordial de la propia existencia de esa .

A partir de entonces, el significado de la vida de esa persona se vuelve omnipresente con la causa para la que siente que nacido. Como persona, llega a ser identificada, incluso por los demás, con la pasión a la que sirve. Toda su vida anterior fue sólo un preludio de la vida que ahora vive. Una ventaja para esta persona es que puede vivir la mayor parte del resto de su vida en el nivel actualizado o por encima de él.

El autor humanista Isaac Asimov se empeñó en los últimos años de su vida en publicar su libro número quinientos. Antes de morir, publicaba un libro cada sesenta días aproximadamente. Cuando le escribí necesitando información, o su autoridad como mi sucesor como Presidente de la Asociación Humanista Americana, siempre me contestó. Pero me contestaba con postales, pues no quería retrasar el objetivo de su vida. La esposa de Asimov, Janet Jepson, me dijo que no me sintiera mal; él hacía eso con todo el mundo, incluida su familia.

Muchos de los libros de Asimov versaban sobre campos de la ciencia, con un estudio en profundidad de un tema. Como he mencionado antes, la Guía Asimov de la Física y la Guía Asimov de la Ciencia son clásicos. La Guía de la Biblia de Asimov, en dos volúmenes, toma cada capítulo de la Biblia y lo sitúa en su marco histórico para que puedas entender mejor por qué se ese capítulo bíblico. Estos libros siguen apareciendo hoy en las librerías más de 40 años después de su muerte. A lo largo de su vida publicó 480 libros, un tercio de los cuales eran las obras de ciencia ficción por las que era más conocido por las generaciones más jóvenes.

Cuando una persona puede pasar más allá de la actualización, se ha convertido en una persona completa que ya no se consume con sus propias necesidades. Por lo tanto, puede dedicar su atención exclusivamente a las necesidades de los demás, o a las tareas de su vida. En ese momento se vuelven altruistas y su comportamiento ya no es el resultado de satisfacer sus propias necesidades. Su visión y motivación se centran exclusivamente en el bien que hacen a los demás y al mundo en el que vivimos.

Para poner esto en perspectiva, Maslow dibujó un diagrama de una pirámide que mostraba los niveles de necesidades de los seres humanos. Su conclusión fue que, en lugar de linealmente, las necesidades biológicas y psicológicas varían en fuerza, produciendo un impulso para su satisfacción que puede cuantificarse en cinco niveles. Un nivel de necesidades más fuerte prevalece y debe satisfacerse en primer lugar.

El objetivo de cada uno de nosotros es realizar nuestra propia existencia superando el punto de una experiencia cumbre y aportando libremente nuestros esfuerzos futuros para alcanzar nuestra propia inmortalidad dejando a nuestro mundo un lugar mejor por haber estado aquí. La Jerarquía de Necesidades de Maslow nos proporciona el camino para maximizar nuestra propia vida al máximo. Cuando alcancemos una experiencia cumbre, sabremos que entonces estamos Plenamente Vivos.

Los humanos nos diferenciamos de otras formas de vida animal por el tamaño de nuestro cerebro. Al más grandes, podemos pensar de forma abstracta. Eso nos permite imaginarnos mentalmente situaciones u objetos que tal vez ni siquiera existan. Podemos pensar mucho más allá de nosotros mismos de un modo en el que nuestros perros o gatos son incapaces de participar. Así, conjuramos el concepto de dioses que pueden existir, pero que nuestras mascotas no son capaces de comprender. Hemos creado la ilusión de una vida después de nuestra propia muerte que no tiene sentido para ninguna otra forma de vida. Nosotros podemos vivir en todos estos niveles. Nuestras mascotas sólo pueden llegar al social medio. Las hormigas apenas pueden superar el básico. Las amebas no pueden superar el nivel básico. Veamos la jerarquía de necesidades de Maslow tal y como él la concibió.

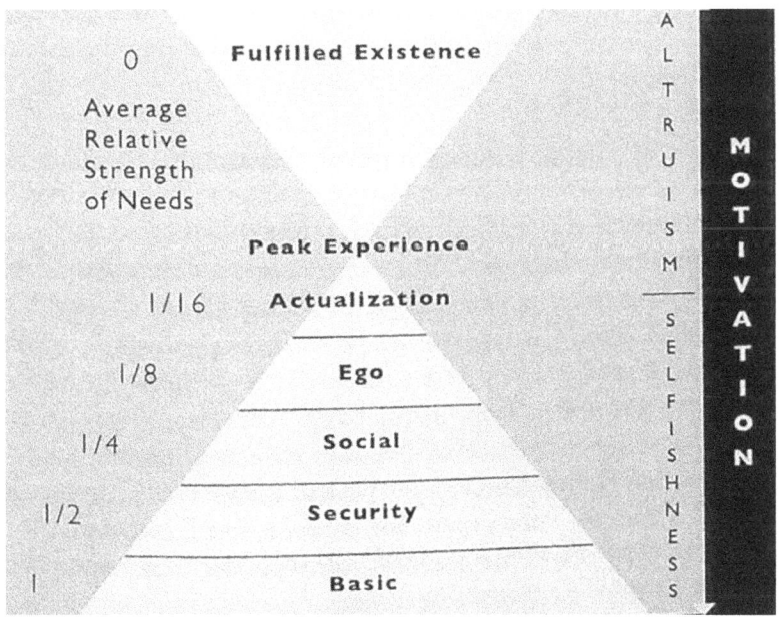

PIRÁMIDE DE LA JERARQUÍA DE NECESIDADES DE MASLOW

Obsérvese que la fuerza relativa de nuestras necesidades en cada nivel es aproximadamente la mitad de la del nivel precedente. La fuerza de nuestro grado de egoísmo también se reduce para la mayoría de las personas en relación con el nivel primario en el que viven actualmente. Durante un día normal, la mayoría de la gente se moverá a través de varios niveles dependiendo de sus esfuerzos actuales, los recursos disponibles, el estrés y el sentido de la responsabilidad a medida que buscan resolver objetivos y, lo que es más importante, de su actitud actual.

Los seres humanos somos complejos.

El tamaño reducido de cada nivel en este diagrama refleja no sólo la fuerza motriz de cada nivel, sino que también representa bastante bien la población actual que vive en la Tierra hoy en día. Hay muchas más personas que viven en el nivel básico que en el nivel superior. Muy pocos alcanzan el nivel de actualización. Seguimos viviendo globalmente una existencia relativamente primitiva.

El objetivo último del humanismo organizado debería ser educar al público sobre la existencia de niveles superiores de vida que cada uno de nosotros puede alcanzar en última instancia, identificar y fomentar el desarrollo de los medios para que nuestra sociedad crezca, y animar a aquellos que pueden proporcionar los caminos para que nuestra sociedad crezca de modo que todos puedan alcanzar la actualización algún día en nuestro futuro.

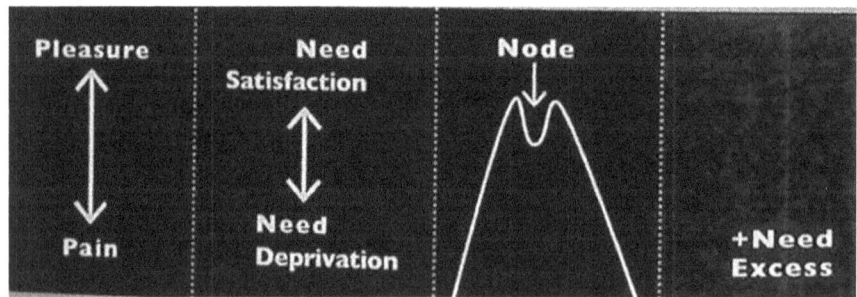

Los que tienen una existencia plena

Maslow identificó a las personas que han actualizado su propia vida como capaces de elevarse por encima de su propio yo para alcanzar un nivel de existencia propio y pleno. Se dio cuenta de que estas personas habían experimentado un cambio significativo en sus valores. Maslow denominó a este fenómeno "cognición del ser" o "valores B", lo que significa que una persona es capaz de identificar el propósito de su propia existencia con algo más allá de su yo. La "causa" se convierte en la motivación de esa persona para existir. Se vuelven indistinguibles de su causa. Al final, las personas plenamente realizadas no sólo se han convertido en personas completas con un propósito significativo para sí mismas, sino que se han vuelto significativas para los demás y son capaces de medir el valor de sus propias vidas en términos del bien que crean.

Los individuos pueden trascenderse a sí mismos en cualquier nivel de la jerarquía de necesidades. Sin embargo, a menos que una persona haya actualizado, su motivación sigue siendo principalmente egoísta. Sólo una persona totalmente realizada carece de motivos personales altruistas. Por debajo del sexto , los grados de egoísmo son la principal influencia de nuestro comportamiento.

Lo ideal es que las personas se ganen la vida haciendo aquello que satisfaga sus propias necesidades de actualización y trascendencia. Para quienes son capaces de hacerlo, su misión en la vida les proporciona un sentido de propósito; así, podemos ser capaces de cubrir todas nuestras necesidades en la vida con un trabajo que satisfaga nuestra pasión. Profesores, ministros, artistas, médicos, incluso algunos abogados, y muchas otras ocupaciones pueden experimentar una sensación de bienestar y realización como resultado de apoyar todas sus necesidades a través de su experiencia profesional.

Los métodos de investigación de Maslow

Maslow que deseaba entrevistar en profundidad a personas de funcionamiento superior para comprender mejor cómo alcanzan la plenitud por sí mismas y entender el efecto que tienen las experiencias cumbre en la vida de las personas, necesitaba saber primero cuáles de las personas que iba a entrevistar al azar eran capaces de actualizar su propia existencia. Primero tuvo que desarrollar pruebas para encontrar a los que vivían en el nivel de realización, con el fin de separar a las personas a entrevistar de las masas de voluntarios.

Su primera prueba fue la música. Maslow descubrió que una persona que vivía en el nivel básico sólo encontraba significativa la música fuerte y definida, como el rock duro o la percusión. Como empezamos nuestra vida en el nivel básico, esto puede explicar por qué nuestros hijos prefieren la música de percusión fuerte al principio de sus vidas. Desgraciadamente, como ocurre con todos los aspectos de la vida, algunos nunca lo superan.

Una persona en el nivel social puede apreciar fácilmente la música popular. A su vez, en el nivel actualizado, una persona será más propensa a encontrar bellas las orquestaciones sutiles, como Beethoven. Una persona en el nivel actualizado también podría apreciar el rock duro, así como toda la gama de la música, aunque normalmente puede preferir una orquestación más clásica o sutil. Sin embargo, la persona que vive en el nivel básico o de seguridad normalmente nunca disfrutará de Beethoven.

Para otra prueba, Maslow utilizó el humor. Para una persona que vive en el nivel básico o de seguridad, la violencia, el sexo o algún otro acontecimiento duro debe incluirse para que se perciba como humor. En el plano social, los chistes sobre personas pueden percibirse como graciosos. En el nivel actualizado, la incongruencia podría ser graciosa. Una vez más, la persona en el nivel básico rara vez entenderá por qué algo incongruente podría ser gracioso, mientras que una persona en el nivel actualizado podría apreciar una broma "fuera de tono", así como la mayor variedad del humor. Para una persona que vive en el nivel básico, o de seguridad, la percepción de la abstracción en cualquiera de sus formas está seriamente limitada. Utilizar estos medios de comprobación nos ayudará a diferenciar el nivel de vida de las personas con las que nos encontramos y, por tanto, a comprender mejor a aquellos con los que debemos interactuar.

Comprensión de las necesidades

La satisfacción de cada necesidad no es lineal, sino más bien una curva de campana con un hoyuelo o "nodo" en la parte superior. El dolor puede deberse tanto a la privación como al exceso de satisfacción de una necesidad. Por ejemplo, uno puede tener sed, empezar a beber agua y sentirse significativamente mejor hasta alcanzar un pico. A partir de ahí, un poco más de agua provocará un ligero descenso, hasta que uno se sienta totalmente saciado de sed. Beber más agua provocará un exceso, momento en el que uno comenzará de nuevo a sentir dolor. Una persona puede morir tanto por privación como por exceso. El mismo camino es válido para todas las necesidades.

Trayectoria típica de la necesidad en una escala de placer-dolor

La homeostasis es el estado de equilibrio. Intentar alcanzar la homeostasis es el esfuerzo continuo y natural de nuestro cuerpo. El objetivo de la satisfacción de cualquier necesidad es permanecer dentro del nodo o punto de equilibrio. Nuestro objetivo en la vida es vivir una existencia equilibrada con todas nuestras necesidades razonablemente satisfechas. Si todas nuestras necesidades en un momento dado están plenamente , podemos alcanzar la condición única de estar en armonía con nuestro entorno inmediato. Este estado, que Maslow denominó "experiencia cumbre", nos indica que en ese instante estamos viviendo plenamente en el nivel más alto de nuestra propia existencia. Una persona plenamente saciada disfrutar de una experiencia cumbre es descansar en el nodo de todas sus necesidades, tanto físicas como psicológicas.

Cuando se produce una experiencia cumbre, al igual que un diapasón, resuenas con tu propia realidad. En ese , estás "en sintonía" con tu propio universo. Puede ser sutil y pasar desapercibida. O puede golpearte como un ladrillo, sobre todo si es la primera . Puedes experimentar una sensación de euforia, como si flotaras en el aire. Mientras estás en este estado comprendes plenamente y te sientes cómodo con todos los aspectos de la vida que te rodea, incluso si de otro modo podrías estar atrapado en una situación negativa. Las personas que están en la cárcel, incluso las que acaban de declararse en quiebra o en proceso de divorcio, y las que se enfrentan a su propia muerte, son capaces de alcanzar este estado en las circunstancias adecuadas. Obviamente, es más difícil si la atención de la persona está ocupada de otra manera. Sin embargo, alcanzar la plenitud está condicionado por nuestra actitud hacia nuestra situación actual.

Algunos de nosotros, en nuestra cultura y entorno estadounidenses, habremos sentido una experiencia cumbre de vez en cuando, quizá sin reconocer lo que estaba ocurriendo ni comprender su significado. En el momento de una experiencia cumbre todo en mundo te parece correcto. Esto puede asustar mucho si no se tiene una base para comprender lo que está ocurriendo. Maslow creía que la típica "experiencia de renacimiento" de un fundamentalista evangélico es probablemente una experiencia cumbre etiquetada en términos religiosos. Es un momento "¡ajá! Dado que la mayoría de las personas son incapaces de articular su experiencia en científicos, recurrirán a lo que conocen para explicar el fenómeno y, de este modo, podrían atribuir a su noción de Dios su propia sensación de bienestar.

Para la persona condenada a muerte en prisión, tener una experiencia cumbre no significa que apruebe su encarcelamiento. Sin embargo, en ese , al menos comprenderá su situación y podrá aceptar lo inevitable. Al menos momentáneamente, tendrán una visión mucho mayor. Una persona que se está muriendo de cáncer puede tener una experiencia similar si se ha resignado a su destino. Los servicios de cuidados paliativos hacen maravillas ayudando a las personas a aceptar su propia muerte utilizando este principio.

Para Maslow, ser capaz de alcanzar una experiencia cumbre es la "cúspide" de nuestra propia existencia personal, vivir plenamente dentro de nuestro propio yo. Nos convertimos en una persona totalmente "sana", en un sentido psicológico. Al hacerlo, en ese momento hemos cumplido con todo lo que es relevante en ese momento. Estamos por un momento "Plenamente Vivos", y perfectamente contentos. Vivir continuamente en el nivel actualizado con experiencias máximas sostenidas sería difícil, si no imposible. Sin embargo, si podemos capturar este momento en el que ya no tenemos necesidades personales, podemos trascender más allá de nosotros mismos y sintonizar con un propósito mayor. Entonces podemos convertirnos en una persona en pleno funcionamiento cuya vida no sólo es significativa para nosotros mismos, sino aún más significativa para los demás. Entonces estaremos "plenamente vivos". Una vez que encontramos el camino, la próxima es aún más fácil. Podemos aprender a volver de forma rutinaria.

El camino normal de crecimiento desinhibido a través de la vida

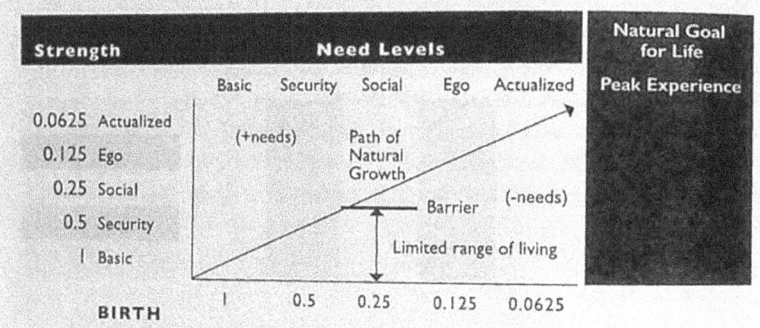

El camino normal de crecimiento a través de la vida comienza con la satisfacción de las necesidades básicas y, a menos que se vea bloqueado por alguna barrera, finalmente progresa hacia la actualización. Obsérvese que la fuerza motriz de las necesidades se vuelve progresivamente más sutil y menos un factor que dirija nuestro comportamiento a medida que ascendemos por el camino del crecimiento. Crecemos mejor en un camino que es relativamente neutral entre las necesidades positivas o de atracción y las necesidades negativas o de evitación. Ascendemos de forma natural por el camino de menor resistencia. Sin embargo, a medida que nuestra fuerza motriz disminuye, es más fácil que las tradiciones culturales de nuestra sociedad y las Personas de Control que encontramos en nuestras vidas introduzcan o impongan barreras a nuestro crecimiento natural continuado. Algunos son sutiles y pueden incluso superar nuestra propia conciencia. Así, podemos no ser conscientes de que estamos siendo controlados. Estas barreras pueden ralentizar o incluso detener nuestro crecimiento.

Consideremos el efecto de la culpa que nos imponen los padres o algunos clérigos. Una vez que nos encontramos con una barrera, si su fuerza excede la fuerza de nuestro impulso para la necesidad que estamos abordando actualmente en el nivel de necesidad que estamos viviendo actualmente, nuestro crecimiento natural en esa área de nuestros esfuerzos cesará temporalmente hasta que la barrera sea eliminada o eludida. Si las barreras se fijan en un escatoma, es posible que vivamos el resto de nuestras vidas sin crecer más allá de esta barrera impuesta. Sin saber siquiera que existe un nivel superior de vida. Podemos contentarnos y sentirnos seguros dentro de nuestro estrecho rango de vida. Una vez que una barrera es aceptada como lo mejor para , se convierte en un escatoma. Entonces ya no podemos aceptar que nadie desafíe esa barrera de frente. Para sortear nuestra barrera hay que construir un puente sobre ella o dar un rodeo. Para ello, normalmente hace falta una educación no amenazadora que desarrolle un nuevo camino. Elevar nuestra visión de la vida por encima de escatomas infantiles es uno de los principales objetivos de nuestra experiencia universitaria.

Podríamos reconocer que nuestras necesidades en el nivel de una experiencia cumbre serán muy sutiles porque en ese no hay fuerza motriz. O la sensación de euforia puede ser intensa, porque la experiencia es muy nueva. O, puesto que no hay un nivel de impulso fuerte dentro de nosotros que provoque un comportamiento cuando alcanzamos una experiencia cumbre, si no estamos prestando atención, puede que simplemente nos sintamos bien y no sepamos por qué. La experiencia puede ser momentánea. Porque una necesidad de nivel inferior con un impulso más fuerte - inevitablemente tenemos hambre, o nos enfrentamos a una llamada de la naturaleza - pronto tomará el control, y nuestro comportamiento cambiará para satisfacer esta nueva necesidad debido a su mayor fuerza de impulso. A continuación, podemos retomar nuestro camino hacia la satisfacción, a menos que nos topemos con una barrera que limite nuestro crecimiento.

Imagínate lo emocionado que estabas cuando eras principiante tocando el piano y podías tocar por primera vez "con palillos". Esa euforia sólo duró hasta que te desafiaron con la siguiente lección musical más difícil. Pero después siempre podías seguir tocando "con palillos". Una vez llegado al nivel de actualización, ser capaz de alcanzar de nuevo una experiencia cumbre es similar. Si no nos vemos inhibidos por barreras o fuerzas externas, aprenderemos de forma natural a trascender más allá de nuestro nivel de vida actual, llegando finalmente al nivel de vida actualizado. Nuestro objetivo debería ser seguir creciendo en nuestro esfuerzo por hacer que nuestras vidas tengan sentido para nosotros mismos y sean significativas en beneficio de los demás, mientras buscamos la realización de nuestra propia existencia.

Recorriendo el camino real del crecimiento a través de Lite

El crecimiento no se produce en línea recta. Experimentamos periodos en los que vivimos en una meseta plana mientras satisfacemos las necesidades de cada nivel a medida que avanzamos. Pasar a cada nivel superior por primera vez es dramático. Como si fuéramos una planta de semillero en el nivel básico y luego nos convirtiéramos en una planta en el nivel de seguridad, seguimos creciendo y madurando. Darse cuenta de que hemos llegado a un nivel superior es tan evidente como si fueras un capullo de rosa en el nivel social que florece en una Rosa Belleza Americana en el nivel de autoconciencia del ego. En el nivel actualizado, nuestras preocupaciones normalmente cambian a perpetuar la oportunidad de florecer para los demás.

Para alcanzar el siguiente nivel debemos estar abiertos y accesibles para el crecimiento, a medida que envejecemos, el crecimiento superior puede volverse más difícil porque hemos adquirido más bienes o estatus que requieren más protección, y hemos establecido metas artificiales que absorben gran parte de nuestra energía. Después de todo, puede que tengamos hijos y luego nietos a los que debamos proteger. Nuestro objetivo es mantenernos centrados y crecer continuamente. Para lograrlo, debemos ser conscientes de las barreras nos ponen los demás en nuestra cultura.

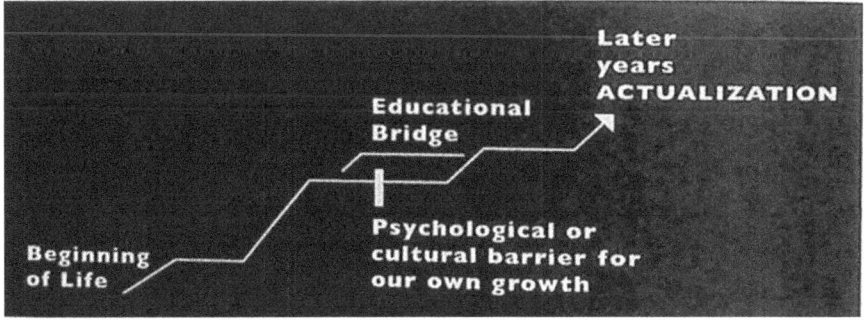

Típico camino de crecimiento exitoso a través de la vida

Normalmente, nuestros mecanismos de defensa en la mediana edad se vuelven mucho más fuertes y menos flexibles. Sentimos que debemos proteger lo que hemos construido. Por otro lado, al llegar a la jubilación, actualizarse puede resultar más fácil, sobre todo porque los objetivos autoimpuestos ya no son tan importantes para nosotros. En ese momento de nuestra vida, puede que hayamos alcanzado nuestros objetivos personales o que éstos hayan sido sustituidos por necesidades más inmediatas. Puede que hayamos pasado por la crisis de los cuarenta y hayamos aceptado por fin que no somos inmortales, e incluso puede que estemos dispuestos a aceptar nunca podremos hacer un hoyo en uno jugando al golf.

Si ya no nos sentimos amenazados por el fracaso, ni sentimos la necesidad de demostrar nada a los demás, ni sentimos que tenemos que impresionar a otros para salir adelante en la vida, o cualquier otra cosa que haya causado estrés en nuestras vidas, entonces podremos superar o encontrar mejores caminos que salven las barreras que retrasaron o bloquearon nuestro propio crecimiento en etapas anteriores de la vida. Esta relajación de las necesidades inferiores más fuertes puede permitirnos finalmente alcanzar los niveles más altos de vivir la vida. En ese momento de nuestra vida, podremos aumentar el nivel de nuestra propia importancia en beneficio de los demás.

Si debemos convertirnos en "presidente" de la Junior League para sentirnos momentáneamente satisfechos de nosotros mismos, difícilmente se puede esperar que reconozcamos otras oportunidades por encima del nivel del ego. Es loable servir como presidente de una organización tan digna. La distinción es el nivel de necesidad que motivó nuestro deseo de ser presidente. ¿Nos esforzamos por ser presidentes para obtener reconocimiento para la satisfacción de nuestro propio ego, o buscamos ese puesto por el bien que podemos proporcionar al mundo dirigiendo una organización tan digna? La respuesta refleja el nivel de necesidad en el que vivimos actualmente.

En el nivel del ego e inferior podemos absorber tantos problemas en la vida diaria que no podemos apreciar verdaderamente la vida. Muchos de nosotros debemos llegar a la jubilación antes de poder liberarnos de nuestro compromiso con objetivos artificiales, y entonces podemos ser libres para aceptar nuevas oportunidades y crecimiento en nuestras propias vidas.

Sólo si somos capaces de superar nuestras barreras inferiores y de satisfacer nuestras otras necesidades actuales, podremos tener la sensación de que, al menos en ese momento, todo está "bien" en nuestras vidas. En el punto de actualización, estaremos libres de nuestras propias limitaciones. Entonces podremos ser capaces de trascender nuestras propias egoístas, permitiéndonos magnificar el bien que podemos lograr al vivir nuestra vida para los demás.

Ese debería ser nuestro objetivo si de verdad deseamos realizar nuestra propia existencia mientras estemos aquí en la Tierra.

Una vez alcanzado ese objetivo, volveremos a ser capaces de subir a ese nivel, aunque al principio con esfuerzo porque hemos llegado a un territorio desconocido. Igual que la primera vez que alcanzamos el siguiente nivel superior en la jerarquía de necesidades. Con un esfuerzo concentrado resulta más fácil.

Ahora que entiendes tu camino de crecimiento, puedes buscar oportunidades para vivir tu vida en el nido más alto hasta que lo domines. Sabrás que eres capaz de alcanzar el final de tu objetivo en la vida cuando tengas una "experiencia cumbre". Para sacar el máximo partido a tu vida, a partir de ahí debes concentrarte en marcar una diferencia significativa en la vida de los demás sin tener en cuenta cómo te puedes beneficiar tú. Este esfuerzo puede llegar a consumirte por completo. La recompensa llega cuando te das cuenta de que puedes marcar una diferencia real y significativa en nuestro mundo.

Cuando descubramos que gastamos la mayor parte de nuestra energía buscando ayudar a los demás, ignorando nuestras propias necesidades para cumplir ese objetivo, sabrás que tu vida tiene un propósito. Cuando eso se convierta en nuestro nivel primario de vida se pronto se sentirán naturales, y esas necesidades en nuestros niveles inferiores disminuirán en importancia. Lo vemos con los artistas que se olvidan de comer mientras producen su arte. Lo vemos con los médicos que se olvidan de comer mientras atienden a un paciente crítico. Lo vemos con los maestros de escuela, que compran el material necesario para sus alumnos a pesar de tener unos ingresos que apenas cubren sus necesidades básicas.

La cuestión es que quienes llegan a este nivel se sienten eufóricos, sus necesidades se han elevado por encima de ellos mismos y ahora tienen un propósito que les hace sentirse realizados. Su vida importa de verdad, porque ven el efecto de sus vidas a través de las personas o proyectos a los que luego sirven. Ese debería ser tu objetivo en la vida, si quieres llegar a estar "Plenamente Vivo".

El resultado es lo que crea tu propia inmortalidad. El mundo se ha convertido en un lugar mejor porque tú has estado aquí. Tu inmortalidad se hace permanente en la medida en que lo que has logrado perdura para las generaciones . Como el tío tatarabuelo de Tony Hileman, que cambió la vida de Tony para que él pudiera cambiar el mundo de hoy para tantos otros, que seguirán mejorando las vidas de los demás como resultado. Se multiplica exponencialmente.

Capítulo VIII
¿Por qué es tan importante la realización? ¿Difícil?

Vivimos en un mundo de violencia. Toda la vida en la Tierra está prisionera de un entorno en el que los más aptos tienen las mayores oportunidades de supervivencia. El primer y principal objetivo de toda persona o forma de vida -desde los insectos hasta las formas de vida artificiales del gobierno, la política, las empresas y las instituciones- es el mismo. El objetivo principal de cualquier cosa es sobrevivir. Todo lo demás es secundario o inferior en nuestra escala de importancia. El cambio amenaza la existencia. Mantener el equilibrio y preservar el statu quo es un esfuerzo constante para toda forma de vida o entidad. Al hacerlo, afectamos a la vida de los demás, a veces negativamente. La cadena alimentaria dicta que las formas de vida más débiles sacrifiquen su propia vida para que sobrevivan otras situadas más arriba en la cadena, pero esto no significa que lo hagan voluntariamente. Los que están a punto de ser devorados luchan por su propia existencia. Basta con pescar para entender este principio.

El ser humano forma parte del mundo natural tanto como cualquier otra especie. El entorno de cada persona en la Tierra suele ser cruel. Cada uno de nosotros aprende a defenderse del dolor desde el día en que nace. Nuestra búsqueda constante de la vida nos obliga a intentar mejorar nuestra condición de vida. Puesto que nuestra propia supervivencia es esencialmente una necesidad básica, no podemos hacer fácilmente otra cosa. Sin embargono podemos crecer saludablemente más allá del nivel de seguridad únicamente por nosotros mismos. Debemos interactuar con nuestro entorno y con los demás dentro de nuestra cultura para sobrevivir. Estos factores externos condicionan nuestro comportamiento.

Se necesita la ayuda de los demás para que crezcamos hasta el siguiente nivel superior de vivir nuestra propia vida.

Las muchas técnicas que creamos desde el día en que nacimos para protegernos de las amenazas, especialmente las producidas por fuerzas externas, pueden en sí mismas causar barreras para nuestro propio crecimiento continuo. Todas las barreras pueden bloquear nuestra progresión natural hacia la realización de todo nuestro potencial. Es necesario un esfuerzo consciente continuo para sortear tales , de modo que podamos continuar el crecimiento normal a lo largo de nuestro camino natural hacia nuestro objetivo de actualizar nuestra propia vida.

Para estar verdaderamente sano y poder trascender a un nuevo reino superior de vida, la primera tarea requiere reconocer dónde existen barreras. Rara vez vemos nuestras propias barreras. La gente se siente más segura viviendo dentro de parámetros conocidos y, por lo tanto, muchos se conforman con su existencia actual. De hecho, la eliminación de barreras puede resultar incluso amenazadora. Requiere nuestra propia energía y más esfuerzo y riesgo del que muchos están dispuestos a soportar. La mayoría vive sin saber que a su alcance oportunidades más elevadas y gratificantes. La interacción con otras personas, manteniendo una actitud abierta que nos permita probar y luego posiblemente aceptar nueva información, es esencial para proporcionar caminos que nos lleven a rodear nuestras propias barreras para nuestro propio crecimiento.

A menudo es una tendencia demasiado humana seguir el camino de menor resistencia. Crecer no siempre es fácil. Hace unos años, My Fair Lady lo puso de . El personaje de Eliza Doolittle se pasaba toda la película (o la obra de Broadway) aprendiendo a crecer más allá de su vida anterior, vendiendo flores en la calle. Muchos no están dispuestos a hacer el esfuerzo y se contentan con permanecer dentro de los confines de su reducida existencia. De este modo, están condenados a no poder realizar nunca su propia existencia. Eso es verdaderamente trágico. Reflejó el beneficio cuando por fin se dio cuenta de que había llegado desinhibida al siguiente superior de su vida.

Debemos concentrarnos continuamente en encontrar y luego eliminar barreras si queremos llegar a sentirnos realizados y ser capaces de actualizar nuestra propia existencia. Las barreras surgen normalmente sin nuestro conocimiento o consentimiento. Algunas barreras nos las creamos nosotros mismos debido a miedos que se desarrollan a medida que vivimos la vida y afrontamos nuestros fracasos. Otras nos vienen impuestas por personas motivadas por cualquier razón para controlar lo que pensamos y sentimos, y sobre todo lo que hacemos. Como ya se ha mencionado, hay todo tipo de "personas de control" que nos hacen desarrollar barreras culturales con las que nos encontramos a diario, desde los padres hasta la amenaza de personas con autoridad, como la policía o nuestros profesores de escuela. Incluso podemos encontrarnos con personas con una autoridad más sutil, como las de nuestras confesiones religiosas que, con toda buena intención, intentan enseñarnos su noción de comportamiento ético. También podemos aceptar como "autoridades" a personas que pueden estar más motivadas por su propia necesidad que por ayudarnos.

Las experiencias de la primera infancia crean algunas de nuestras mayores barreras para vivir. Por ejemplo, la amenaza de la condenación eterna que se nos presenta en nuestra juventud, antes de la edad de la razón, es un gran palo que la mayoría de nosotros no puede superar. Independientemente de la buena intención de los clérigos que transmiten tal mensaje, tales amenazas pueden crear fácilmente una barrera que limitará para siempre el rango vida de la mayoría de las personas, más probablemente en su detrimento. La mayoría de los humanistas no encuentran ninguna razón válida para hacer eso por ningún motivo.

Algunas creencias que se convierten en barreras pueden crear escatomas que limitan nuestra propia visión de la vida y, por tanto, nuestra propia existencia. Un "escatoma" es un punto ciego en nuestra propia visión de la realidad. Los escatomas son creencias inmutables para ese individuo. Para algo que afecta a nuestra vida deberíamos ser los únicos en tomar esas decisiones para nosotros mismos.

Todos tenemos Personas de Control en nuestras vidas que quizá nunca superemos. Todavía tengo miedo de mi profesora de primer curso, que me dijo que no sabía escribir cursiva legible, y lleva muerta treinta años. Superar ese escatoma puede ser la razón por la que me hice abogado, donde debo escribir todo el tiempo. Muchas barreras crean resultados irracionales. Aunque quizá me hizo un favor. Tenía buenas intenciones. Sin embargo, me desquité con ella. Yo era el único que le quedaba cuando murió, así que como su abogado la enterré, pero el miedo que causó en mi propia vida no murió con ella.

Todas las barreras deben cuestionarse de inmediato si se quiere eliminarlas fácilmente. Si se dejan solas, las creencias irracionales que se convierten en barreras pueden pasar de ser protecciones temporales a convertirse en fijaciones permanentes.

Pueden incluso convertirse en mecanismos de defensa que acaban por tomar el control de ese aspecto de nuestras vidas, limitando así nuestro abanico de comportamientos. De ese , las barreras se convierten en un escatoma.

Escatomas

Los escatomas funcionan como los bloqueadores de spam en los ordenadores. Repelen cualquier información conflictiva para proteger una creencia actual, y pueden hacer que esa persona se vuelva hostil a cualquier otra visión de la realidad. Muchas veces, una persona limitada por un escatoma puede incluso volverse violenta cuando se la cuestiona agresivamente sobre una , particularmente cuando esa creencia está en su nivel de seguridad, lo que ocurre con sus creencias religiosas.

Basta con conocer a un fundamentalista religioso activista o a un ateo activista, y luego cuestionar su forma de pensar, para observar el efecto de su escatoma. Los activistas situados en el extremo opuesto del espectro de creencias religiosas al suyo suelen reaccionar como reaccionaría usted si alguien le dijera que "su madre o su hijo son feos". El tipo de persona "en tu cara", que suele incluir a muchos activistas de ambos extremos del espectro religioso, la mayoría de la gente quiere evitarlo. Lo más frecuente es que la gente acepte como una amenaza la nueva información relativa a sus creencias sobre el nivel de necesidad de seguridad. Por eso se ponen violentos. Es de suponer que las personas que se enfrentan a ti aprenderán pronto que la confrontación con un ateo o fundamentalista agresivo simplemente no funciona. Entonces, ¿por qué lo harían?

La educación formal puede ser el mejor -posiblemente el único- medio de abordar y, en última instancia, cambiar estos puntos ciegos o desafiar tales escatomas. Aprender nueva información en un entorno no amenazador es la única forma eficaz de tender puentes sobre nuestros caminos alrededor de las barreras, en lugar de golpear de frente nuestras creencias, donde nuestros propios escatomas siempre se resistirán al cambio. Provocar el cambio directamente es como chocar contra un muro de ladrillos.

Forzarnos a llegar un poco más lejos con cada actividad puede hacer maravillas para evitar que las barreras se fijen en nuestra propia vida, así como en las vidas de nuestros hijos y otras personas significativas, a quienes hemos permitido dentro de nuestros propios mecanismos de defensa en nuestro nivel social.

Algunas barreras pueden ser físicas, como las limitaciones de espacio o tiempo o la dieta disponible, mientras que otras pueden ser sistemas de creencias. Algunas se deben a la mala salud o a nuestros propios fracasos. Pero lo más frecuente es que estén causadas por nuestra cultura o que nos las impongan personas bienintencionadas que pretenden controlar nuestro comportamiento, ¡por "nuestro propio bien", claro!

Como ejemplo aparentemente inocente, la población judía negó históricamente a los fieles el derecho a comer cerdo porque la Biblia exige que para que un animal sea kosher debe . Los cerdos no lo hacen. Por lo tanto, esta restricción continúa como tradición. En consecuencia, un judío que coma cerdo podría sentirse culpablenegándose así el placer de ese alimento. Como el agua que corre cuesta abajotomamos el camino más fácil. El camino más fácil para cualquiera de nosotros es no participar en ninguna actividad que nos cause estrés o incomodidad.

Del mismo modo, algunos católicos siguen considerando pecado comer carne que no sea pescado los viernes (al menos durante la Cuaresma), a pesar de que esa tradición se creó en gran parte para apoyar a una industria pesquera en declive. La tradición adquiere ahora un significado simbólico totalmente nuevo para los católicos de hoy. Este es un buen ejemplo de cómo evolucionan nuestras tradiciones religiosas.

Estos ejemplos son relativamente poco importantes, y si tienen valor para un individuo, a nadie más deberían importarle. Sin embargo, algunas restricciones culturales irracionales pueden ser perjudiciales. Un científico cristiano que niega a un niño atención médica esencial por sus creencias religiosas personales puede ser un ejemplo. La reciente sentencia de un tribunal que condenó a dos padres a prisión por homicidio involuntario por dejar morir a su hijo mientras rezaban para que Dios interviniera en lugar de proporcionarle la atención médica disponible lo demuestra. Sin embargo, es fácil ver cómo se producen estas limitaciones en la sociedad. Dado que en nuestra prevalecen todas las formas de barreras irracionales, encontrar mejores caminos para vivir es terreno fértil para quienes desean mejorar nuestra . El humanismo organizado debería ocuparse de ese esfuerzo.

Vías alternativas a la realización

Nuestro cuerpo es el "templo" de nuestra propia vida. Parece insensato no . Cabe : "Si nuestro objetivo es simplemente alcanzar una experiencia cumbre, ¿por qué no atajar el camino utilizando drogas, o posiblemente alcohol?". Sin duda, algunas drogas podrían atravesar todo tipo de barreras, pero ¿es auténtica la experiencia cumbre que se alcanza con las drogas? Nunca se sabría. En los años sesenta, muchas personas que experimentaban la "Nueva Era" probaron sin éxito ese enfoque.

El propósito de la barrera era protegerte de algo. Con las drogas, un individuo habría atravesado sus barreras personales. La experiencia podría tener graves efectos secundarios psicológicos negativos, por no hablar del hecho comprobado de que las propias drogas podrían dañar el cuerpo de forma permanente. Por lo tanto, el consumo de drogas no es un camino aceptable para la actualización.

Vivir plenamente cada paso de la propia vida parece ser el único camino aceptable para la auténtica realización de nuestra propia existencia. No hay atajos para una vida de calidad. El éxito es el viaje, o nuestra medida del valor del camino que hemos elegido, y no la meta. Una vez alcanzada, cada meta debe ser sustituida por nueva. Es nuestro viaje por la vida lo que debería , al menos mientras estemos aquí. Eso es lo único que tiene verdadero valor. Las posesiones acumuladas y los títulos adquiridos, en última instancia, significan poco sin la calidad de vida que hemos sido capaces de vivir. Alcanzar el nivel más alto de vida que seamos capaces de lograr es lo único que realmente importa.

La casa y el jardín de Charles Darwin

Capítulo 9
¿Quién o qué creó a los humanos?

¿Cómo hemos llegado hasta aquí? La creencia pública desde que se tiene constancia de la historia ha mantenido la noción de que los seres humanos fueron creados por Dios. Algunos incluso creían que habíamos sido creados a su imagen y semejanza. Esta visión primitiva aceptada nunca se había cuestionado adecuadamente. En épocas anteriores, el cuestionamiento de una creencia religiosa solía acarrear la excomunión, cuando no la muerte en la hoguera hereje.

El abuelo de Charles Darwin, Erasmus Darwin (1731-1802), y Jean Baptiste Lamarck propusieron una visión distinta de judeo-cristiana actual, según la cual toda la vida surgió espontáneamente hace 4.000 o, según algunas opiniones, quizá 6.000 años, pero desde luego nada que ver con los millones de años que hoy conocemos como realidad. Algunos creían que, tal vez, las formas de vida simples se produjeron por obra de Dios de forma espontánea, pero que fueron desarrolladas en formas más complejas por una "fuerza vital" y que tales especies podían adaptarse, y las que mejor se adaptaban a su entorno tenían más posibilidades de sobrevivir. Sólo los más aptos sobrevivían para la siguiente generación.

En aquella época la gente pensaba que los peces tenían aletas porque un "dios " quería que nadaran, y que los pájaros tenían alas porque el mismo dios creador quería que volaran. Charles Darwin pensaba que todo eso era una tontería. Las aves podían volar simplemente porque tenían alas. Desarrollaron alas para poder buscar comida. Nadie lo había pensado antes.

Charles Darwin ("Darwin") nació en Shrewsbury, Shropshire, Inglaterra, en 1809. Quería estudiar los orígenes mismos de la vida. Era un biólogo y geólogo que vio en su jardín las muchas diferencias

en la misma especie de vida. Estudió gusanos, palomas e incluso percebes y confirmó sus conclusiones mientras servía como científico a bordo del barco The Beagle en su viaje de cinco años alrededor del mundo. Pudo costearse el viaje porque el padre de su madre era Josiah Wedgwood, fabricante de porcelana fina. Darwin se casó con su prima, Emma Wedgewood, nieta del magnate de la cerámica.

En su viaje, Darwin visitó las islas Galápagos. Allí descubrió vida animal de especies conocidas que habían desarrollado características únicas. De sus observaciones dedujo que en la naturaleza se producía un cambio constante de formas de vida simples a otras más complejas. Llegó a la conclusión de que la vida evoluciona como un árbol con una sola raíz y muchas ramas. Todas las especies de la vida han descendido a lo largo del tiempo de antepasados comunes. Se trata de una visión de la vida muy diferente de la creencia generalizada de que "toda la vida fue creada por Dios como una especie única", como la "Iglesia" y sus predecesores habían venido declarando durante más de dos mil años.

La idea de que podía haber otra respuesta distinta a la teoría de la creación de la Iglesia requería mucho valor para mostrarse. La noción misma de que la vida progresaba de formas de existencia simples a otras más complejas hacía innecesario a Dios para explicar cómo llegaron a existir los seres humanos. Era una idea revolucionaria porque significaba que toda la vida, tal como existe hoy, no tenía que haber sido creada únicamente por Dios.

Como en la época de Darwin aún era peligroso desafiar a la religión, por temor a represalias, Darwin esperó hasta una etapa avanzada de su vida para hacer público su ahora famoso libro Sobre el origen de las especies. Ese libro ha tenido un impacto aún mayor en nuestra visión de la vida que la declaración de Galileo. Galileo demostró que la Tierra no era el centro del Universo, como había declarado la Iglesia. Galileo acabó excomulgado y desterrado a su casa para el resto de su vida. Darwin demostró que toda la vida ha evolucionado a partir de una vida más primitiva. No necesitamos un Dios poder explicar nuestra existencia aquí en la Tierra.

Sólo en el siglo pasado la Iglesia católica absolvió finalmente de herejía a Galileo, fallecido en 1642, y admitió que era correcto. Sin embargo, la Iglesia siguió dominando lo que el público cree, y aún hoy lo intenta. Considere el conflicto entre los deseos de las mujeres y la Iglesia sobre el control de la natalidad, que existe hoy en día. ¿Supone usted que esto se debe a que la Iglesia quiere más miembros? Al fin y al cabo, los que nacen se convierten en contribuyentes que diezman para mantener a su Clero. Al ritmo actual de cambio de la Iglesia, podría pasar más de un siglo antes de que la Iglesia finalmente acepte que las mujeres tienen derecho a usar métodos anticonceptivos.

Debido al extraordinario nivel de control que la Iglesia sigue ejerciendo, incluso hoy en día, gobierna las vidas de sus miembros mucho más allá del beneficio público que la religión proporciona de otro modo. Los que "tienen fe" y, por tanto, "creen", no son capaces de ver eso. Su creencia en la Iglesia es, en sí misma, un escatoma, e incluso nuestro cuestionamiento de esa creencia es recibido con hostilidad por los verdaderos creyentes en la Iglesia. Lo que confirma bastante bien el efecto de un escatoma. La Iglesia ha ejercido un control irrazonable sobre las vidas del público por sus propias razones egoístas. En uno de los peores ejemplos de Poder desenfrenado, Jacques de Molay fue asado lentamente sobre carbones calientes con la autoridad combinada de la Corona y la Iglesia por sus creencias "heréticas" en 1314. Por lo tanto, Darwin tenía todos los motivos para estar preocupado por su propia vida. Acababa de proporcionar una explicación de que los seres humanos evolucionaron a partir de formas de vida inferiores y no fueron creados únicamente por Dios "a su imagen y semejanza". Eso remataba lo que sus predecesores habían dicho y que causó su sufrimiento.

Desde entonces se ha demostrado a través de la historia embrionaria que evolucionamos a partir de los peces a través de nuestro propio ADN. Apuesto a que nunca supiste que en un momento de tu propio desarrollo embrionario, tú también tuviste branquias. Darwin había demostrado que toda la vida había evolucionado a partir de protozoos unicelulares, como la ameba, y a través de la evolución la naturaleza por sí sola acabó creando el homo sapiens. Dios ya no era un elemento necesario para la creación de los humanos. Para Darwin fue un salto cuántico afirmar que todos los seres humanos son tan parte de la evolución de la vida como todas las demás formas de vida.

El hecho de que, en una fase de nuestro desarrollo embrionario, cada uno de nosotros tenga las branquias de nuestra herencia piscícola demuestra que cada embrión reafirma

la historia evolutiva de su pasado, incluidos nosotros, los humanos. De hecho, nuestros antepasados eran criaturas marinas.

Desde los tiempos de Darwin, los científicos han descubierto los genes. Durante nuestra vida, los científicos han trazado la doble hélice de la estructura de nuestro ADN. Ahora sabemos que hay genes dominantes y recesivos; que el gen masculino y el gen femenino se combinan para proporcionar la composición genética de nuestros hijos. Hoy sabemos que el papel que desempeñamos en la vida es el de preservar y transmitir nuestros genes a la siguiente generación. Eso es importante para la evolución de nuestra especie de vida. Nuestra propia existencia es sólo temporal para que el acervo genético evolucione.

Hoy sabemos que, como individuos, pasamos a ser irrelevantes después de nuestra fértil. El gen es lo que es perpetuo, y es lo que tiene vida . Los genes son independientes de nosotros. Nosotros no somos más que el huésped de ese por hoy. Si pudiéramos vivir eternamente, el acervo genético nunca cambiaría y las formas superiores de vida no evolucionarían. Así pues, toda la vida debe morir, incluidos nosotros, pero, con suerte, nuestro acervo genético sigue vivo.

Capítulo X
¿Qué tiene que ver nuestra edad con nuestros valores?

Cada uno se guía por lo que valora. Normalmente, tus valores no son los valores de tus hijos. ¿Por qué? Los valores no varían tanto en función del lugar de la ciudad en el que vives como del nivel tecnológico y los problemas sociales del país en el que naciste en ese momento de la historia. Nuestros valores se desarrollaron en las condiciones culturales que existían durante las etapas formativas de nuestra primera infancia. Ciertamente, podemos cambiarlos con el tiempo a medida que educamos, pero cambiar lo que somos es difícil. En otras palabras, observando al público general, se puede esperar que una gran mayoría tenga su lente actual a través de la cual ven la vida basada en lo que estaba ocurriendo en nuestra sociedad en el momento de su etapa formativa de desarrollo.

Así pues, nuestros hijos tendrán normalmente una serie de valores diferentes a los . Puedes influir en sus valores a medida que crecen, pero a menos que entiendas dónde están arraigados sus valores para hablarles utilizando un lenguaje que se vincule a su , tienes una tarea difícil. El presidente Trump consiguió ser elegido utilizando esta estrategia. Las empresas de marketing lo reconocen, por lo que enmarcan la publicidad que crean para hablar a un público específico de consumidores. Nos dicen que los vivimos hoy en día normalmente tenemos una perspectiva global que condiciona nuestros valores, que pueden clasificarse de la siguiente manera:

(*Toda la información estadística se basa en cifras de 2017 dentro de Estados Unidos)

La "Generación Silenciosa

Comprende las personas nacidas entre 1925 y 1942.

22,4 millones de personas nacidas en esta época siguen vivas en Estados Unidos en el momento de escribir este ensayo*. También se les conoce como "la generación leal". La mayoría son tradicionalistas. La gente de esta época recibió la influencia de sus padres, que vivieron la Gran Depresión, y sus temores a que eso volviera a ocurrir se contagiaron a sus hijos.

Además, la Segunda Guerra Mundial exigió muchos sacrificios, desde las vidas de familiares y amigos llamados al servicio, hasta el racionamiento de alimentos y la disponibilidad de productos manufacturados. La Depresión y la Guerra causaron ciertamente muchas incertidumbres. El periodo que siguió a "la Gran Guerra" proporcionó orgullo y prosperidad económica a la mayoría de la gente. La religión y el sentido del patriotismo produjeron orden social y un énfasis en la familia que se convirtió en el centro de atención predominante en la mayoría de los hogares. Estos aspectos de nuestras vidas eran muy valorados. La gente confiaba en los demás, en su gobierno y, en general, en los negocios. Había mucho conformismo y resistencia al cambio. Además, las oportunidades educativas eran más limitadas que en la actualidad.

Las personas de la Generación Silenciosa son grandes usuarios de los medios de comunicación tradicionales y normalmente leen periódicos y/o ven noticias en televisión a diario. Básicamente, son usuarios poco sofisticados de tecnología en línea.

No son especialmente sensibles a los precios, pero sí conservadores desde el punto de vista financiero. Son consumidores muy fieles si perciben calidad. Compran para satisfacer una necesidad más que para autocomplacerse. Por lo tanto, si se dirige el marketing a esta franja de edad, un enfoque emocional suele tener más éxito que un enfoque racional o lógico. Cuando ven publicidad, se sienten más atraídos por las personas que por los productos. Las imágenes individuales tienen más impacto que un collage. Son negativamente hipersensibles a los llamamientos relacionados con la edad, más receptivos a la publicidad televisiva, pero no a los anuncios digitales.

Les motiva sobre todo la satisfacción del trabajo bien hecho, y sus valores más elevados se centran en la familia y la comunidad.

La "generación del baby boom"

La generación de posguerra está formada por los nacidos entre 1943 y 1964. Actualmente viven 74,9 millones de personas nacidas durante este periodo. Esta época creó la generación optimista, en la que sus miembros centraban su vida en el "yo". También se les conoce como la "generación del amor". Les motiva el dinero, los títulos y el reconocimiento. El éxito está entre sus valores más elevados.

Gran parte de esta visión del mundo fue moldeada por la cultura de los medios de comunicación de masas con el desarrollo de la televisión. Esto se vio favorecido por la buena salud de la economía de posguerra y la hegemonía estadounidense. Los niños eran abiertamente mimados por sus padres, que habían crecido en la pobreza y el sacrificio. Había un gran sentimiento de optimismo y orientación hacia el equipo. Los miembros de esta época tienen un intenso deseo de influir en el cambio. Sus padres tenían valores más tradicionales y comprender a sus hijos era más difícil. El cambio fue drástico.

Los Baby Boomers son grandes usuarios de medios tradicionales como la prensa, la televisión y la radio. Son más receptivos a los medios no tradicionales/digitales que sus padres. La mayoría se conecta a Internet y tiene teléfono móvil. Se están convirtiendo en usuarios más seguros de la tecnología en línea.

Los Baby Boomers valoran el servicio y los precios bajos, pero pagarán más por mayor calidad o valor. Tienen mucha menos lealtad a las marcas y sus compras se basan a menudo en si un producto mejora su estatus o su imagen. Aprecian especialmente la comodidad y la personalización. En cuanto a los atractivos relacionados con la edad, los Baby Boomers son negativamente hipersensibles y prefieren que se les represente disfrutando de estilos de vida activos y saludables. Son grandes consumidores de viajes. Curiosamente, representan más de la mitad de las ventas de productos envasados.

Generación X

Estas personas son las nacidas entre 1965 y 1980. 61,5 millones de personas de esta generación viven hoy en Estados Unidos. Son generalmente escépticos y han sido etiquetados como la Generación Why Me". También se les reconoce como la "Generación Latchkey". Les motiva la libertad. Su tiempo personal y mantener el equilibrio entre su vida laboral y personal es lo más importante.

Esta generación se vio influida porque sus dos padres trabajadores les obligaron a ser autosuficientes. Los medios de comunicación crearon su cultura. Fueron educados en guarderías. En general, muestran su escepticismo, especialmente ante la autoridad. La tecnología forma parte de su vida cotidiana. Al fin y al cabo, son la primera generación en la que todo el mundo tiene teléfonos móviles y ordenadores personales. Tienen una educación excelente.

Son consumidores de medios de comunicación tradicionales, televisión y periódicos. Llamar y enviar mensajes de texto con el smartphone es una parte importante de sus vidas. Son usuarios competentes de tecnología en línea. Sin embargo, son poco fieles a las marcas. Debido a sus limitaciones económicas, el valor es su principal factor determinante.

Para atraerlos, es importante una publicidad directa y honesta. La formación sobre el producto forma parte de su proceso de compra. Las características del producto deben exponerse y explicarse en un lugar destacado. En la mitad sus carreras, la mayoría tiene hijos. Se relacionan más con los formatos publicitarios digitales que los de generaciones anteriores.

La generación del milenio

Esta generación nació en los dieciséis años comprendidos entre 1981 y 1997. Son realistas, a veces se les llama "Generación Y", los "Echo Boomers" o la "Generación We". En Estados Unidos hay 75,4 millones de personas de esta franja. Les motiva el trabajo que tiene sentido. Sus valores más importantes son la individualidad y la felicidad, no el poder y el dinero.

Esta generación, y las siguientes, se están alejando rápidamente de la tradicional. Más del cuarenta por ciento de los nacidos después de 1981 declaran "ninguna" cuando se les pregunta por su religión en las encuestas. En la actualidad, la Asociación Humanista Estadounidense tiene más personas en contacto a través de las redes sociales.

También han creado un Grupo de Libre Pensamiento entre los miembros del Congreso por primera vez en la historia. Los millennials se sienten mucho más atraídos por la filosofía del humanismo que la generación de sus padres.

La generación del milenio ha crecido en una situación relativamente privilegiada. La mayoría han tenido padres que les han apoyado y animado mucho. Buscan una mayor diversidad y aceptan las diferencias entre las personas. La tecnología está integrada de forma natural en sus vidas.

Ven más la televisión, pero su dependencia de los periódicos y radio es cada vez menor. Están constantemente conectados a Internet y utilizan múltiples plataformas en línea. Les persuade mucho menos la publicidad televisiva, pero más la digital. Son más propensos a interactuar en línea y se expresan con mayor libertad. Son más propensos a buscar productos en internet y les gusta comprar por internet.

Son mucho más fieles a una marca, pero quieren que su fidelidad se vea recompensada. Investigan a fondo los productos antes de comprarlos. Investigan las promociones antes de entrar en una tienda. Comprarán una marca genérica o pagarán más en función de las promociones o la imagen de marca. Buscan marcas "auténticas" que muestren fiabilidad, respeto y realidad. Buscan marcas socialmente responsables para mejorar su propia imagen y recompensar a la empresa por ofrecer ese producto.

Los millennials quieren que se les ayude, no que se les venda. Son propensos a tomar decisiones de compra impulsivas. Compran más que otras generaciones. Son propensos a interactuar con las marcas y a recomendarlas a sus amigos a través de las redes sociales.

Generación Z

Esta generación nació entre 1998 y 2009. Se prevé que sea la generación más conectada hasta la fecha. Nunca han conocido la vida sin tecnología. Son la generación más diversa hasta la fecha. Tendrán mayor poder adquisitivo que todas las . Serán la generación más preparada. Están motivados por la creatividad y el espíritu emprendedor. Valoran mucho la tecnología, la adaptabilidad y la amplitud de miras.

Están continuamente conectados a Internet y realizan fácilmente varias tareas a la vez en más dispositivos. Ven la televisión, pero normalmente por Internet. La Generación Z considera indispensables los teléfonos inteligentes.

Aunque la funcionalidad es importante, triunfan los productos atractivos. Son más escépticos, menos fieles a las marcas que los Millennials y más sensibles a la falta de sinceridad de las empresas. Ahorran dinero en mayor medida que los jóvenes Millennials a su .

Quieren marcas que les permitan compartir su creatividad e innovación. Para ellos es importante crear una sensación de marca coherente en todas las plataformas de marca. Son una gran influencia en las decisiones de compra de los padres. Tienen un gran interés por la comida, las bebidas, las actividades sociales, las aplicaciones, la música y las redes sociales.

Recientemente se ha descubierto que Tic Tok, actualmente propiedad de una empresa china y, por tanto, controlada por su Partido Comunista, se ha dirigido a esta generación durante sus años de formación, provocando que la actitud de más de la mayoría de este grupo de edad sea ahora hostil a los valores estadounidenses que comparte nuestra cultura actual. La sospecha es que se trata de una prueba de las herramientas de que disponen los líderes chinos para ver la influencia que China puede adquirir en última instancia para cambiar las creencias estadounidenses.a medida que continúan su camino para convertirse en el líder del mundo por su sustitución del papel que Estados Unidos disfruta actualmente en el mundo que tiene hoy.

Generación Alfa

Esta generación incluye a todos los nacidos después de 2010 y prevén que esta generación cultural puede durar razonablemente hasta 2025.

Son la más conectada globalmente. De momento, se prevé que tengan 35 millones en Estados Unidos cuando la primera alcance los 40 años.

Sus valores serán moldeados en gran medida por sus padres Millennials. Es más probable que sean hijos únicos. Ya están más digitalizados integrado. Como sus padres tuvieron a su hijo a una edad más tardía, sus padres envejecerán antes. Sabemos que la diversidad cultural y racial será mucho mayor que en generaciones anteriores. El clima socioeconómico ofrecerá marginalmente más riqueza. Las familias serán más pequeñas, mientras que la esperanza de vida seguirá alargándose. definitiva, se prevé que ésta será la generación más rica, con mayor educación formal y más centrada en la tecnología. ¿Qué les motivará realmente en el futuro? Esperemos que no sean los chinos.

En resumen

Son los amplios valores culturales compartidos, creados por el entorno social, en los que se ha criado cada generación cultural de personas. Obviamente, los individuos variarán enormemente, ya que tienen diferentes experiencias e instituciones que influyen en su desarrollo. Exploremos a continuación cómo afectamos como individuos a lo que nuestra cultura nos proporciona como conjunto de valores básicos.

Capítulo XI
¿Qué controles tenemos de nuestra vida?

No cabe duda de que algunas personas no podrían existir si nuestro gobierno no las ayudara. No todas las ayudas sociales son malas. El problema radica en cómo se administran nuestros programas. La mayoría de las personas que se vuelven dependientes de otros renuncian, sin saberlo, a vivir su propia vida. La vida es un proceso de crecimiento. Las personas dependientes a menudo dejan de crecer. Se limitan a existir. Algunos de nuestros programas gubernamentales les quitan a los participantes el sentido de la autoestima. Nadie en el gobierno parece darse cuenta de que son la causa de una parte importante de nuestros problemas sociales. ¿Cómo podemos cambiar esta situación? En primer lugar, debemos tener programas gubernamentales que animen a los participantes a desarrollar actitudes positivas sobre sí mismos. Para desarrollar una actitud positiva, debemos animar a la gente a tener objetivos mostrándoles cómo su vida puede mejorar con sólo un poco más de su propio esfuerzo. Para poder dar el primer paso, los participantes deben ser capaces de ver una oportunidad para su propio éxito. Una actitud de anticipación positiva debe preceder a cualquier cambio en su comportamiento antes de que pueda llevarse a cabo cualquier cambio real.

No cabe duda de que primero hay que satisfacer las necesidades básicas de cada persona para que perciba algo más allá de esas necesidades. Sin embargo, nuestro esfuerzo por ayudar al receptor de nuestro bienestar no debe detenerse ahí. Debemos ayudar a las personas cuyo comportamiento deseamos cambiar animándolas a aceptar objetivos personales si esperamos un comportamiento diferente para su futuro. Es muy posible que eso esté más allá de la capacidad de muchas personas que hoy en día son la segunda o tercera generación que recibe asistencia social. La tarea de llevar a cabo este objetivo puede superar nuestra propia energía y la voluntad de la sociedad de dedicar el esfuerzo necesario para ayudarles a lograr el cambio. Sin embargo, si las oportunidades adecuadamente a sus padres, sus hijos tomarán conciencia y serán mucho más susceptibles de un cambio que les mantenga fuera de la asistencia social.

Una vez que las personas están en el camino del crecimiento, al igual que un atleta que se siente bien cada vez que rinde un poco mejor que la última vez, la mayoría puede reconocer una sensación de recompensa que siente como éxito. Aumentará su autoestima al esforzarse por alcanzar sus metas, incluso después de dedicar sólo un poco más de esfuerzo. Basta con ponerles una vez en el camino, proporcionarles objetivos intermedios que sean alcanzables y recompensar sus éxitos intermedios para que muchas personas aprendan los beneficios que pueden derivarse de sus propios esfuerzos. Algunos fracasarán, pero el esfuerzo merece la pena para los que consigan su propio éxito. Y con el tiempo se conseguirá que la mayoría de la gente deje de depender de la asistencia social. Podríamos tener programas sociales que satisfagan necesidades reales y mejoren en lugar de destruir la calidad de vida de sus participantes. Para que sean eficaces debemos abordar la actitud de los beneficiarios sobre sí mismos.

Contrariamente a la creencia popular, el éxito es el camino, no el resultado de alcanzar un objetivo. Una vez alcanzado un objetivo, otro nuevo debe sustituirlo para que podamos continuar nuestro propio camino de crecimiento. Los vendedores juegan continuamente con ese proceso creando nuestra noción de nuevos deseos al transmitirnos una actitud positiva hacia su producto, que pronto se convertirá en nuestra necesidad de adquirir. La actitud marca una gran diferencia en la capacidad de cualquier persona para alcanzar el éxito. Incluso con una actitud positiva, la satisfacción debe ser ganada por cada uno de nosotros si queremos que tenga un valor duradero. El éxito engendra más éxito. El resultado de nuestro comportamiento empieza con nuestra actitud. Tu actitud causa tu propio resultado, positivo o negativo.

¿Cómo influye mi actitud?

La elección depende exclusivamente de mí: si abro mi mente al aprendizaje y al crecimiento, o si la cierro, contento con mi mundo actual. La actitud es lo que marca la diferencia. Mi mundo actual

La actitud es uno de los pocos factores de mi existencia que puedo controlar personalmente. Mi actitud es el elemento más crítico para determinar la calidad de mi propia vida y el efecto que tengo en los demás.

Algunas autoridades declaran que existe una "ley de atracción" que actúa como un imán que extrae nuestras oportunidades, o nuestras derrotas, de la masa de estímulos que nos rodea a diario. Al igual que las ideas fijas que tenemos sobre determinadas marcas de ropa o alimentos, nuestra orientación mental filtra la aceptación o el rechazo de toda información nueva, así como nuestra interpretación de los nuevos datos adquiridos a partir de nuestra experiencia actual. Tomamos decisiones en función de nuestros prejuicios. Nuestra actitud es el filtro que define cómo reaccionamos ante la información que recibimos en ese momento.

La actitud que proyectamos hacia los demás también influye en la respuesta que recibimos de los demás. Incluso cuando estamos solos, nuestra propia actitud se convierte en una profecía autocumplida. Recibimos lo que proyectamos y nuestra actitud moldea cómo reaccionamos ante lo que recibimos. Esto crea un efecto espiral que puede ascender a mayores alturas y oportunidades, o bien nuestra actitud refuerza los sentimientos negativos, provocando nuestro descenso, que bien puede llevarnos a un estado de infelicidad y caos. Dicho de forma más sencilla, una actitud positiva y feliz debe preceder a nuestras acciones si queremos influir en nuestra capacidad de obtener resultados positivos.

Al cambiar nuestra recepción de toda nueva información que recibimos, modificamos su efecto sobre nosotros. Nuestra actitud actual decidirá el efecto que la nueva información tendrá sobre nosotros. Adoptar nuestra actitud actual es el principal control diario que tenemos sobre nuestra vida. Siendo receptivos a la nueva información, podemos crecer y ampliar nuestra visión de la vida, y aceptar el cambio que puede mejorar nuestra vida.

no elegimos intencionadamente nuestra propia actitud en cada momento, sólo estaremos sujetos al destino. Si mantenemos la mente abierta, seremos más capaces de cuestionar la información negativa y absorber nueva información beneficiosa. Si somos indiferentes, la información que recibamos a continuación puede estar sujeta a la actitud que mantuvimos ante el acontecimiento precedente. En lugar de asumir la responsabilidad de nuestra propia vida, los acontecimientos nos gobernarán.

Sólo podemos vivir el momento presente. Vivir en el pasado puede darnos una falsa sensación de logro, o una premonitoria expectativa de fracaso. Eso no sólo influirá en nuestras actitudes y sentimientos actuales sobre nosotros mismos, sino que el resultado distorsionará la realidad. En última instancia, vivir en el pasado no contribuye en nada a mejorar nuestro futuro, salvo a proporcionarnos información en un intento primitivo de protegernos del fracaso o de crearnos deseos que quizá no estemos suficientemente motivados para alcanzar. El pasado es sólo un preludio. Puede influir en nuestra actitud actual o ser ignorado por nosotros. Esa es exclusivamente nuestra elección. El único aspecto de nuestra vida que controlamos es cómo percibimos y aceptamos los nuevos datos o estímulos que recibimos continuamente.

Nuestras experiencias pasadas pueden mejorar nuestra capacidad para predecir el resultado de nuestra actual, pero el resultado no es inevitable. Si una persona prefiere un resultado diferente, la única forma en que puede influir en la consecución de ese resultado es cambiando la forma en que interpreta su situación actual. Si piensa positivamente hacia un objetivo, es mucho más probable que obtenga un resultado positivo.

Me gustan las afirmaciones "Eres lo que crees que eres", o "Tal como piensas, así serás", y "Tanto si crees que puedes, como si crees que no puedes, tienes razón". La opinión que tengamos de nosotros mismos en nuestra situación actual decidirá a menudo el resultado de nuestro comportamiento actual. Hace falta que el destino o la suerte provoquen cualquier otro resultado. No deberíamos estar dispuestos a vivir nuestras vidas dependiendo del destino. Si de verdad queremos vivir nuestra propia vida, debemos ser la causa de lo que ocurra a continuación.

¿Qué diferencia hace una actitud positiva?

Las personas de éxito aumentan su oportunidad de crear resultados de éxito porque las personas de éxito creen tendrán éxito. Todo empieza con su actitud. Creen en sí mismas y saben que pueden lo que se proponen. La opinión contraria también es cierta, e incluso más poderosa. Con una actitud negativa puedes convertirte fácilmente en tu peor enemigo.

Si nos acercamos a nuestra situación actual esperando tener éxito y nos encontramos con un contratiempo momentáneo porque la pelota no entró en la canasta, o un acontecimiento intermedio provocó un resultado diferente al esperado, debemos ver ese acontecimiento como una nueva oportunidad para aprender y proceder con mayor entusiasmo. Las personas que no se hacen cargo de su propia actitud serán más propensas a maldecir la causa o su resultado, culparse a sí mismas y sentirse mal por haber "fracasado". Puedes imaginarte lo que ocurrirá entonces con su siguiente intento. La forma en que reaccionemos decidirá lo que ocurra después. Las personas de éxito ven la pérdida como algo momentáneo y como una oportunidad para aprender, de modo que puedan afrontar esos factores de forma diferente la próxima vez. Depende de cada individuo cómo reaccionará. El único control que tenemos sobre nuestra vida es nuestra actitud actual, y eso influirá en nuestro comportamiento futuro.

Si tenemos miedo de perder la carrera, o de perder el combate de lucha, o de fallar el tiro porque no hemos practicado, o porque lo fallamos la última , o porque pesamos demasiado, o por lo que sea, hemos creado el entorno que producirá ese resultado. Nuestra actitud se convierte en nuestra propia profecía autocumplida.

¿Ayuda la oración?

Algunas personas rezan para obtener un resultado y luego siguen haciéndolo con el siguiente problema al que se enfrentan porque antes parecía funcionar. Puede que sea porque han creado una actitud positiva hacia la consecución de su objetivo, y no porque Dios haya intervenido en su vida. Un aspecto resultante de la oración es que sintoniza con la realidad. Los que tienen una perspectiva religiosa pueden decir: "Dios recompensa a los que creen". En cambio, cuando pierden o fracasan, algunos no aceptan su propia responsabilidad diciendo: "Fue la voluntad de Dios".

La meditación es lo que realmente funciona. Puede que Dios no tenga nada que ver. Después de todo, es terriblemente vanidoso por nuestra parte creer que nuestro propio "Dios" intervendrá para hacer un cambio en nuestras vidas que afectará al resultado de nuestro comportamiento en detrimento de otra persona. La implicación es que sólo nosotros somos especiales para nuestro Dios, y nuestros competidores

no lo son. Lo que realmente estamos haciendo es afectar a nuestra propia actitud al centrarnos en el resultado que deseamos obtener. Esto es así tanto si lo llamamos oración como meditación. Nadie más está escuchando realmente.

Hay muchas formas de sintonizar con uno mismo. La meditación funciona. Elimina todos los demás pensamientos de la mente y se centra en un pensamiento cada vez. Al centrarnos en un pensamiento, abrimos nuestra recepción a ese pensamiento, ya sea negativa o positivamente, dependiendo de nuestra actitud en ese momento. La psicología explica que es nuestra actitud la que orienta nuestra vida e influye en el resultado de nuestro comportamiento al potenciar nuestras expectativas, energía e impulso hacia un , o al exigirnos que lo rechacemos. Una actitud positiva actual nos permite centrarnos en el objetivo y ser más receptivos a las sutiles oportunidades que mejorarán el resultado que deseamos alcanzar. Lo contrario también es cierto. Considere el efecto comportamiento de un padre que siente la falta de su propio éxito y proyecta esa actitud sobre sus propios hijos. El padre se pregunta entonces por qué su hijo tiene una baja autoestima que se traduce en una falta de éxito y, en algunos casos, en problemas disciplinarios. El resultado es totalmente distinto para el niño cuyos padres apoyan y creen en su propia capacidad de superación. Tu propia actitud marca la diferencia para los demás.

Si sólo queremos obtener buenos resultados, no debemos permitirnos pensar negativamente en nada. Para , deberíamos intentar pensar sólo en positivo durante un día y ver cómo nos sentimos con nosotros mismos y con el mundo que nos rodea al final de la jornada. Con el tiempo se convertirá en un hábito que hará maravillas. importante recordar que nuestra actitud lo es todo, ya que influye en los resultados que obtenemos al vivir nuestra propia vida esforzándonos por ser lo mejor que podemos lograr.

Somos responsables de nosotros mismos .
No puedes culpar a los demás de lo que eres

Para sacar el máximo partido de nuestra propia vida debemos asumir la responsabilidad exclusiva de nosotros mismos. Ya no podemos escondernos detrás de otros

de las personas, esperando que hagan lo que es correcto para nosotros, y seguir siendo capaces de realizar plenamente nuestra propia existencia. Nos convertiremos en un reflejo de esas personas, y dejaremos de ser realmente nosotros mismos. Si confiamos en los demás para que tomen decisiones por nosotros, nunca sabremos quiénes realmente. Al conocerte a ti mismo, puede que te sorprendas al descubrir que realmente gustas. Entonces la vida te parecerá adecuada porque sabrás que eres tú mismo.

¿Piensa su grupo por usted?

La psicología reconoce el fenómeno conocido como "pensamiento de grupo". Esto significa que al identificarnos con una organización, en la medida en que nos hacemos dependientes del grupo, sus Personas de Control piensan por sus miembros. Sus miembros validan la verdad. Vemos esto en los partidos políticos, en nuestro instituto, en todas las iglesias, especialmente en el ejército. Esto contrasta vívidamente con aquellos que reclaman autonomía individual y permanecen en control de sus propias vidas, como a muchos Humanistas les gustaría pensar que hacen. Pero incluso participan de las creencias de su grupo.

Muchos fervientes "demócratas" o "republicanos", o incluso "independientes". La identidad se vuelve más importante que la política. Por pertenecer a ese grupo, no se han quejado cuando ha ocurrido algo a lo que, de otro modo, se habrían opuesto enérgicamente. Si se les cuestiona, alegarán que "las circunstancias eran diferentes" para defender a su "grupo", cuando en realidad las circunstancias son idénticas. La "identidad de grupo" es más importante que la política. Sé consciente; quizás esto te incluya a ti. Debes conservar la capacidad de pensar por ti mismo, y no permitir que ningún grupo te diga lo debes creer, o estarás permitiendo que el grupo te controle, y dejarás de crecer en esa área de interés. Puede que te resulte más fácil aceptar la visión de la realidad que tiene el grupo, pero dejarás de vivir plenamente tu propia vida. Debes sentir que siempre puedes discrepar libremente de tu propio grupo y que has pensado en todas las vías para abordar la cuestión por ti mismo, independientemente de tu grupo, para que tu propia vida importe de verdad.

Capítulo XII
Vive una vida más feliz con una mente libre

Fred Edwords fue contratado como Director Ejecutivo de la Asociación Humanista Americana cuando yo era su Presidente a principios de la década de 1980, y ha estado sirviendo a la Asociación en muchas capacidades desde entonces. Es un maestro en transmitir su mensaje, como lo hizo en su maravilloso artículo en la primera edición de la revista Humanist, que ahora combina la revista con el boletín para miembros de la AHA que ha publicado desde su creación en 1941, y desde la década de 1950 titulado Free Mind. Fred escribió su artículo como Editor Invitado, con el título de este capítulo. He resumido su contenido con su permiso porque pone en perspectiva la filosofía epicúrea.

"La felicidad es un estado mental". Según Sonja Lyubomirsky, profesora de psicología positiva en la Universidad de California, Riverside. Define la felicidad como **"la experiencia de alegría, satisfacción o bienestar positivo, combinada con la sensación de que la propia vida es buena, tiene sentido y merece la pena"**. De este modo, Epicuro se aproxima más a la realidad. Te proporciona el marco para que lo tengas en cuenta en tu vida diaria.

Sus respuestas diferirán en función del nivel de la Jerarquía de Necesidades de Maslow en el que se encuentre actualmente al centrarse en sus problemas de necesidades actuales. La razón es que los niveles inferiores tienen tal fuerza de deficiencia de necesidades que una persona que vive en el nivel de seguridad, por ejemplo, significa que sus necesidades inmediatas prevalecen. No puedes ser feliz si tu vida está amenazada. En el nivel de seguridad tus necesidades inmediatas deben ser satisfechas antes de que puedas siquiera sentir un sentimiento de felicidad.

La vida es esencialmente un acto de equilibrio, pero el resultado empieza por tener una actitud receptiva positiva o una negativa. Incluso una actitud positiva no asegura la felicidad, pero sí proporciona la recepción a nuevas oportunidades que pueden conducir a una vida más feliz y plena de lo que nunca podría lograrse desde una perspectiva negativa. Pero si sus básicas no están satisfechas, su nivel de seguridad es protector y no es receptivo a nada que no satisfaga esas necesidades.

Si se contempla la felicidad desde la perspectiva del placer, dice el Sr. Edwords, "el problema es que los placeres intensos son fugaces, y los más duraderos pueden equivaler a poco más que relajación. Además, un esfuerzo decidido por maximizar el placer y minimizar el dolor... puede requerir mucho trabajo desagradable... los anhelos insatisfechos suelen ser largos, mientras que las satisfacciones son cortas. Y las sensaciones placenteras, una vez experimentadas suelen olvidarse". La actitud que una persona tenga ahora controlará si los acontecimientos le permitirán felizmente, o no.

La forma en que perciba su situación decidirá cómo se sus esfuerzos. Si tus necesidades básicas y de seguridad están satisfechas y trabajas para mantener a tu familia, ver que avanzas hacia tu objetivo te hará sentir feliz. Por el contrario, si algo interfiere en tus esfuerzos, tu reacción será negativa. En Estados Unidos, pocas personas pasan hambre hoy en día. Incluso una persona sin hogar que vive bajo un puente para protegerse de la lluvia puede sentirse feliz, porque está momentáneamente a salvo. ¿Serían más felices si alguien les ofreciera una habitación de hotel gratis para pasar la noche? Seguramente. Pero cuando vuelven a la calle la noche siguiente, su infelicidad pesa sobre su noche anterior. Cuando vives en el nivel de seguridad, tu seguridad se basa en tu visión del futuro.

Las personas en circunstancias adversas que trabajan por un futuro más seguro para su familia pueden tener una mayor sensación de satisfacción con su progreso, y por tanto son más felices, que las que lo tienen todo, y por tanto no tienen necesidades, que intentan decidir qué pueden hacer. siguiente. La actividad hacia un objetivo es lo que hace que la primera persona sea más feliz que la segunda.

El Sr. Edwords utiliza el ejemplo de un gato doméstico en Estados Unidos que juega con el ratón de la casa a riesgo de perderlo porque el gato no tiene hambre. No hay ningún desafío basado en las necesidades del gato. Atrapar al ratón anularía el placer que el gato . El primero puede estar contento, pero un gato hambriento que atrapa al ratón sería más feliz. Es su esfuerzo, que resulta en éxito, lo que produce la felicidad del segundo gato.

En de Maslow, cuando todas tus necesidades están en el nodo ya no estás impulsado por la carencia, por lo que puedes experimentar plenamente el momento. La liberación de las necesidades inmediatas te permite buscar el siguiente nivel de necesidad superior para satisfacer tu existencia si buscas la felicidad. Sentir el éxito es experimentar una mejora en la búsqueda de tu próximo objetivo, no el resultado de haber alcanzado tu objetivo. Si quieres permanecer en el estado más feliz de tu ser, deberías haber sustituido el primer por otro antes de alcanzar el primero. Es el estiramiento y el progreso lo que crea la sensación de felicidad.

En nuestra cultura, no se nos exige el esfuerzo de supervivencia que reclama toda la atención de muchos en otras zonas del mundo. No tenemos la necesidad de buscar comida como los primeros habitantes de nuestras . Incluso las personas modernas sin hogar se alimentan en despensas, muchas de ellas gratuitamente. Por eso jugamos, creamos arte y participamos en actividades comunitarias. Para tener una vida plena debemos tener una actividad constructiva. Incluso los jubilados necesitan objetivos para que su vida tenga valor para ellos.

observas tu situación actual, obtendrás un resultado diferente en función de tus expectativas. Consideraremos que nuestra vida merece la pena si nos dedicamos a alguna actividad de valor, experimentando una cantidad adecuada de disfrute en nuestro esfuerzo. Incluso si la razón del esfuerzo es evitar una amenaza grave, aceptar que estamos luchando por algún resultado positivo para nosotros mismos o para otros de los que nos sentimos responsables, nos proporcionará sentimientos de éxito que se traducirán en sentimientos de felicidad. Si no tenemos objetivos, no podemos esperar ser felices o estar contentos. Nos limitamos a existir.

El principal control que usted tiene, más allá de la selección de los objetivos que desea alcanzar, es su expectativa del resultado. ¿Cuál es su nivel de tolerancia ante una calidad inferior a la perfección? Si es usted perfeccionista y el resultado no está a la altura de sus expectativas, se sentirá infeliz. Si rebajas tu nivel de exigencia a uno de mera aceptación del cambio hacia ese objetivo, obtendrás muchos más resultados que te harán sentir feliz. En un contexto práctico, si visitas a un amigo y tienes hambre, el mero hecho de que te ofrezca algo de comer te hace feliz. Si eres un gourmet y esperabas una porcelana fina y caviar y te dan una hamburguesa con queso, no la vas a disfrutar, independientemente de lo que diga tu anfitrión. Tus expectativas son la clave de tu felicidad.

Epicuro decía que hay que experimentar plenamente cada momento para sacar el máximo provecho de la vida. Esto significa que debes aceptar las condiciones en las que te encuentras en ese momento y apreciar plenamente lo que sucede sin expectativas. No hay que desear nada y necesitar poco para aprovechar al máximo cada momento. Eso no significa no te hayas fijado metas. Un objetivo es el camino que estás recorriendo. Lo importante es cómo reaccionas ante los obstáculos que se interponen en tu camino, aceptándolos o reorientando tus esfuerzos para conseguir tus objetivos. Tu expectativa de que habrá obstáculos evita que te sientas frustrado. Incorporar tu expectativa de que tus circunstancias actuales requerirán que sortees las barreras para continuar tu camino te proporciona sentimientos de éxito. Casi todas las jugadas de fútbol americano están diseñadas para conseguir un touchdown. La mayoría fracasan. Los jugadores no abandonan el campo con el primer fallo. Se esfuerzan más la próxima vez. Lo importante es buscar continuamente su objetivo. Los obstáculos inmediatos son irrelevantes. Siempre hay otra jugada en su plan de juego.

Thomas Edison intentó encontrar un filamento que convirtiera la electricidad en luz más de 10.000 veces antes de probar con el tungsteno que funcionaba. En respuesta a la pregunta de "¿cómo se siente ante tantos fracasos?" dijo: "bueno, ahora sé 10.000 cosas que no funcionan". Finalmente

sintió el éxito y en eso se centró. No se centraba en sus fracasos. Incluso encontraba valor en ellos. Así que era feliz.

No controlamos lo que la vida nos ofrece, igual que el huésped de una casa que quiere comer algo. Aceptar la realidad e intentar sacar el máximo provecho del momento producirá felicidad. Las expectativas más allá de la realidad hacen que las imperfecciones y el ajetreo del mundo real produzcan infelicidad. Tomar la vida como realmente es y aprovechar al máximo cada momento por lo que es, aún centrado en objetivos positivos, como Edison, da como resultado que el viaje se sienta exitoso y produce felicidad en el esfuerzo por llegar allí.

Si tienes expectativas poco realistas sobre cosas que no puedes controlar, no puedes ser feliz muy a menudo. Nunca podrás controlar totalmente a otra persona con éxito. Incluso si esa persona es tu propio hijo. Tu objetivo debe ser apreciar plenamente quiénes son, guiarles cuando puedas, marcar la diferencia sin desanimarles ni para que dejen de intentarlo, y luego sentarte y apreciar lo que ocurra gracias a sus esfuerzos. Entonces estarás contento con los resultados. Su éxito será también el tuyo.

Alcanzar las estrellas empieza por dar un paso adelante cada vez. Cuando te topas con un obstáculo, puede que de vez en cuando tengas que dar un paso atrás, pero lo más frecuente es que sea un paso hacia un lado para sortear el obstáculo. Si sigues adelante el tiempo suficiente, acabarás alcanzando tu meta, o encontrarás otra meta en el camino que te parezca preferible. Mi mejor amigo desde que nacimos quería ir a la Luna. Se convirtió en el científico espacial de la NASA responsable de la trayectoria de la nave espacial desde la Tierra hasta la Luna y de lo que hacían los astronautas cuando llegaban allí. La NASA abandonó su programa de permitir que los científicos fueran astronautas, pero él estuvo cerca. Estuvo en la Luna en las actividades de los astronautas.

El título del boletín de la AHA, "Mente libre", debería recordar a los humanistas que una mente independiente y libre del "control de los demás" nos permite analizar racionalmente las situaciones de la vida a medida que se presentan, y luego gestionar nuestras emociones personales de forma que fomenten una respuesta positiva. Su tus expectativas y tus reacciones parten de tu actitud, y son tus únicos controles para producir tu propia felicidad en cualquier circunstancia.

Capítulo trece
¿Por qué tenemos todas las creencias que tenemos actualmente?

Descubrirás que tenemos muchas creencias infundadas si su verdad, o la raíz de por qué tenemos esa creencia. La mayoría no importan, y la respuesta a por qué tenemos esa creencia no merece el esfuerzo de cuestionarla. Sin embargo, algunas creencias culturales universales pueden controlar la vida, aunque sean falsas. Por ejemplo, cada uno de tiene su propia noción de la vida después de la muerte.

Desde luego, no tengo intención de cuestionar las creencias de . Sólo usted debe hacerlo por sí mismo. Sin embargo, es importante que comprendamos cómo las nociones que forman muchas de nuestras creencias se han transmitido culturalmente a lo largo de miles de años. ¿De dónde viene esta creencia, cuando no hay ninguna prueba válida de que exista una vida después de la muerte? Esta , sólo puede ser aceptada por "fe ciega".

Hablo de esta creencia porque este ejemplo es una creencia universal. Todo el mundo ha estado expuesto a esta . El propósito de un análisis exhaustivo de una creencia universal específica es hacer el punto dramáticamente para que usted pueda entender mejor el efecto final de cualquier creencia que afecta a su propia vida. El objetivo es motivar a cada uno de nosotros a hacer una pausa y pasar por un análisis similar antes de aceptar cualquier creencia irracional basada en la "fe ciega" que tenga algún control sobre nuestra propia existencia. No pensar por uno mismo es peligroso para nuestra propia existencia. Cuestionar todas las creencias de "fe ciega" nos ayudará a tomar mejores decisiones sobre lo que estamos dispuestos a aceptar como nuestra propia verdad, de modo que podamos tomar las riendas de nuestras vidas y no dejar que los demás nos las arrebaten. ser la marioneta de . Desde luego, no deberíamos querer vivir nuestra propia vida como una oveja.

Por qué tenemos la creencia de una vida después de la muerte no es una pregunta fácil de encontrar respuestas aceptables. No porque no haya múltiples teorías plausibles para explicar esta . El problema es que hay demasiadas. La mayoría de las respuestas carecen de profundidad de pensamiento. La mayoría parte de la premisa de que uno debe existir porque todo el mundo cree que existe. Por lo tanto, es más fácil no cuestionarse si esa noción es cierta. Parece ser un tema sobre el que todo el mundo ha escrito desde la perspectiva de justificar la creencia. Sin embargo, hay muy pocos que aborden la cuestión desde una perspectiva escéptica. Me parece que esa es la forma más productiva de empezar. Probablemente se deba a que es la forma en que los abogados estamos formados para ver la vida y los problemas que abordamos a diario en nuestra .

Lo que he encontrado hasta ahora, proporcionar una visión general de algunas teorías como ejemplo de lo que considero las mejores respuestas de por qué los seres humanos creemos en una vida después de la muerte, le proporcionará una gama lo suficientemente amplia de pensamiento sobre este tema para que pueda considerar qué respuestas encuentra más aceptables para usted mismo. La gama que he encontrado como respuesta más plausible puede resumirse mejor en esta lista:

1.   Algunos afirman que la creencia en una vida después de la muerte es simplemente una "ilusión". Vivimos ayer, estamos vivos hoy, por tanto esperamos estar vivos mañana, incluso después de muertos. Todos tenemos miedo a la muerte. Es propio de la naturaleza humana temer lo desconocido. Sencillamente, no podemos concebir que dejaremos de existir, aunque la mayoría de nosotros comprendemos que no existíamos antes de nacer en el cuerpo en el que ahora existimos. Por lo tanto, los seres humanos estamos muy dispuestos a dar este "salto de fe".

2.   Otros piensan que tenemos esta creencia porque es una forma de promover un "comportamiento socialmente deseable". En otras , es simplemente un dispositivo de control de la sociedad transmitido por los padres y la clase sacerdotal.

3.   Algunos han afirmado que la creencia en la vida después de la muerte simplemente ha evolucionado a partir de las "creencias de los pueblos antiguos" como su mejor esfuerzo para explicar fenómenos

extraños, como, por ejemplo, los sueños. Un pensamiento novedoso, pero superficial.

4. Algunos creen que es el resultado natural del hecho de que cada uno de nosotros sienta que "somos más que nuestro propio cuerpo". El hecho de que tengamos conciencia de nuestro entorno, debido al tamaño de nuestro cerebro, nos permite pensar más allá de nosotros mismos. Por lo tanto, podemos pensar independientemente de nuestro propio cuerpo. Esto nos hace sentir que somos algo separado y más allá de nuestra propia existencia física. Por lo tanto, esa "entidad" separada tiene vida propia. Esa es probablemente la razón más lógica, pero es fácilmente demostrable que es falsa porque en el laboratorio hoy en día los científicos pueden duplicar el resultado, demostrando que nuestra creencia no tiene nada que ver con una vida después de la muerte.

5. Una idea interesante de un autor que leí es que la noción de vida después de la muerte es obra de la "evolución por selección natural": Las personas que no sienten que la muerte es el final de nuestra vida son más propensas a ser más fuertes y agresivas en la batalla. Si supieras que el resultado de tu comportamiento sería tu fin absoluto, ¿serías un terrorista suicida?

6. Richard Dawkins, el distinguido profesor de biología de Oxford, está de acuerdo en que las creencias en la vida después de la muerte son producto de la selección natural; pero no de la selección natural que actúa sobre los genes o cualquier otra entidad biológica como las que identificó Darwin. En cambio, Dawkins dice que las creencias en la vida después de la muerte son producto de la selección natural de la evolución de las ideas. Es la selección natural de nuestros cerebros que se aferran a ideas específicas de la miríada de ideas a las que estamos continuamente expuestos, en lugar de la selección natural de nuestros genes la que perpetúa nuestra especie. Sin embargo, ambas funcionan de la misma manera. Las que se seleccionan para que las retengamos son lo que Dawkins ha denominado "memes". Se trata de una palabra que inventó. Definió un meme como cualquier información codificada con el poder de influir en su propia replicación. Al igual que los genes son nuestros replicadores biológicos que contribuyen a nuestra propia existencia, los memes. Son los replicadores de nuestras ideas que se manifiestan en la

existencia de lo que cada uno creemos. Pueden tener poca relevancia en la realidad.

Exploremos con un poco más de detalle estos puntos de vista separados. He aquí algunas de las explicaciones más profundas que me han parecido merecedoras de nuestra reflexión.

Deseos

En cuanto al primer punto de vista, el de ilusiones, según algunos estudiosos y muchos filósofos de barra de bar, para ellos la religión es pura comodidad y consuelo. Para describir su posición de forma un poco más directa y distinguir sus puntos de vista de que les siguen: para , por citar al más , "tales creencias son ilusiones molientes, especialmente cuando se trata de creencias en la vida después de la muerte". Dijo que la creencia en la vida después de la muerte es la "prueba A" en el caso de por qué la creencia en una vida después de la muerte es un subproducto de la ilusión. Para ellos, la razón para creer en la vida después de la muerte es que puede eliminar, o al menos debilitar, el miedo a la extinción personal, o la abrumadora tristeza que experimentamos cuando muere cualquier ser querido. Otro más inteligente añadió que se magnifica porque muchos de nosotros tenemos la sensación de que una vida de duración finita carecería de sentido si nuestra propia vida no pudiera continuar.

Para quienes defienden esta postura, la mayoría de la gente tiene las creencias religiosas que tiene simplemente porque sus padres se las inculcaron de niños y la cultura que les rodea comparte esta noción. Es más fácil aceptar la noción porque todo el mundo cree que existe una vida después de la muerte, que rechazar esas ideas. Puede que sea cierto, pero la verdadera pregunta es por qué estas creencias se hicieron tan populares. Y si podemos responder a esa , ¿por qué hay tanta gente que no está dispuesta a renunciar a sus creencias ni a cambiarlas, incluso después de haberlas aceptado? se enfrentan a pruebas contundentes de que algunas creencias pueden ser falsas? Éstas son las preguntas que no logran responder quienes aceptan la teoría del wishful thinking.

En resumen, su explicación es que la gente mantiene y se niega a renunciar a cualquier creencia que proporcione un bálsamo para los dolores de la vida tanto para nosotros como para las personas que nos importan. Podría . Sin embargo, lo que he descubierto es que no funciona. La creencia en la vida después de la muerte no alivia realmente nuestro miedo a la muerte. Tampoco evita eficazmente el duelo al que todos nos enfrentamos con la pérdida de un ser querido. Aunque, como afirmó un filósofo que se elevó un poco por encima de su taburete de bar, posiblemente sea cierto que nuestras creencias religiosas persisten no porque proporcionen consuelo, sino porque, una vez adquiridas, desecharlas produce un agudo malestar.

Una analogía sería la adicción a la nicotina, las drogas o el alcohol. Una vez adictos, los cigarrillos producen poco placer, pero en cuanto una persona intenta dejarlos, experimenta antojos intensos y desagradables. Por tanto, la adicción se mantiene menos por el placer que produce que por el displacer que mantiene a raya.

Además, millones de personas han vivido toda su con miedo al infierno o a la condenación eterna o a otras aterradoras posibilidades postmortem. La idea de que a uno pueda esperarle una eternidad de sufrimiento es una de las ideas más desagradables concebidas por las mentes humanas. Como ya se ha señalado, Darwin la calificó de "doctrina condenable". En otras , en lugar de aliviar el miedo de la gente a la muerte, algunas creencias en la vida después de la muerte a menudo crean temores que la gente no tendría de otro modo. Por lo tanto, las ilusiones como teoría podrían ser parte de la razón, pero desde luego no pueden ser toda la historia.

La religión organizada proporciona cohesión social o "pegamento social".

El segundo concepto de esta lista de por qué la gente tiene esas , un autor lo denominó "pegamento social". La idea es que nuestras creencias religiosas son el cemento que mantiene unidas a las sociedades. Independientemente de la verdad de la doctrina como razón principal de una creencia en

Una vida después de muerte, no hay duda de que la religión proporciona solidaridad social y un sentido de comunidad al ofrecer creencias y valores comunes, motivando así a las personas a ser morales.

El lado reconfortante de las creencias en la vida después de la muerte es que están diseñadas para fomentar un comportamiento socialmente beneficioso, mientras que las creencias incómodas están diseñadas para desalentar un comportamiento socialmente perjudicial. Hay mucho de "Papá Noel" en ese enfoque.

Lo aceptaría si no fuera porque no todas las creencias religiosas son socialmente beneficiosas, algunas creencias pueden desgarrar a grupos y naciones. Fíjense en lo que está ocurriendo con las creencias islamistas radicales de hoy en día dentro de la comunidad musulmana y su ataque al resto del en nombre de su religión. En otras palabras, la teoría del pegamento social se desmorona porque también conduce a la noción de que somos nosotros contra ellos.

Control social

Otra forma de ver el argumento del pegamento social que es un poco más sofisticada que la de los filósofos de taburete es considerar el concepto de control social desde el punto de referencia de quienes emiten el pegamento. Aquí tenemos una clase de personas que promueven tales creencias como herramientas de manipulación social. Los padres y los profesores las utilizan para controlar a los niños, los maridos las utilizan para controlar a las esposas y viceversa, los dueños de esclavos las utilizaban para controlar a los esclavos. La clase dirigente las utiliza para controlar al proletariado, y los sacerdotes, reyes y otros líderes las usan para controlar tribus, gremios y naciones. El pegamento proporciona poder al emisor.

Si se aplica el mismo concepto a las creencias en la vida después de la muerte, eso podría sugerir que la gente intenta controlar el comportamiento de los demás con la promesa del cielo y la amenaza del infierno exactamente de la misma manera que los padres intentan controlar el comportamiento de sus hijos, diciéndoles que si son buenos Papá Noel les traerá regalos, pero que si son traviesos no lo hará.

La creencia que se transmite puede no tener nada que ver con la verdadera intención de la persona que controla. Esto puede ser cierto aunque en muchos casos la persona que controla lo haga porque cree firmemente que es lo correcto. El obispo John Shelby Spong sugiere que hay algunos clérigos que tienen conocimientos religiosos mucho más profundos de lo que están dispuestos a compartir con toda su congregación porque creen que su conocimiento va más allá de los intereses de las personas a las que sirven, y provocaría angustia. En otras , compartir sus verdaderas creencias podría destruir la "fe" actual de sus feligreses. No cabe duda de que las masas pueden ser ignorantes sobre cualquier tema; sin embargo, en última instancia, el mejor resultado es ser totalmente honesto. Quizá por eso muchos clérigos de éxito se quedan en la superficie durante un sermón, pero ofrecen un análisis en profundidad en sesiones más privadas abiertas sólo a quien esté dispuesto a aprender más, en lugar de amenazar a sus feligreses predicando en el púlpito más de lo que toda su audiencia puede aceptar, sin amenazar sus creencias actuales.

Lo que los que usan este argumento están sugiriendo es que: por tenemos una creencia en una vida después de la muerte es la motivación de las Personas de Control para continuar la creencia para su control de nuestra , en lugar de, al menos para algunas Personas de Control, una expresión de su verdadera creencia en la validez del mensaje en sí.

Esto no quiere decir que la mayoría de estas creencias tengan como fin la explotación por parte del individuo portador del mensaje. La mayoría de los que tienen el control probablemente creen firmemente en el mensaje. La creencia es más universal que el individuo. Según los que defienden ese punto de vista, es nuestra cultura la que crea la creencia en la vida después de la muerte y luego defienden esas creencias como socialmente aceptables como medio de mantener el orden social.

Ciencia primitiva (o perpetuación de antiguas creencias)

La respuesta que prevalece en los escritos disponibles es que la explicación de esas creencias que se han transmitido culturalmente a través de múltiples generaciones es el intento sincero de personas anteriores de comprender los fenómenos de la vida. En otras palabras, muchas ideas son fósiles de nuestros esfuerzos anteriores por explicar el mundo que nos . Gente tienen todo tipo de experiencias que serían muy difíciles de explicar para los pre- científicos.

Por ejemplo, cuando nos acostamos para dormir, nuestros cuerpos permanecen donde los dejamos y, sin embargo, cuando soñamos, a menudo tenemos la experiencia de estar en otro lugar y hacer otras cosas. ¿Cómo podríamos explicar esto en ausencia de una comprensión científica madura del mundo? Una explicación sería que una parte de nosotros abandona nuestro cuerpo físico y tiene una existencia independiente que puede explorar mundos extraños: muy distintos del mundo de nuestra despierta. Y la cosa no acaba ahí. A veces tenemos sueños vívidos y cargados de emoción en los que nos encontramos con personas que han muerto. ¿Cómo se explica esto? Bueno, quizá la parte de nosotros que abandona el cuerpo durante los sueños sobrevive a la muerte corporal, y "voilá", ahora vemos cómo tales creencias pueden surgir de los honestos esfuerzos de la gente por explicar las cosas que les . No son más que esfuerzos por explicar los hechos de nuestra experiencia real a medida que vamos conociendo el mundo en el que todos .

El problema con ese concepto es que, aunque tales respuestas puedan ser reconfortantes, no explican por qué la respuesta es tan fácilmente aceptada hoy en día, y la creencia se perpetúa a pesar de que muchos de esos tipos de creencias han sido explicados por la ciencia analizando los hechos y duplicando los resultados que produjeron las creencias en primer lugar. ¿Por qué la creencia no murió con la comprensión de explicación de su origen?

Evolución

La teoría de la evolución es otra explicación alternativa reciente. Algunos han intentado aplicar el pensamiento de Darwin a conceptos religiosos. Si nuestras creencias religiosas son un producto directo de la selección natural, igual que se seleccionaron partes de nuestro cuerpo porque aprovechan a los individuos que las tienen, nos lleva a un interesante terreno de pensamiento. En otras , incluso las ideas, como las creencias en la vida después de la muerte, pueden ser aceptadas como verdades y adaptadas para nuestro uso porque dan a los creyentes confianza y propósito en la vida, o porque disminuyen la ansiedad cuando muere un ser querido. Estas creencias también fortalecen a las personas en combate. Mejoran nuestra salud al reducir el estrés. O puede ser porque unen a los grupos y, por tanto, favorecen los intereses del grupo y de sus miembros.

El problema es que las creencias religiosas varían mucho de una cultura a otra y de una tradición histórica a otra. Eso hace muy difícil imaginar que todas son instancias de la misma forma de adaptación. En otras palabras, ¿por qué no se parecen todas? Incluso las creencias sobre la vida después de la muerte difieren en algunas religiones. Algunas creen en una existencia incorpórea, otras en la reencarnación y otras en la resurrección corporal. Fijémonos en la fe judía, en la que todos los judíos de Israel son enterrados frente al monte Moriah para que al "final de los días" todos sean elevados al cielo, y ellos serán los primeros en llegar.

Los de la fe judía ortodoxa, al menos en el pasado, han tenido la creencia de que el cielo no es un lugar de transición inmediata, sino que requiere la segunda venida de un Mesías. Y siguen esperando. Eso es totalmente diferente a lo que la mayoría de las personas que aceptan el cristianismo encuentran como una creencia aceptable hoy en día. Si es correcto que las creencias religiosas no son productos directos de la evolución, sino subproductos de otra tendencia más general de la mente causada por la posición del individuo dentro de su cultura respectiva, la visión judía del camino al cielo debería seguir siendo la visión cristiana hoy en día. Quizá aceptar la entrada inmediata en el cielo sea un factor importante de por qué el cristianismo se convirtió en una religión de tanto éxito.

Una teoría de por qué cristianos y judíos difieren es que el cristianismo fue producto de San Pablo. Su Jesús puede no ser el Jesús judío que realmente vivió. Esa es la posición adoptada por el recientemente retirado obispo episcopal John Shelby Spong.

La mejor explicación de la razón de las diferencias culturales procede de E.O. Wilson. Como ya he mencionado, fue un distinguido profesor de biología en Harvard durante más de 40 años. El Dr. Wilson era más conocido por sus investigaciones que concluyeron con el desarrollo la ciencia de la sociobiología. Su premisa es que la biología no termina en el momento del nacimiento y que la sociología es la ciencia exclusiva de lo que ocurre después. Su argumento es que muchas de nuestras instituciones sociológicas están determinadas biológicamente. Por ejemplo, el Dr. Wilson afirma que la espiritualidad es biológicamente necesaria. La espiritualidad es esencialmente sintonizar nuestro yo para resonar con la naturaleza. Se trata de un fenómeno natural para todos, que nuestras religiones captaron como foco organizador central. Esto es coherente con la teoría del pegamento social, según la cual la religión debe atraer a todo el mundo para proporcionar los controles sociales necesarios para mantener nuestra capacidad de convivir con éxito.

El Dr. E.O. , en un libro reciente titulado "El sentido de la existencia humana", afirma que los estudios demuestran que en las primeras etapas de la existencia del Homo Sapiens, dos fuerzas se incorporaron a la naturaleza humana por selectividad. La primera es el egoísmo del individuo. Esto se desarrolló porque el individuo egoísta puede vencer al individuo altruista uno a uno, contribuyendo así a satisfacer sus necesidades. Sin embargo, cuando los grupos se desarrollaron para satisfacer el éxito de la caza necesaria para mantener la vida, o la protección del grupo de las tribus competidoras, la perpetuación del grupo requirió un comportamiento altruista de los individuos entre sí. Los individuos altruistas colectivamente en el grupo podían derrotar al individuo egoísta. De este modo, se creó una dicotomía estática que aún existe hoy en día.

El Dr. Wilson afirma que esta dicotomía entre egoísmo y altruismo contribuye al éxito de la existencia humana. Si prevaleciera el egoísmo, tendríamos anarquía y no habría cultural. Si prevaleciera el altruismo, no tendríamos creatividad ni crecimiento intelectual. Para que una sociedad tenga éxito debemos tener ambas cosas. Su tesis es que el conflicto entre el individuo y el grupo resultante de la selección natural es lo que ha creado nuestra calidad de vida, pero todo se debe a la selección natural.

Esto también podría explicar las diferencias en nuestros puntos de vista religiosos. Es debido al desarrollo de grupos específicos, por medio de nuestro "pensamiento de grupo" que creó medios únicos para poder identificarse juntos para su protección mutua. Dado que gran parte de la investigación del Dr. Wilson fue el resultado de su estudio de la colonización cultural de las hormigas, me pregunté si las hormigas tenían alguna noción de una vida en el más allá. Si no es una noción que la hormiga entienda, y si sólo los humanos tienen esa creencia, si la vida después de la muerte existe, ¿existe también para otras formas de vida? Si debo existir para siempre, quiero que mi perro viva conmigo. Sin embargo,

La ciencia ha descubierto que nuestras creencias son el resultado de que el tamaño de nuestros cerebros humanos ha aumentado hasta el punto de que ahora somos capaces de pensar más allá de nosotros mismos. Nuestros perros no son capaces de hacerlo, por lo no pueden participar y aceptar nuestras infundadas. Sólo nosotros, los humanos, podemos hacerlo. Por lo tanto, no puedo esperar que mi perro esté allí esperándome.

Subproductos de la teoría de la evolución

Lo que el siguiente nivel de investigación ha demostrado es que, según el enfoque de subproducto de la evolución, la religión no es un producto de la selección natural. En su lugar, la religión es el resultado de otros aspectos de la mente que son causados como un subproducto de la selección natural. Esto ocurre porque los cerebros de los humanos son ahora lo suficientemente grandes, ahora tenemos la capacidad de pensamiento abstracto. Por lo tanto, podemos crear nuevos pensamientos que sólo existen en nuestro cerebro, como los unicornios, que de otro modo no existirían. Eso sería coherente con la afirmación del Dr. Wilson de que la espiritualidad está determinada biológicamente. Sólo llevamos la necesidad a una nueva dimensión. Una vez que la religión se convirtió en un meme, la religión tuvo vida .

En una conversación que mantuve con el Dr. Steven J. Gould, él respondió a la siguiente pregunta. He conocido personalmente al Dr. Gould. Era un humanista activo. Fue reconocido por los estudiantes de Harvard como su profesor universitario más destacado del año durante la mayor parte de su carrera. El Dr. Gould llama a los fenómenos religiosos **"un spandrel"**. Lo que esto implicaría es que la creencia en la vida después de la muerte puede ser un subproducto accidental de la capacidad de lo que él llama **"teoría de la mente"**. Este es el nombre que ha dado a la capacidad humana de interpretar a otras personas y a uno mismo como agentes independientes, cada uno con creencias, deseos y estados mentales diferentes. Esta capacidad está presente en todos los humanos con un desarrollo normal. Sin embargo, está ausente, o en gran medida ausente, en todos los demás animales, y lo más plausible es que esta capacidad sea producto de la selección natural. Los seres humanos hemos llegado y, por tanto, tenemos derecho a participar. Los demás animales aún no han evolucionado hasta ese nivel de comprensión. Podemos plantearnos la cuestión de la vida después de la muerte. Otros animales no pueden hacerlo.

Si juntamos esa noción con el conflicto de comportamiento humano entre individuos y grupos descrito por E.O. Wilson, vemos por qué en el control de disturbios el tratamiento de la psicología de las turbas nos muestra cómo el individuo pierde su identidad en la turba en determinadas condiciones. El comportamiento del individuo se convierte en el del grupo, como el de la hormiga, aunque no haya liderazgo de grupo. El grupo adquiere literalmente una mente independiente. Las personas que son miembros de una turba harán cosas terribles a los demás que nunca se plantearían hacer si estuvieran separadas de la turba. Por eso una técnica de control de disturbios consiste en separar a la gente de la multitud. Por eso los militares y la policía utilizan la fuerza para separar a una multitud enfrentándose a ella con sus escudos o cañones de agua y empujándola en direcciones opuestas para reducir continuamente el tamaño de la multitud. Como oficial de la Guardia Nacional, he estado en servicio de control de disturbios. He comprobado que realmente funciona. Separa al individuo y el individuo piensa por sí mismo. Mientras están en el grupo, la voluntad del grupo hace su pensamiento.

La razón es que los humanos pensamos de forma natural en objetos físicos y nuestras mentes utilizan vocabularios mentales distintos. Por ejemplo, consideramos que los objetos físicos, pero no los estados mentales, tienen dimensiones específicas. Esta perspectiva nos facilita imaginar que las mentes son algo distinto de nuestros cuerpos. Damos a nuestra mente una ubicación independiente en el espacio, como si tuviera dimensiones, trasladando la forma en que vemos el mundo a la forma en que nos vemos a nosotros mismos como individuos.

Sin embargo, la teoría de la mente no obliga a llegar a esta conclusión y, desde luego, tampoco obliga a llegar a la conclusión de que la mente pueda existir independientemente del cuerpo o sobrevivir a la muerte corporal. No tenemos por qué llegar a estas conclusiones. Con educación podemos corregir este pensamiento. Pero sí significa que estas ideas podrían surgir de forma natural en los seres humanos y convertirse fácilmente en memes , especialmente cuando queremos creer en ellas. En otras , esos pensamientos nos resultan fáciles de aceptar porque "se ajustan a los contornos naturales de nuestra mente". Es decir, la forma en que estamos construidos. Así, un curioso subproducto de la "teoría de la mente" es que somos propensos a creer, aunque sea falsamente,

que la mente (algunos la llaman "el alma") es algo distinto de la actividad del cerebro y que, por lo tanto, nos resulta fácil extrapolar desde la ubicación independiente de la mente para conjurar la idea de que nuestra alma podría ascender al cielo, o renacer en otro cuerpo, o emerger de nuevo en algún tipo de conciencia colectiva, o tal vez podríamos volver a la vida como un gato o c un perro. Mi perro tuvo una vida mejor que mía. Quizá debería , si realmente hay una próxima vez.

Las generaciones más jóvenes utilizan hoy el término "meme" con un sesgo diferente al que tenían cuando se acuñó la palabra originada por Richard Dawkins nombrando un corolario que demuestra que muchas de nuestras creencias se autorreplican del mismo modo que nuestros genes biológicos. Ambas tienen vida e independiente. Ambas evolucionan con el tiempo para adaptarse a su entorno cultural actual. Considere la diferencia que supone su descubrimiento en la forma en que vemos muchas de nuestras creencias hoy en día. ¿Quizás la Gente del Control inició una nueva definición cultural para desviar la amenazadora teoría de Dawkins para apoyar su insistencia en las creencias de "fe ciega"?

Hasta ahora, hemos examinado cuatro explicaciones tradicionales no evolucionistas de las creencias en la vida después de la muerte, que son ideas más prevalentes en lo poco que se ha investigado no para justificar la existencia de tales , sino para tratar de analizar la razón de las mismas. Para esta discusión se las ha etiquetado como "ilusiones", "pegamento social", "manipulación" o como "herramienta de control social", y "ciencia primitiva": y dos explicaciones evolucionistas de las creencias de como "adicciones", o "subproductos espandrelistas".

Sin embargo, hay una nueva tercera explicación evolutiva que tiene mucho más sentido y que ha sido nombrada recientemente por Richard Dawkins. Él acuñó el término descriptivo de su teoría "meme" en la década de 1980. Dawkins definió un meme como una forma única de unificar la varianza cultural. Para ampliar lo que he dicho anteriormente, de forma más precisa: un meme es un pensamiento o una idea que ha evolucionado hasta un punto en el que desarrolla una vida "propia". Los memes son la sopa social de nuestros pensamientos o

creencias en las que existe cualquier sociedad. La verdad y la realidad tienen poco efecto sobre los memes. Para Dawkins, **los memes son creencias no verificables que se comparten con otros y que desarrollan una vida propia independiente que las sostiene,** literalmente, para siempre. Los memes dan la apariencia de que tienen verdad a quienes albergan esa creencia principalmente porque otros también comparten esa creencia. Por lo tanto, como anfitriones temporales de esa , la transmitimos a otros, y la creencia crece. Según Dawkins, un meme es cualquier forma de información codificada con el poder de influir en su propia replicación.

Por ejemplo, un chiste puede convertirse en un meme. Las cuatro primeras notas de la Quinta Sinfonía de Beethoven se han convertido en un meme. Las frases hechas, las leyendas urbanas, los manierismos, los vídeos vergonzosos de YouTube que se han hecho virales y las irritantes melodías pegadizas también son memes. Eso significa que cada uno de ellos tiene vida .

La afirmación central de un meme es que, al igual que los genes, los memes están sujetos a una forma de selección natural. Se han convertido en autoreplicantes. Los memes que llegan a predominar en una cultura son aquellos que, por accidente o diseño, tienen propiedades que aumentan sus posibilidades de predominar. Esos memes tienen propiedades que los hacen más propensos a captar la atención de la gente, Los memes son cualquier cosa autorreplicante que no sean objetos físicos o plantas o animales vivos. Son ideas, pensamientos, creencias, frases, impresiones visuales, comportamientos, canciones o conceptos que tienen más probabilidades de permanecer en la mente de las personas. su naturaleza, es más probable que pasen de un cerebro a otro de boca en boca o por nuestra acción. Son todo aquello que puede ser copiado o reproducido por otros.

Los memes no se seleccionan necesariamente porque nos ; las melodías pegadizas tienen éxito mimético aunque a menudo nos desagraden profundamente. Prueba a quitarte de la cabeza la canción "It's a Small World, After All" después de haber montado en la atracción infantil del Reino Mágico de Disney World. Tardas muchos meses en quitarte esa maldita canción de la cabeza, aunque realmente llegas a . Entonces puedes imaginarte lo difícil que sería sacarte un meme de la cabeza cuando realmente quieres . Por eso creemos en una vida

después de la muerte, porque eso es algo que todos deseamos. La verdad y la realidad tienen poco que ver con un meme aceptado. importante es recordar siempre que el meme existe por sí mismo y que la verdad es irrelevante para esa creencia.

Los memes no son necesariamente seleccionados por nosotros porque nos sean útiles. El meme de fumar tabaco ha sobrevivido durante muchos siglos a pesar de que tiende a matar a su anfitrión; y a pesar de que en realidad ni siquiera proporciona mucho placer. Un meme puede ser seleccionado porque es útil, pero no tiene por qué ser útil para ser seleccionado. Basta con que tenga atributos que lo mantengan en circulación dentro de una cultura. Fumar proporcionaba estatus a los niños. Una vez adictos, era más doloroso rechazarlo que seguir fumando.

Aplicando el enfoque memético a las creencias religiosas como medio para responder a la pregunta de por qué creemos en una vida después de la muerte, es fácil concluir que nuestras creencias religiosas son producto de la selección natural derivada de la evolución cultural, más que de la evolución biológica de Darwin, y que no todas las creencias religiosas que siguen vivas y se mantienen en circulación son necesariamente beneficiosas para el individuo, sobre todo si benefician a un grupo de memes. Algunas podrían ser incluso a nuestra costa. Intente convencer a un fundamentalista islámico de por qué no debe ser un terrorista suicida diciéndole que no hay vida en el más allá.

Lo que resulta relevante es que el enfoque memético no desplaza necesariamente a las demás teorías sobre los orígenes de tales creencias. Lo que sí proporciona es un marco general útil para integrar cualquier grano de verdad o propósito que contenga cada una de esas otras teorías sobre por qué existe una creencia en una imagen general cohesiva. Literalmente, lo une todo y nos muestra cómo ha sobrevivido esa noción.

Para repasar cómo se aplica esto con cada una de las teorías anteriores de nuestra lista de razones para nuestra creencia en una vida después de la muerte, sus defensores han identificado como cada una de ellas una presión de selección psicológica o cultural que actúa dentro de una tradición religiosa. Estas son:

(1) selección de creencias que nos reconfortan, o que reconfortan a las personas que nos importan.

(2) selección de las personas que fomentan la cohesión social o "pegamento social".

(3) selección de creencias que nos ayudan a manipular el comportamiento de otras personas para su propio bien,

(4) selección de creencias que expliquen, o al menos nos den la apariencia de explicar, el mundo que nos .

Sin duda hay otros. Estos son simplemente los más obvios que para mí tienen algún sentido.

Ahí es donde nuestra capacidad de utilizar la lógica derivada de nuestra evolución biológica y la selección natural de las presiones meméticas entran en conflicto directo y nos empujan en direcciones diferentes.

Por ejemplo, puede que queramos creer algo porque nos reconforta, pero que no podamos hacerlo porque chocaría demasiado violentamente con las pruebas que vemos.

Eso sugiere que un tipo de creencia memética exitosa sería una creencia que promete proporcionar consuelo y comodidad que no se falsifica demasiado fácilmente en la vida cotidiana, porque está culturalmente aceptada. Eso incluiría, obviamente, nuestras nociones de las formas de vida después de la muerte que nosotros, como individuos, consideramos aceptables. Queremos , no vemos pruebas de ello, por lo que es difícil aceptarlo lógicamente, pero tampoco hay forma de . Por lo tanto, aceptamos el meme por "fe ciega". Como es socialmente inaceptable cuestionar cualquier fe, esa creencia tiene ahora permanentemente una vida culturalmente protegida.

En otras palabras, la gente tiende a querer creer que es verdad, y nos encontramos con pocas cosas en la vida cotidiana que la contradigan explícitamente. No sólo eso, sino que la creencia también tiene sentido para algunas de nuestras experiencias vitales. Los memes pueden ser subproductos de tendencias psicológicas evolucionadas del pensamiento. En otras palabras, series de transferencias mentales a otras tratan temas relacionados. Los memes que mejor encajan con

tendencias tienen más probabilidades de prender y extenderse. El término actual de nuestros nietos para ese fenómeno es "hacerse viral". Ese meme está protegido cuando se conecta a otros memes o creencias que ya están culturalmente aceptados. Por lo tanto, este enfoque describe el entorno al que los memes religiosos, así como cualquier otro meme, se adaptan mejor. No tiene por qué gustarte el meme, o la , simplemente no puedes deshacerte de él.

Dawkins popularizó la opinión de que la selección natural no procede en interés de cada especie, ni del grupo, ni siquiera del individuo. Darwin demostró que la selección natural sólo actúa en interés de los propios genes. La selección tiene lugar a nivel individual; sin embargo, los genes son los verdaderos replicadores, y es su competencia la que impulsa la evolución del diseño biológico. Esa es la bala mágica de lo que descubrió Darwin. Toda la vida del universo existe gracias a la supervivencia de replicadores que se duplican a sí mismos. Nosotros no somos más que el huésped temporal del gen. El propósito de la vida desde la perspectiva del universo es la supervivencia de los genes. Como huésped temporal, y como individuo, en lo que respecta a la evolución, al final nos volvemos irrelevantes y morimos como individuos, mientras que nuestros genes siguen vivos.

Además, hemos descubierto que estos replicadores suelen agruparse automáticamente para crear sistemas o máquinas que los transportan y trabajan para favorecer su replicación continuada. En otras palabras, los humanos, mi perro y las coles que comemos existimos principalmente para proteger a los replicadores. Los replicadores son los genes que existen dentro de nosotros. La teoría de Darwin de la evolución por selección natural funciona a través de los genes para nuestra existencia biológica. Dawkins dice funciona igual para los memes. Lo que creemos, entendemos y más fácilmente encontramos cierto, al menos para nosotros mismos, es la creencia autorreplicante. Nosotros sólo somos el medio para transmitirla a los demás.

Los memes son una unidad similar de replicación de pensamientos que se almacenan en los cerebros humanos que nuestros genes en cada célula de nuestro cuerpo. Los memes se transmiten por duplicación a través de los cerebros de otras personas. Nuestras creencias, así como melodías de las que no podemos deshacernos fácilmente, ideas, frases hechas, modas en la ropa, formas de hacer cerámica, son todos memes. Una persona crea.

otros aprenden y siguen por imitación, y luego transmiten el meme a otros. En el proceso, el anfitrión puede añadir o refinar el meme a medida que éste se transfiere de cerebro a cerebro. Así, evoluciona y se adapta mejor a esa cultura.

La evolución de un meme crece o decae mediante un simple algoritmo, no se desarrollan linealmente. O bien se multiplican rápidamente y acaban desarrollando una vida más permanente, o bien, los que no se han unido a otros memes culturalmente aceptados o no se han adaptado por sí mismos, decaen rápidamente y acaban por dejar de existir. Nuestro cerebro recibe millones de estímulos al día. Sólo unos pocos de los que almacenamos sobreviven y desarrollan su propia existencia independientemente de nosotros como anfitriones. Cuando desarrollan vida , saltan de cerebro en cerebro como un virus. La evolución memética se produce sin tener en cuenta su efecto sobre los genes biológicos.

Dan Dennett sugiere que cualquier forma de evolución es un proceso natural sin sentido que, cuando se lleva a , debe producir un resultado. Afirma que los tres elementos necesarios para producir la evolución son **la herencia, la variación y la selección.** La evolución la produce el gen en un sentido biológico, o un meme en el sentido de una creencia, o cualquier pensamiento, que se convierte en el replicador. Millones de variantes son contadas diariamente por millones de personas. Sólo unas pocas son transmitidas por otras personas. Menos aún llegan a convertirse en memes clásicos con vida . Los artículos científicos proliferan, pero sólo unos pocos consiguen largas listas en los índices de citas. Sólo unas pocas de mis idcas brillantes han sido realmente escuchadas y mucho menos apreciadas por alguien, probablemente ninguna ha llegado al nivel de meme. Pero sigo intentándolo. Podemos preguntarnos por qué unas sobreviven y otras se extinguen.

Lo que tiene más sentido Dawkins introdujo el término complejo co- adaptativo de memes para explicar que los memes sobreviven mejor al combinarse con otros memes en grupos que forman relaciones complejas. Así, bandas de creencias florecen en presencia unas de otras, cada una de las cuales podría morir por su cuenta de otro modo. La ciencia ficción puede ser un ejemplo, pero también lo son los campos de las matemáticas, la ciencia y la arquitectura, por no hablar del derecho y la medicina. Los ordenadores están creando todos

de oportunidades para la transferencia memética. Incluso tienen su propia forma de virus como resultado. Durante nuestra vida, estos virus han creado una nueva industria propia para combatirlos.

Los grupos de **complejos meméticos** con más éxito tienen algunos memes que sirven de cebo para atraer adeptos. También tienen **anzuelos** para captar adeptos una vez que el grupo tiene su atención. Con frecuencia, estos complejos tienen memes que actúan como **amenazas** para aquellos huéspedes que deciden abandonar el grupo, y memes de **sistema inmunológico** que protegen de esa amenaza a los que permanecen dentro del grupo. Así, el grupo se convierte en un sistema autocontenido que puede existir para siempre independientemente de su relación con la verdad o la realidad. Los hechos no pueden penetrar en el sistema y, desde luego, la verdad no puede derrotarlo. El sistema del grupo se protege totalmente a sí mismo. Por lo tanto, la gente teme las consecuencias de no creer y rara vez abandona la seguridad de su creencia. Ese es el pegamento que aferra a la gente a su fe religiosa.

¿Cómo hemos llegado hasta donde están hoy nuestras creencias?

Ahora sabemos que la Lucy de Donald Johansson vivió hace cuatro millones de años, lo que, como recordarán, es el eslabón de unión de la evolución humana desde las formas de vida del nivel de la ameba hasta el del simio. Nuestro último salto evolutivo se produjo más recientemente, hace entre cincuenta y cien mil años. Lo sabemos porque otras formas de vida nivel de los humanos , dejándonos sólo a nosotros, los homo sapiens; y por el hecho de que nosotros, como humanos, tuvimos un cambio significativo en el comportamiento con este último nivel de evolución de nuestra existencia actual.

Esto puede ser el resultado del crecimiento evolutivo del tamaño de nuestros cerebros, que de repente nos permitió la capacidad de pensar más allá de nosotros mismos. Los humanos empezaron a pintar en las paredes de sus cuevas conservando su visión del mundo que les rodeaba. Eso no había ocurrido antes. Así, el comportamiento de la en la Tierra pasó de repente a un nivel superior.

Nuestras creencias religiosas, es decir, nuestras respuestas abstractas a nuestra visión de las razones de nuestra vida, también evolucionaron. Esto ocurrió durante miles de años mediante la creación de "ganchos" en forma de una creencia de atracción, los que promueven nuestras creencias religiosas afirmando sólo, que tienen la llave del cielo, pero que proporcionarán la llave sólo para aquellos que acepten su creencia. Esas Personas de Control proporcionan un meme compañero en forma de "amenaza", como en forma de "Infierno" para aquellos que han sido expuestos a su creencia y luego no la aceptan. El "perdón" para los que regresan y se arrepienten, y la "inmunidad" frente al "Infierno" para los que se adhieren a las creencias de las Personas de Control.

La verdadera cuestión es cuánto "control" puedes tolerar y no convertirte en una marioneta.

Esto explica por qué aquellos que fueron adoctrinados antes de la edad de la razón y fueron protegidos dentro de esa sociedad durante sus años de desarrollo están normalmente "enganchados" de por vida, y temen negar que su "fe ciega" dice la verdad por ellos durante el resto de sus vidas, independientemente de la cantidad de su educación posterior. Si esas creencias son válidas, ¿por qué no han evolucionado de forma natural y, por tanto, se han convertido en la creencia aceptada del todo el mundo hoy en día? ¿Supone que podría ser sólo porque tales creencias son un mero "dispositivo de control", y no porque sean la verdad en la realidad? Fíjese en las muchas religiones culturales que existen hoy en el mundo, y en la gran diferencia entre sus creencias. Cada una afirma que es "la verdadera ".

¿Supone usted que todos ellos están hechos por el hombre? Cumplen la función necesaria de proporcionar nuestro "pegamento social", manteniendo nuestra sociedad que, universalmente, sigue existiendo principalmente en los niveles de existencia de alta seguridad/bajos niveles sociales. Seguimos viviendo primitivamente como sociedad. Elevarse por encima de este atolladero requiere esfuerzo, pero una vez que tienes la capacidad de ver la vida desde una perspectiva más elevada puedes entender fácilmente el efecto que las Personas de Control están teniendo en tu propia vida y ser mucho más perspicaz en el nivel de control que estarás dispuesto a aceptar para ti mismo. Si alguno de ellos fuera "la verdad" en realidad, ¿por qué esa creencia no ha llegado a ser universalmente aceptada por todos nosotros?

Nuestras diversas religiones son un excelente ejemplo de memes que crean su propia verdad. Reconociendo que se trata de una simplificación excesiva, el verdadero propósito de las religiones puede ser la protección del grupo o proporcionar el aglutinante social que sostiene nuestra sociedad. Dado que se trata de un sistema autónomo y que se adapta por sí mismo a medida que nuestra cultura madura, la verdad de cualquiera de sus partes no es relevante para su supervivencia, y desde luego la verdad no puede derrotarlo. Tampoco abogaría por que lo , porque actualmente no hay nada que sustituya su papel en nuestra sociedad para mantener el pegamento para aquellas personas que no han superado el nivel social. Muchas religiones, en algunas de sus formas, se han convertido en una parte central del mantenimiento de nuestra sociedad. Pero del mismo modo lo ha hecho la comunidad jurídica, contable y médica. Las profesiones están reguladas en nuestra sociedad por la ley. La mayoría de las religiones se sustentan en la creencia en una vida después de la muerte.

La cuestión de todo esto es que tenemos creencias universales no porque estén relacionadas con la realidad, sino porque se relacionan entre sí en la misma agrupación que ha adquirido vida propia independiente. Las aceptamos porque se han convertido en parte de nosotros. Y el tabú cultural de desafiar a la religión asegura su existencia perpetua. La religión cambiará para absorber a sus detractores. Como cultura, estamos enganchados. Abandonar las creencias religiosas es más doloroso que perpetuarlas. Así, sobreviven a pesar de cualquier base factual de verdad para la creencia.

Un escritor llamado Aaron Lynch señala que muchos memes religiosos tienen éxito cuando pasan de padres a hijos porque están revestidos de un "origen divino". Si el niño pensara que lo que se le presenta ha sido originado por sus padres, al menos los adolescentes, serían mucho más propensos a rechazarlo. Por lo tanto, prevalece "el efecto de grupo", y este meme contribuye a la supervivencia del grupo, porque se transfiere bajo la "autoridad de Dios". Un pensamiento novedoso. Sin embargo, quizá su supervivencia se deba a que los niños aceptaron las creencias antes de llegar a la edad de la razón. Por lo tanto, se aferran al meme, y la mayoría teme su amenaza durante el resto de su vida porque está investido de las emociones de nuestra infancia en el momento del origen del meme, y nuestros sentimientos prevalecen sobre la lógica. Así, sea cual sea la creencia, incluso muchos científicos que trabajan en el tema

materia puede seguir participando en su tradición como su póliza de seguro, aunque su lógica pueda entrar en conflicto.

Imaginemos lo que ocurriría si los robots aprendieran a transferir meméticamente información de un cerebro informático robótico a otro cerebro informático robótico sin intervención humana. Una vez que tuvieran la capacidad de ser totalmente móviles y autosuficientes, podríamos tener un problema realmente grave que superaría con creces el drama que describen los escritores de ciencia . Me encantaría conocer la opinión de Isaac Asimov sobre el resultado y su efecto en nuestro futuro humano.

Sin embargo, el meme de la vida después de nuestra muerte evolucionó, nuestra inteligencia humana tuvo un efecto secundario. Nos permitió una comprensión, única entre todas las demás formas de animales, de que un día vamos a despertarnos y será la última vez que lo hagamos. Cada uno de nosotros sabe que a veces va a morir. De este modo, la evolución de la inteligencia creó una importante presión de selección psicológica en favor de creencias que disiparan nuestra preocupación por la muerte. La creencia de que la vida continuará después de nuestra , obviamente, prosperó porque es una buena noticia para las criaturas que se encuentran en la difícil situación de tener el deseo de sobrevivir, pero también están condenados con la capacidad cognitiva de reconocer nuestra propia mortalidad.

Los seres humanos llevan enterrando a sus muertos desde muchos miles de años antes de la aparición de la civilización a gran escala. También sabemos por la arqueología que los entierros de nuestros antepasados más antiguos iban acompañados de complejos y costosos rituales y ofrendas. Esto sugiere que incluso nuestros antepasados paleolíticos tenían alguna idea de la vida después de la muerte. En otras palabras, las creencias en la vida después de la muerte tienen mucho más que decenas de miles de años.

El siguiente gran salto en la evolución cultural de nuestras creencias en el más allá se produjo con el desarrollo de la agricultura. En cuanto las personas empezaron a domesticar plantas y animales, empezaron a vivir en grupos mucho más grandes y densos. Visto desde el punto de referencia de E.O. , hasta ciento cincuenta personas, las necesidades sociales son adecuadas para mantener nuestra sociedad funcionando sin problemas. Tan pronto como los grupos se hicieron mucho más grandes, entonces esta cohesión social comienza a

y, en última instancia, los grupos podrían desintegrarse a menos que se establecieran instituciones culturales para fomentar artificialmente la cohesión de la comunidad. Así, la agricultura creó una presión de selección cultural para los memes que ayudó a mantener la cohesión social. Así, nuestras religiones se formalizaron.

Los grupos que consiguieron crear memes que satisfacían todas esas necesidades crecieron y engendraron grupos descendientes. Los que no crearon tales adaptaciones culturales no sobrevivieron. Los memes fueron necesarios para crear la sociedad, y nuestras creencias en el más allá son un fuerte participante. Ya estaban presentes en las creencias humanas porque ya habían sido aceptadas por las culturas predecesoras. Por lo tanto, ya las bases para adoptar una nueva forma de ver dichas creencias.

La agricultura simplemente intensificó y extendió ese pensamiento a sociedades más amplias. Los memes se adaptan al diseño evolucionado de la mente. También se adaptan unos a otros, incluso cuando compiten entre sí. Funcionan de forma muy parecida a un virus que se adapta para eludir nuestras armas médicas, de modo que nuestras vacunas y antibióticos se vuelven ineficaces. Por tanto, no podemos acabar con los memes. Simplemente cambian para adaptarse a sus circunstancias.

Los memes que han sido adoptados por una cultura tienen a la sociedad como su propia protección. ¿Por qué cree que es culturalmente inaceptable desafiar las creencias religiosas? Hacerlo es uno de nuestros tabúes culturalmente más fuertes. Esa noción fue promovida por los sacerdotes como personas de control de las creencias religiosas, pero fue fácilmente aceptada por el público porque confiaban en esas creencias para satisfacer sus necesidades de seguridad. Amenazar a alguien en el plano de la seguridad suele desembocar en violencia.

Historia de la creencia en la vida después de la muerte

Las primeras ideas registradas sobre el más allá muestran una existencia que no tiene nada que envidiar a nuestros conceptos modernos actuales. El "inframundo" de griegos y siberianos no es un paraíso perfecto. Era algo sombrío y una existencia empobrecida. Lo mismo ocurre con el "inframundo de mesopotámicos", y el concepto

del "Seol" de los primeros hebreos como morada de los muertos en espera del fin de los días, cuando los judíos llegarían al Cielo.

Una de las razones de su éxito es que el cristianismo produjo un cielo accesible a la vez que era totalmente positivo y ampliaba el concepto de que era infinitamente maravilloso, y su propia definición del infierno, que es infinitamente terrible. ¿Por qué esperar en el Seol cuando se puede ir al cielo tras la muerte simplemente creyendo? Algunas autoridades atribuyen al apóstol Pablo la creación de Cristo utilizando la historia sobre la vida de un judío llamado Jesús que los cristianos creen hoy en día.

Aunque los esenios buscaban diariamente un Mesías para que los judíos pudieran ascender al Cielo al "final de los días", la ausencia de cualquier mención de Jesús en los Rollos del Mar Muerto sugiere que nuestro "Cristo" de hoy puede no haber sido el Jesús real de Israel. Esto es lo que sostiene el obispo John Shelby Spong de la Iglesia Episcopal. Para el Obispo Spong el Cristo de hoy es una expansión aceptada de la vida que Jesús vivió. La aceptación del punto de vista obispo Spong hace que el Jesús que vivió siga siendo relevante hoy en día. Los meméticos dirían que resultó debido a las necesidades culturales de su tiempo, y ciertamente todavía proporciona beneficios para nuestra sociedad actual. Esto se debe a que el cristianismo ha evolucionado para satisfacer nuestras necesidades culturales actuales. La verdad histórica del mito no es tan importante para la mayoría de la gente como lo es el efecto de lo que los símbolos significan para cada uno de nosotros individualmente, ya que cada uno vive su propia vida espiritual hoy en día. Así pues, descubrir la verdad de los hechos históricos reales no puede destruir las necesidades que los símbolos religiosos que utilizamos hoy satisfacen en cada uno de . Tampoco creo que deban hacerlo nunca. Las tradiciones que estamos dispuestos a aceptar expresan para cada uno de símbolos que responden a necesidades que no tenemos otra forma eficaz de satisfacer, sean cuales sean nuestras necesidades personales.

Nuestra comprensión de los hechos que sustentan nuestros puntos de vista religiosos ha cambiado a lo largo de la historia. Los Rollos del Mar lo demuestran claramente. Fueron escritos desde el año 250 a.C. hasta el 67 d.C., por lo que la historia no los ha tocado. La comparación de las palabras que se escribieron en aquella época con nuestras creencias culturales actuales es vívida. Prueban que nuestras creencias culturales actuales de esa época han sido seriamente moldeadas

a lo largo del tiempo por personas de control bienintencionadas. Esta evolución puede observarse a la vez en el conflicto de religiones hoy en día, especialmente con los conflictos armados entre diferentes religiones y sus defensores subiendo la apuesta para atraer la adhesión y continuar con alguna forma de control sobre sus miembros como vemos con los talibanes, o con ISIS.

Como ejemplo menos violento, con el tiempo el cielo ha ido mejorando mientras que el infierno ha empeorado a medida que nuestras creencias religiosas han ido evolucionando. Se trata, en efecto, de un ejemplo de carrera armamentística memética de las iosas, comparable a la carrera armamentística que hemos visto en la evolución biológica, para seguir el ritmo de nuestro avance cultural y científico.

La ventaja de la memética, tal y como la describe Richard Dawkins, es que para que una creencia prospere no necesita ser útil para el creyente.

Sólo necesita ser útil para sí misma. Esta idea de Dawkins puede llevarnos a plantearnos nuevas e importantes preguntas sobre la naturaleza de todas nuestras creencias. Abandonar cualquier creencia aceptada provoca cierto malestar inicial, parecido al síndrome de abstinencia del tabaco. Una vez que una persona deja de fumar, la calidad de su vida puede mejorar y, con suerte, se convierte en un ferviente defensor del undécimo mandamiento: "No fumarás".

Sin embargo, es el miedo a los efectos negativos de una adicción lo que lleva a la mayoría de las personas, incluso sabiendo que está dañando su cuerpo a sentir que deben seguir fumando. Incluso para aquellos que ahora están en conflicto su comportamiento normalmente no cambiará por sí solo. A menudo se necesita algún tipo de intervención para llamar la atención de la persona. Sin embargo, como resultado, sus hijos, que han visto el efecto en sus padres, puede que nunca toquen un cigarrillo. Para cualquiera de es doloroso abandonar cualquier meme que hayamos aceptado como parte de nosotros mismos.

¿Cómo funcionan los memes?

Un meme que todos sabemos que existe desde hace más de 700 años es el poema "Ring around the Rosy. Bolsillo lleno de ramilletes. Cenizas, cenizas, todos ". ¿Por qué enseñamos a nuestros hijos sobre una plaga en Inglaterra que mató a decenas de miles de personas en el año 1300? ¿Por qué esta

¿El poema tiene vida ? ¿Por qué gusta a los niños? ¿Es porque es corto, fácil de decir y contiene un paso de acción? Tal vez. Pero, ¿por qué seguimos ? La cuestión es que los adultos no se lo enseñamos a nuestros hijos. Vive porque los niños se lo enseñan a otros niños. Por lo tanto, tiene vida propia. Y la verdad no puede . Los adultos no tenemos que participar en ella para que siga existiendo. Los niños son inocentes de su significado, pero sin duda les gusta el ritmo y el paso de la acción. A los niños les hace gracia. Eso ha bastado para perpetuar el poema durante siete siglos de cerebro en cerebro, sólo que los niños lo transfieren a otros antes de su edad de razón; y nosotros, los adultos, no podemos . Ese es realmente un buen ejemplo de un meme y de cómo sigue existiendo hoy en día.

La mayoría de los humanistas se criaron en un entorno religioso tradicional. Algunos todavía mantienen la afiliación a la iglesia de su infancia por razones familiares o sociales. Nadie debería oponerse si desean hacerlo. El Humanismo trata de que cada persona tenga la libertad de vivir su propia vida al máximo, como quiera que decida . Otros han abandonado la fe de su infancia que , como mínimo, controladora o inhibidora. Algunos no tienen religión. Otros han encontrado un nuevo hogar menos amenazador. Muchos se han hecho unitarios.

En la Iglesia católica, muchas personas han sido excomulgadas, como respuesta de su religión a su negación de una creencia que la Iglesia acepta. Eso puede resultar amenazador para algunos, o simplemente ser ignorado como irrelevante por quienes son más fuertes en su propia confianza en sí mismos. A menudo se nos dice que la mayoría de las personas que superan las garras del catolicismo se sienten aliviadas de un gran peso, como una persona que pasa por el síndrome de abstinencia de una adicción, cuando por fin se siente libre para vivir su propia vida como quiera, en lugar de estar controlada.

La cuestión es que la transición de la propia herencia religiosa puede ser un acontecimiento traumático. Para aquellos que llegan a un punto en el que experimentan una libertad que les permite sentir que controlan sus propias vidas, todos dicen que la transición merecido la pena. Cada uno de nosotros debe hacer lo mejor que pueda para aprovechar al máximo su vida mientras esté aquí, en lo que adecuado. Esperemos que

no es necesario el trauma de rechazar sus creencias infantiles para llegar a ese punto. Una vez hecho eso, hay dolor de alguna forma implicado. Afortunadamente para mí, mis padres no se opusieron, y la distancia entre mi fe temprana y mi vida actual no muy grande. Alguien que abandona el control de algunas creencias tiene que enfrentarse a problemas importantes, como el rechazo de las personas importantes para él.

Hay muchas maneras de que cada uno de nosotros amplíe sus creencias para mantener sus símbolos haciéndolos relevantes en un nuevo contexto. Por ejemplo, de niño su concepto de dios puede estar relacionado con el miedo a ser percibido. En el periodo en el es capaz de pensar por sí mismo, pero antes de ser normalmente capaz de pensar de forma abstracta, un concepto de Dios parental es normalmente más apropiado. Una persona educada normalmente encontrará que un concepto abstracto de Dios tiene más sentido. Les permite un uso para el termino en lugar de las emociones que podrian sufrir si rechazaran a Dios ya que tienen sus emociones de la infancia invertidas en uso del termino.

Cuando tenía cuatro años, mi miedo se debía a que mi madre me decía que Jesús podía ver todo lo que yo hacía. Eso me dio mucho miedo: si el "Gran Hermano" me está observando de verdad, ¿dónde podría estar a salvo? Eso cambió toda mi perspectiva de la religión para el resto de mi vida.

A medida que envejecemos y nuestra vida se centra en el nivel social, un concepto de dios padre puede ser más . En el nivel actualizado, un concepto abstracto puede ser más aceptable. Durante nuestro crecimiento, cambiar el significado de nuestros símbolos los mantiene relevantes para nosotros sin tener que rechazarlos. Tu visión de la religión puede madurar contigo, de modo que los símbolos que has aprendido sigan aportando valor a tu vida, siempre que mantengas el control de tus creencias y les sigas dando sentido para ti, sin que tus símbolos controlen quién eres. Hay una diferencia.

El efecto de la creencia en la vida después de la muerte

Ésta es sólo una creencia. Todas nuestras creencias pueden ponerse a prueba de la misma manera. Considera este ejemplo antes de declarar que cualquier creencia es la verdad absoluta sobre cualquier tema. Muchos llegan al punto en que ni siquiera desearían una vida después de su muerte si ésta existiera, disminuiría la calidad de esta vida. Dicen: "¿Qué sentido tendría?". Esta vida es suficiente en sí misma. Eso es lo que la Dra. Janet Jepson. La existencia perpetua haría que esta vida careciera de sentido y le quitaría el sentido a nuestra propia vida que estamos viviendo hoy. Citando al reverendo Martin Luther King, quienes tienen ese punto de vista son "Libres al fin", y aprecian esa libertad.

En lugar de decir que no hay vida después de la muerte y causar conflicto con los que creen lo contrario, podrías redefinir la vida después de la muerte para significar que el trabajo que has hecho durante esta vida que vive después de ti es tu propia inmortalidad después de tu muerte. Entonces usted ha puesto una definición más madura en un concepto antiguo para mantenerlo relevante para usted de una manera que no causa conflicto con aquellos que no han crecido más allá de sus creencias infantiles. No estoy sugiriendo que seas deshonesto si quieren discutir lo que eso significa. Sin embargo, no tienes que negar sus creencias en el proceso, hasta que tengan la capacidad y el deseo de crecer a través de una educación no amenazante para ellos mismos. Si preguntan, eso te indica que han abierto la puerta para que aprendan.

Así, los Humanistas no gastan su energía buscando un billete para el más allá que les libere de esa carga, de modo que el efecto de su vida sobre los demás es, en sí mismo, la única forma de inmortalidad que saben con certeza que existe. Los humanistas suelen creer que su propia vida sólo es importante en la medida en que el mundo es mejor porque ellos han estado aquí. No existen hechos que confirmen ninguno de los dos bandos para determinar "la verdad". La lógica lleva a la conclusión de que una vida física después de nuestra muerte simplemente no existe. Cada evidencia física que apoya a aquellos ansiosos de creer que una vida después de nuestra muerte es real ha sido duplicada y explicada por los científicos.

Un análisis similar se aplica a casi todas las demás creencias que cada uno de nosotros tenemos, en las que debemos aceptar tentativamente creencias sin poner a prueba la relación de esa creencia con lo que previamente hemos considerado una verdad aceptable. Ese proceso también se aplica a la mayoría de lo que

simplemente aceptamos lo cotidiano como razonablemente cierto para poder avanzar y abordar cuestiones de mayor interés. Un enfoque mejor sería considerar la posibilidad de abordar la mayor parte de lo que se nos dice desde un punto vista escéptico, utilizando lo que mejor nos funciona provisionalmente ahora, pero siendo plenamente conscientes de que no confiamos en la misma información para tomar decisiones en el futuro.

Al analizar cada situación, quizá prefiramos juzgar qué nos acerca a un objetivo razonable sin herir a nadie ni hacer nada que entre en conflicto con lo que consideramos correcto o mejor para todas las personas afectadas. De lo contrarionos enfrentamos a paralizar nuestro avance por miedo a no tener siempre razón. El enfoque ético puede ser el mejor a largo plazo, ya que generalmente produce el menor conflicto y favorece el mejor resultado para el mayor número de personas. Véase mi filosofía ética personal en el apéndice como ejemplo a tener en cuenta.

Los humanistas crean un sistema de valores éticos más fuerte para sí mismos, porque es lo correcto para ellos. Es lo que más conviene. Mi ejemplo puede no ser válido para ti. Dado que cada uno crea sus propios valores, los nuestros son mucho más fuertes y más seguidos por un Humanista que los que nos imponen las Personas de Control.

Por ejemplo, la noción de confesión y arrepentimiento con perdón clerical es inaceptable para muchos humanistas. La mayoría piensa que el objetivo de los que se confiesan es únicamente apaciguar a Dios. La mayoría de los Humanistas no pueden vivir de esa manera. Los Humanistas aceptan ser responsables de sí mismos como algo principalmente necesario para mantener su sistema de creencias. Para otros, la creencia de que la confesión les libera de la culpa puede ser esencial, ya que esa creencia les fue impuesta de niños y ahora la aceptan como una parte valiosa de sí mismos. Pero, si eres responsable de ti mismo, tienes que aceptar la responsabilidad de tus propios actos. No se te puede perdonar sin más y anular el impacto de tus actos. Tienes que aprender de tus propios errores.

La diferencia radica en el punto de referencia desde el que vemos nuestra tradición religiosa; y para alguien criado en un entorno autoritario su lente está nublada y no puede ver la ventaja de ser por fin libre. Sin embargo, atacar las tradiciones ajenas no es comportamiento humanista adecuado. Cuando examinamos las definiciones de nuestros símbolos, podemos hacer que tengan más sentido. Estas tradiciones religiosas no son más que símbolos que utilizamos para abordar preocupaciones humanas válidas. La necesidad de abordar la culpa es válida para todos. La confesión no es más que un método. Un católico la acepta fácilmente y añade valor a su vida. Un humanista se enorgullece de aceptar la responsabilidad por sí mismo. Ninguno de los dos está equivocado. Simplemente son formas diferentes de resolver el mismo problema.

Capítulo XIV
Mitos de la fe, el papel de la religión varía en nuestra cultura

He señalado que E. O. Wilson ha defendido con argumentos sólidos por qué la religión es el pegamento social del mundo occidental, y que este libro está escrito desde esa . Pero para ser justo con los académicos, antes de continuar, debo señalar que no todas las culturas están unidas por el mismo pegamento de la misma . Se trata más bien de una cuestión académica fuera del alcance de este libro. Pero para que se entienda,

China no tiene una dependencia similar de la religión que llene la seguridad y los bajos niveles sociales de su sociedad. Sí disponen de múltiples religiones. Por ejemplo, la mayoría de los humanistas podrían ser buenos budistas chinos. Sin embargo, la típica familia china utiliza su propia religión principalmente sólo para eventos especiales, pero no regularmente a lo largo del año. Algo así como esos cristianos que aparecen en Navidad y Pascua y se ven a sí mismos como "buenos cristianos", pero su "fe" religiosa no guía su comportamiento.

El pegamento social que prevalece en China es "guardar las apariencias" ante quienes confías, o ante quienes confían en ti. Perder la cara es un pecado cultural de la peor clase. Ese es el pegamento social del que depende su sistema jurídico. La American Bar Association me envió a China para estudiar su sistema jurídico. En aquella época sólo llevaban diez años formando abogados. Descubrí que el Presidente Tribunal Supremo chino era ingeniero de ferrocarriles. No sabía nada de derecho y no podía importarle menos. Hablaba en nombre del Partido Comunista. Los abogados en China suelen trabajar desde la perspectiva de que la imagen pública es su razón para provocar cambios.

El público acepta que guardar las apariencias ante quienes confían en él preserva la paz normal en un país que tiene cinco veces la población estadounidense, en un área dos tercios más grande que Estados Unidos.

Por supuesto, el miedo a una fuerza policial mayor que su ejército de dos millones de soldados también ayuda a mantener la paz.

No se ven muchos delitos porque los que son capturados, incluso en lo que consideraríamos delitos menores, puede que no vuelvan a saber de ellos. Te encarcelan o algo peor hasta que demuestres que eres inocente. Parece a ellos les funciona, aunque no resistiría nuestra Constitución, que afortunadamente protege tus derechos. Pero para aquellos de nosotros cuyo pegamento social es la religión, examinemos el cristianismo un poco más de cerca por ahora.

Fe cristiana

Una consideración importante para todos nosotros es el grado en que confiamos en la verdad, y en la realidad, como base para la aceptación de nuestras creencias últimas en la vida. Dónde trazamos la línea entre la verdad y la fe es una de las decisiones más importantes que podemos tomar por nosotros mismos. La fe es aceptable, y es una consideración importante en lo que encontramos lo que confiaremos, si se basa en lo que podemos verificar o deducir lógicamente de nuestras otras creencias. O reconocemos que estamos aceptando algo sólo temporalmente para satisfacer una necesidad inmediata. La razón es que no podemos saberlo todo. Tenemos que actuar por fe en aquellas áreas en las que no hemos dedicado el tiempo o la energía necesarios para haber estudiado e investigado los hechos que hay detrás de algunas , que estamos dispuestos a aceptar para poder vivir nuestra cotidiana. Sin algo de fe, no seríamos capaces de . Como ejemplo, he mencionado antes que tengo fe en que la semilla que planto crecerá, lo que se verifica cuando brota. La razón por la que esa fe es válida es porque se desprende lógicamente de mi experiencia previa.

La fe ciega es donde las personas limitan su capacidad de crecimiento personal porque es donde permiten que otros tomen el control de sus vidas. La fe ciega significa que sólo confías en el azar y en el deseo de que la persona en la que confías tenga razón. Para muchos que no

obtienen el resultado que , se engañan a sí mismos pensando que el resultado era el deseo de Dios, así que también es mi deseo". Ese es el tipo de pensamiento al que deberíamos haber renunciado en nuestra infancia. Sin embargo, la mayoría de la gente acepta su fe ciega debido a las Personas de Control que han permitido en sus ; normalmente antes de su edad de poder razonar por sí mismos, o debido a que sus padres o personas confianza se la han presentado. ¿Te parece que eso puede incluirte a ti? Como ese camino es familiar, se convierte en preferible para muchos, y nunca crecen más allá de ese punto. Limitan su propia capacidad de vivir plenamente su propia vida.

Abraham Maslow nos muestra por qué eso crea un grave problema si queremos sacar el máximo partido de nuestra propia vida. El pensamiento de fe ciega puede causar una barrera, en forma de escatoma, que sólo una educación significativa puede superar. Tu problema entonces es si buscas esa educación, o si aceptas una vida que limita tu capacidad de crecer. Uno de los objetivos de este libro es iniciarte en un camino de crecimiento que te proporcione la educación suficiente para que veas la diferencia que podría suponer para ti si te permites seguir creciendo para actualizar tu propia vida.

La religión es el ejemplo perfecto, porque desempeña un papel importante en la vida de la mayoría de la gente. Como diré muchas veces, para que te des cuenta de cómo puede limitar tu existencia, la religión lo llenando el nivel de seguridad y el bajo nivel social de las necesidades de la mayoría de la , como describe la Jerarquía de Necesidades de Maslow, al menos para aquellos que no han pasado el nivel de autoconciencia del ego. Muchos dependen de su religión como base de apoyo en sus esfuerzos más allá del nivel de seguridad. Esto se debe a que, para muchas personas, la religión confirma quiénes son. Así, la religión es actualmente un elemento necesario en nuestra sociedad.

No estoy cuestionando la religión en sí. Sólo cuestiono a quienes dejan de controlar sus propias vidas. La pregunta válida es si confiamos en nuestra religión por el bien actual que nos proporciona, o si participamos en ella por costumbre, o por miedo a las alternativas -o a la culpa por no obedecer- si nos la impone la Gente de Control. ¿Estás controlado por el miedo a las represalias sobre tu

¿muerte, de pasar la eternidad en el infierno, o miedo de no hacer lo que Dios espera de nosotros? Eso puede consumirlo todo.

Nadie quiere "arder en el infierno eternamente". Pensar lo contrario sería estúpido. Pero, ¿has pensado alguna vez que no hay absolutamente ninguna prueba de que ese lugar exista? Hay muchas pruebas de que esas son más bien un mero dispositivo de control para mantener el poder sobre ti. Dado que esas semillas se plantaron al principio de tu vida, antes de que pudieras pensar por ti mismo, y dado que fueron dadas, o al menos reafirmadas, por aquellos de quienes dependías totalmente, como tus padres, probablemente nunca hayas cuestionado su validez. La aceptación de esas creencias se convirtió en parte integrante de lo que eres hoy. Para aquellos que están siendo controlados, se han convertido en marionetas, y simplemente están viviendo la vida de una oveja. Mira a tu alrededor y responde: ¿a quién dejas que maneje tus hilos?

Los fundamentalistas, aquellos que toman la Biblia literalmente como su guía, se dejan guiar fácilmente, sin embargo, la mayoría tiene poco entendimiento de su Biblia, aunque la lean diligentemente. Están condicionados a aceptarla como la "palabra de Dios", por lo que nunca la consideran lógicamente. Exploremos ese tema con un poco más de profundidad para dejar claro mi punto.

La Biblia es el documento fundamental para gran parte de nuestra población occidental actual. Jesús era judío. No tenía intención de ser otra cosa. Fueron los que siguieron a Jesús los que lo convirtieron en el Cristo del cristianismo. Hubo muchas versiones de la vida de Jesús en los primeros tiempos del cristianismo tras su crucifixión, cada una de las cuales expresaba puntos de vista significativamente diferentes. Nuestra Biblia es la que sobrevivió al Concilio de Nicea de Constantino en el año 325 de nuestra era. Su aceptación fue el resultado del Control Popular más organizado. Eso resultó en la versión de los Católicos porque tenían una universalidad, de la que carecían otras creencias. La mayoría gobernaba el día. La palabra "católico" significa "universal" por lo que controlaban a un gran número de asistentes.

Pero veamos algunos de los hechos transmitidos en los cuatro primeros capítulos del Nuevo Testamento, llamados los "Evangelios", que expresan la vida de Jesús. Hay que tener en cuenta que se propusieron otros Evangelios que no el corte en el Concilio de Nicea. Pero para nuestro propósito, consideremos sólo estos cuatro puntos de vista diferentes y comparémoslos con nuestras creencias actuales. A continuación, echemos un vistazo a la realidad a modo de ejemplo, para hacernos una idea de cómo nuestros puntos de vista culturales pueden diferir de la verdad. Al ver un pequeño ejemplo, tal vez podamos darnos cuenta de cómo la mayoría de nuestras creencias tienen poca relación con la verdad. Puede que esas creencias te permitan vivir una buena , así que ¿por qué nos importa? Lo que realmente importa es que si te centras sólo en lo que está dentro de tu zona de confort, nunca sabrás lo que te estás perdiendo y que te ofrecería aún más oportunidades de sacar el máximo partido a tu vida. Permítenos ampliar un poco tus ideas.

La mayoría de la gente en América hoy en día se contenta con vivir en el nivel social, probando periódicamente el nivel de autoconciencia del ego de la Jerarquía de Necesidades de Maslow, para su propia validación, pero sin darse cuenta de que el nivel de una existencia plena por encima, que incluye el nivel actualizado, existe. Y lo que es más , una vez alcanzado ese nivel, podrían ir más allá y convertirse en Personas Plenamente Vivas para hacer realmente el bien en nuestro mundo actual, lo que daría lugar a su propia inmortalidad en una forma que sabemos que realmente existe.

Dejar nuestro mundo, un lugar mejor por haber estado aquí, da a tu vida un valor permanente real, no simplemente haber vivido una vida divertida en la que a muy pocos les importa realmente si has vivido o no cuando ya no estés. Intenta marcar una diferencia real y permanente en la vida de los demás, la mayoría de los cuales nunca te conocerán. Eso te dará una paz interior más allá de la imaginación de la mayoría de la gente hoy en día. Más adelante te daré un ejemplo de mi nieto. Una decisión que tomó cuando era estudiante de primer año en la universidad resultó en un bien permanente para más de 30.000 personas que viven en una tierra lejana de Uganda que no le recuerdan y nunca sabrán su nombre, pero muchas personas están vivas hoy gracias a su decisión. Así que ahora tiene una forma de inmortalidad que sabemos que es real. Ponga eso en el fondo de su mente como una meta para usted también. Veamos cómo conseguirlo. Siga leyendo.

En primer lugar, exploremos con un poco más de profundidad que hasta ahora la fe del cristianismo. Para que el significado de la vida de

Jesús sobreviviera, tenía que ser algo más que un mero profeta; había muchos otros con esa pretensión. La historia de su resurrección convirtió la vida de Jesús en

Cristo. La verdadera pregunta es la siguiente: ¿sucedió realmente su resurrección? Nosotros no estuvimos allí, y realmente hay pocas pruebas a tener en cuenta. ¿Podría ser sólo una creencia de fe ciega?

La razón por la que pregunto esto es debido a una preocupación válida de cómo la creencia de que Jesús resucitó puede superar el hecho de que desde el 250 a.C. hasta el 67 d.C. los esenios, que vivían en Qumrán a sólo 12 millas aéreas de Jerusalén, no tomaron nota de ese acontecimiento. Los esenios estuvieron buscando diariamente durante más de 300 años la venida de un Mesías. Creían que la venida de un Mesías era necesaria como precursora del "Fin de los Días", cuando todos los judíos ascenderían a la vez al Cielo. Todos esperaban que fuera la próxima semana. Sin embargo, no reconocían a Jesús como Mesías. ¿Por qué? Aún más importante, no registraron su resurrección. Ese es un evento que uno pensaría que podría haber sido notado por alguien. Si es verdad, tendría que haber sido notado para que supiéramos de él. Si no, ¿cómo podríamos saberlo hoy? Cualquiera que lo haya visto se lo contaría a todo el mundo. Es difícil creer que a sólo 12 millas de distancia nadie haya oído hablar de . Si lo hubieran hecho habrían escrito sobre ello. Buscaban desesperadamente cada día un Mesías.

Los esenios esperaban que se produjera un acontecimiento importante y escribieron a diario en sus pergaminos durante toda la vida de Jesús. Sus pergaminos se conservaron en cuevas entre los años 67 y 69 de nuestra era y no se encontraron hasta 1947, por lo que la historia no los ha tocado. Sin embargo, ¿se perdieron de reportar un evento tan importante como alguien resucitando de entre muertos? Dado que nunca antes había sucedido, habría sido difícil ignorarlo. ¿Tiene esto algún sentido? ¿O fue la historia de la resurrección simplemente un medio de personas bien intencionadas que escribieron, 40 años después de la muerte de Jesús, en su esfuerzo por hacer que su vida fuera notada por la comunidad judía, porque querían que Jesús cumpliera las profecías del Antiguo Testamento para que su vida fuera tan importante para los judíos como lo fue para el escritor. Por supuesto, el que San Pablo lo hiciera "hijo de Dios" también añade mucho para darle credibilidad. Nadie debería cuestionar a Dios.

Pero, ¿son sólo un medio de mercadear con Jesús por parte de seguidores que deseaban desesperadamente su aceptación por parte de la población judía en general? Es más que altamente dudoso que una resurrección siquiera haya ocurrido.

Hay bastantes pruebas de que fue San Pablo quien creó el Cristo inmortalizando la vida de Jesús. Había sido recaudador de impuestos, una vida no muy excitante. Predicar sobre la vida de le dio una vida en la que los demás apoyaban sus necesidades. Decirles a los judíos que si creían en , no tenían que esperar al fin de los días para llegar al cielo. Aceptar a Jesús les daba un boleto de acceso inmediato. Era una buena herramienta de marketing. No es de extrañar por qué otros estaban dispuestos a albergarlo, alimentarlo y vestirlo.

Otra cuestión que debemos considerar es cómo obtuvieron los cronistas del Nuevo Testamento la información sobre la que escribieron. Y también está la cuestión de por qué tenemos dos divisiones de la Biblia en primer . ¿No podrían haber dejado el Antiguo Testamento a la fe judía, y el cristianismo simplemente haber creado su propio libro? O, ¿quizás los que escribieron sobre Jesús podrían simplemente haber escrito como un nuevo capítulo para el Antiguo Testamento? ¿O el Nuevo Testamento sucedió porque atar su Nuevo Testamento al Antiguo Testamento es una prueba significativa de que Jesús sólo intentaba ser judío, y que su vida estaba destinada a transmitir un nuevo mensaje? La mayoría de los eruditos estarían de acuerdo en que escribir sobre Jesús en un Nuevo Testamento añadía credibilidad al conectarlo con el Antiguo Testamento, como la histórica Biblia judía. Debía hacer que Jesús fuera relevante para los judíos. En cambio, lanzó una nueva fe. El obispo Spong va un paso más allá. Señala que los principales acontecimientos de la vida de Jesús en el Nuevo Testamento coinciden exactamente con los principales acontecimientos del Antiguo Testamento.

Tenga en que no se escribió nada hasta 40 años después de la muerte de Jesús. Por lo tanto, los que escribieron los capítulos del Nuevo Testamento no podían haber conocido personalmente a Jesús. Sólo podían informar de lo que otros les habían transmitido. ¿Has probado alguna vez el juego de sentarte en un círculo de más de una docena de personas, y empezar un mensaje complejo en un extremo, que cada uno cuente la historia que acaba de escuchar a la siguiente persona, y luego ver suena la historia final? Si la historia tiene más de tres frases, no la reconocerás cuando llegue a la última persona. Es cierto que esos escritos tomaron los nombres de cuatro primeros Evangelios de quienes sí conocieron a Jesús, pero si esos cuatro discípulos realmente escribieron esos Capítulos, ¿por qué tan significativamente

¿difieren? Para quienes responden a esa pregunta afirmando que Dios inspiró esos capítulos, cabría pensar que al menos Dios habría sido coherente.

Veamos algunos de esos ejemplos para hacer mi punto. Mateo dice que Jesús era un aristócrata, descendiente de David, en el linaje para convertirse en Rey. Tal vez eso fue guiado por la creencia judía de que habría dos Mesías: un Mesías real, y un Mesías sacerdotal. Algunos dicen que la historia de Jesús echando a los cambistas del templo era para probar que Jesús era ambas cosas. Era del linaje de David, y tenía un poder igual al de los sacerdotes. Es una idea interesante, ¿verdad? Lucas coincide en parte con Mateo, pero ese Evangelio reduce a Jesús a una clase inferior.

Marcos va más allá y muestra a Jesús como descendiente de un carpintero pobre. Si visitas Nazaret hoy, puedes ver cuevas excavadas en el suelo donde vivía gente que, según los arqueólogos, era como vivía toda la gente en esa comunidad hace 2.000 años. Probablemente sea así. Si miras a tu alrededor mientras estás en Nazaret hoy, ves muy pocos árboles en la zona con los que se pudieran construir viviendas de madera. Sin madera es difícil ser carpintero. ¿Quizás José era un herrero de piedra? Sin embargo, Mateo sugiere que Jesús vivió en una casa. Si se visita Cafarnaún, de donde procedía Pedro, es fácil ver que Pedro probablemente vivió en la casa de bloques de piedra que hoy están reconstruyendo sobre sus antiguos cimientos.

Si usted visita Israel hoy, dígame cómo cree que alguien va a ser capaz de llevar a cualquier mujer a punto de dar a luz a un bebé las 120 millas de Nazaret a la actual Belén antes de que existiera un transporte más moderno. No podría suceder como se describe. La Belén actual está a seis millas al sur de Jerusalén. Nazaret está a más de 100 millas al norte. Aunque se tuviera un burro para que María lo montara, no se podría hacer el viaje en diez días. Un viaje tan accidentado podría haber provocado fácilmente un parto en ruta. Tal vez hubiera un Belén de entonces a menos de un día de camino, ya que muchas de las pequeñas comunidades antiguas de esa zona ya no existen hoy en día.

Pero aunque el nacimiento de Jesús tan lejos no tiene sentido, y el intento de justificarlo diciendo que había que pagar un impuesto en el comunidad de su antepasado, carece de toda credibilidad. Esa excusa tuvo que ser escrita por algún celoso que intentaba justificar su mensaje.

Sin embargo, la experiencia de visitar el Belén actual es muy interesante. El lugar que hoy afirman donde nació Jesús es una cueva. Sin duda existía hace 2.000 años. Difícilmente se corresponde con la imagen que tenemos de un establo de madera. He estado dos veces en la cueva. Está debajo de una iglesia ortodoxa griega construida por los cruzados. Una iglesia católica más reciente está situada perpendicularmente a la ortodoxa griega, con un pasillo de conexión, pero a más de 30 metros de la . La cueva mide posiblemente de seis a siete metros de largo, de ocho a diez metros de alto y unos cuatro metros de ancho. Me interesó que la primera vez que visité la cueva había una estrella en el suelo, donde decían que estaba el pesebre, en un pozo a la izquierda de la entrada trasera de la cueva. Veinticinco años más tarde, la estrella estaba a la derecha de la entrada. Alguien debió de explicar a los sacerdotes ortodoxos para qué servía un foso en un establo.

La cuestión es que no tenían un establo de madera donde hoy afirman que nació Jesús. La madera era escasa. Sólo tenían cipreses enjutos u . Nadie cortaría un olivo por la madera; las aceitunas eran mucho más valiosas. Había que talar todos los cipreses que se veían en el horizonte para poder construir una casa. Me inclino a creer que nuestras creencias religiosas actuales tienen poco que ver con los hechos. Me río entre dientes cuando veo un establo de madera en Navidad.

Muchas de nuestras tradiciones culturales tienen poco que ver con la realidad. Las adoptamos por razones emocionales que pueden no tener ninguna relación con la verdad o la realidad.

Aparte de gente como los esenios de Qumrán, que escribían a diario, la mayoría de la gente de aquella época no sabía leer ni escribir, por lo que la preservación de la vida real de Jesús por escrito, por gente que lo conoció, no tuvo lugar. En aquella época nadie que conociera a Jesús se molestó en escribir su historia, porque o bien no sabían escribir, o bien no lo consideraban necesario porque "sabían" que el "fin de los días", cuando todos irían cielo, estaba a la vuelta de la esquina. Entonces, ¿qué razón había para que lo escribieran? Su pensamiento era un poco primitivo.

Pasaron cerca de cuarenta años tras la muerte de Jesús antes de que se escribiera el primer Evangelio de Marcos. Los Evangelios de Mateo y Lucas se escribieron hacia el año 80 de la era cristiana, diez años después. El Evangelio de Juan se escribió veinte años . Siendo el último Evangelio, difería dramáticamente de los otros. ¿Cuál era el correcto? o ¿es alguno de los Evangelios el correcto? Los primeros creyentes estaban haciendo todo lo posible para que Jesús fuera relevante para un público judío. Estaban escritos en griego. Las pocas autoridades que existían, por no decir ninguna, estaban escritas en arameo. El Antiguo Testamento estaba escrito en hebreo.

Más tarde, discutiremos el trabajo del sacerdote episcopal, John Shelby Spong, recientemente retirado como obispo de Newark, quien nos dice que todo el punto de los escritores del Nuevo Testamento era hacer a Jesús relevante para los judíos. Probablemente sea así. Es posterior a los que escribieron los Evangelios que los que siguieron a Jesús trazaron una línea en la arena creando una religión separada. Muchos piensan que San Pablo creó al Cristo declarando que Jesús era el "Hijo de Dios". Él nunca conoció a Jesús.

Tomémonos un momento para profundizar un poco más en lo que dicen realmente los Evangelios, antes de limitarnos a como "palabra de Dios", o como la verdad sobre una época de nuestra historia religiosa que apoya nuestra propia fe hoy. Necesitamos saber de qué estamos hablando antes de utilizar los Evangelios como razón para rechazar cualquier otra visión de la vida. Cuando se leen los cuatro juntos, en lo único que coinciden es en que existió un hombre al que llamaron Jesús.

Reconocimos que había una buena razón para crear un Nuevo Testamento y colocarlo con el Antiguo Testamento, porque proporcionaba a los de fc cristiana su mejor medio para elevar a Jesús y mostrar que cumplía las profecías del Antiguo Testamento. Necesitaban hacer eso para mostrar a Jesús como el Mesías que la Biblia judía predijo. Los cristianos podrian haber usado otros medios para separarse de la conquista, o de su pasado judio, pero no era su objetivo, crear el Nuevo Testamento cimentaba su mensaje. Para añadir glaseado al pastel, su resurrección convirtió a Jesús en el Cristo. Solo piensa en el poder sobre tu vida que la nocion de una vida despues de la muerte le da a los sacerdotes.

Tenga en cuenta que hasta el desarrollo de la imprenta en 1400, los sacerdotes estaban entre los pocos que podían leer, escribir o incluso tener acceso a la Biblia. Los Evangelios fueron escritos para la elite. La religión era la cúspide del gobierno. El poder de Dios, presentado a través de los sacerdotes, ungía a los Reyes. El poder para gobernar venía de Dios y los Sacerdotes eran los representantes de Dios. Ellos tenían el , y eran principalmente los únicos que podían leer lo que Dios decía. Así que, hasta el Renacimiento, las masas no tenían otra pretensión competidora de la verdad que lo que dictaba la Iglesia. Exploremos lo que Dios dijo con un poco más de profundidad.

Mateo, hablando de Jesús nos dice: "Su sangre sea sobre nosotros y sobre nuestros hijos". Esa afirmación bíblica es lo que ha justificado a los cristianos su matanza de judíos durante dos mil años. ¿Quería Dios realmente que mataran a "su pueblo"? Una vez que el mensaje de Mateo fue publicado, los sacerdotes tuvieron un mensaje perfecto para los judios, y se extendio rapidamente a traves de la civilizacion romana. Ha dominado el mundo occidental desde hace dos mil años. Añade a eso la protección cultural de que es un tabú, e incluso ahora sigue siendo socialmente inaceptable cuestionar la religión de alguien, y tienes la existencia perpetua.

Si la Iglesia tuviera que , utilizando cualquier medio para medir la verdad en términos de realidad, ¿podría sobrevivir? No lo sé. Lo que sí sé, sin embargo, es que desempeña un papel importante y necesario para un segmento de la sociedad, al cubrir la seguridad y el bajo nivel de necesidad social de la mayoría de los estadounidenses de hoy. Según E. O. , es nuestro "pegamento social". 1 No veo ningún beneficio público en atacar a la religión en sí misma. Sí veo beneficio en ayudar a la gente a reconocer mejor cuándo están siendo controlados, de modo que puedan juzgar por sí mismos cuándo es aceptable ser controlado y cuándo necesitan mantener el control de sus propias vidas. Creo que eso es esencial para que puedan realizar su propia existencia. No puedes realizar tu propia vida si estás bloqueado por el miedo, la culpa o los mecanismos de control arraigados en ti en los niveles de seguridad y social antes de tu edad de la razón, que luego bloquean tu visión de la realidad. Hasta que no construyas un puente alrededor de tu escatoma nunca serás capaz de elevarte significativamente por encima del nivel social de vivir tu .

Estás bloqueado en tu nivel actual por "creencias de fe ciega" que dominan, bloqueando cualquier visión más allá.

Al leer los Evangelios se podría pensar, desde su perspectiva, que los escritores conocían personalmente a Jesús. ¿Se te ha ocurrido alguna vez, cuando lees en Mateo o Lucas sobre la tentación de Cristo en el desierto, que Jesús estaba solo en el desierto, y en ninguna parte se le cita diciendo nada respecto? Entonces, ¿de dónde sacaron la información los escritores de los Evangelios? Como otro ejemplo, los escritores de los Evangelios citan la oración de Jesús en Getsemaní justo después de decir que dejó a Pedro, Santiago y Juan "a tiro de piedra". Si estaba solo, ¿cómo sabe el escritor lo que dijo? Murió antes de poder hablarlo con nadie. Cuando Jesús volvió de orar, encontró a los discípulos dormidos y fue arrestado y luego crucificado sin que hablara con nadie. Sin embargo, se nos dan todos los detalles. ¿Cómo es ? Podrías decir que es la palabra de Dios, pero entonces 1 pregunta de nuevo, ¿qué Evangelio escribió Dios, ya que todos difieren?

Los Evangelios nos hablan de la huida de los discípulos tras su detención. Pero los cuatro Evangelios dan una versión diferente de lo que había ocurrido. ¿Cómo sabe realmente ningún escritor de los Evangelios lo que ocurrió? ¿Quién se lo contó? Sin embargo, hablan de lo que hicieron o dijeron los soldados romanos, Pilato y Simón Pedro. ¿De dónde sacaron esa información? Como dije antes, el nacimiento de Jesús es confuso. Incluso si nos remontamos a la juventud de Jesús, los Evangelios no se ponen de acuerdo. Sin embargo, tenemos una versión singular y coherente que la mayoría de los cristianos de hoy aceptan como tradición cultural. Visitar Israel pone en tela de juicio muchas de nuestras creencias más profundas.

Antes hemos del lugar de nacimiento de Jesús. Ahora veamos el Calvario. En América tenemos la noción de que el calvario es una colina cubierta de hierba, y que Jesús cargó la cruz. Ninguna de las dos cosas es verdad. Cuando estás en Jerusalén y miras a tu alrededor, no hay colinas cubiertas de hierba. Estás al borde de un desierto. Lo que sí es cierto es que hay una roca de unos 15 pies de altura con una cima relativamente plana unos 50 pies de ancho, que en el momento de su crucifixión estaba justo fuera de la muralla de Jerusalén. Hoy en día, la roca se encuentra bajo una iglesia ortodoxa griega y la muralla de la antigua ciudad rodea esa zona. Esta roca tiene tres agujeros de poste en

arriba. He metido la mano en estos agujeros de poste. Los sacerdotes de esa iglesia te dirán que la roca se llama "Gólgota", que significa "Calavera", describiendo su forma. No usan el término "Calvario". Jesús no cargó la cruz porque los postes eran permanentes. Jesús cargó el travesaño porque así lo colocaron encima del poste permanente. Jesús murió en una "T", no en una cruz.

La razón por la que los romanos hacían sus crucifixiones en Jerusalén en la cima de esa roca es porque sólo se necesitaba un soldado para proteger a los crucificados de ser liberados por alguien, porque cualquiera que intentara rescatarlos sería alanceado por el soldado antes de que pudiera llegar a la cima. Además, no era kosher matar a alguien dentro de las murallas de la ciudad. La roca estaba junto a la , pero fuera ella. Sin embargo, estaba lo suficientemente cerca como para que los que estaban dentro de la muralla pudieran ver a la persona crucificada. Eso añadía valor porque ver a alguien siendo crucificado controlaba su comportamiento. Tiene mucho sentido cuando lo ves.

Lo que no tiene sentido es la Tumba bajo el Gólgota que los sacerdotes quieren que pagues por ver. tumba que exhiben con orgullo sólo albergaría un . Nadie daría un mausoleo caro que sólo alberga un cuerpo a alguien que no conoce personalmente. Ni siquiera la gran piedra redonda que yacía cerca tenía relación posible con esa tumba. No tenía ningún sentido cuando la veías, pero la gente se postraba sobre una losa de mármol cercana porque les habían dicho que era allí donde preparaban el cuerpo de Jesús. Hablando de una trampa para turistas. El público es bastante crédulo en casi cualquier tema.

La primera vez que estuve allí, después de cuestionar la veracidad de lo que decían los sacerdotes ortodoxos, nuestra guía dijo que estaba de acuerdo. Entonces nos hizo bajar varios tramos de escaleras hasta una zona del subsótano donde había una cueva excavada en la pared, que tenía una docena o más de nichos tallados en la pared interior. La práctica judía de época consistía en crear este tipo de cuevas en la roca, colocar el cuerpo en uno de los y sellarlo con barro durante un año, para luego abrirlo y sacar los huesos cuando el cuerpo se descomponía. Los huesos se colocaban , y la familia propietaria de la cueva podía utilizar el mismo nicho para enterrar

la siguiente persona. Eso tenía mucho más sentido para la forma en que Jesús fue enterrado, y el lugar que visitamos bien podría haber sido su tumba real. Cuando vayas allí, pide ver el lugar de la tumba. La historia te resultará mucho más creíble.

El verdadero objetivo de este capítulo es que te des cuenta de que las historias que te han contado desde tu más tierna infancia no son más que historias. Su verdad es irrelevante. Son símbolos que normalmente se te han dado antes de la edad de la razón y que te proporcionan una "fe" abstracta en la que confiar. La razón por la que participas en tu grupo de fe, iglesia, sinagoga, templo o mezquita, es esencialmente para satisfacer tus necesidades de seguridad y de baja socialización. Lo hacen dándote un sentimiento de pertenencia y satisfacen tu nivel social más bajo proporcionándote un grupo de apoyo que consideras aceptable. Establece para ti quién eres.

El mito central no es lo importante para ti. Lo importante para ti es la sociedad religiosa en la que participas. Es la sociedad cultural, no el mito, la que regula tu comportamiento. El mito sólo te proporciona el sistema de valores que utilizas colectivamente para poder vivir una vida civilizada en la sociedad actual.

Perteneces a un pequeño grupo que te conoce. Así que te comportas como se espera que te comportes. Funciona de forma muy parecida al sentimiento de identificación que obtienes de tu experiencia en el instituto. Animas a tu equipo porque "sabes que son los mejores". O, al menos, desearías que lo fueran. Pero perteneces a ese grupo, y la pertenencia regula tu comportamiento. La principal diferencia es que, para la mayoría de la gente, la identificación religiosa dura toda la vida. La verdad es irrelevante para esos sentimientos de . El hecho de que su mito religioso pueda no ser cierto no importa realmente. Como discutiremos con más detalle más adelante, pertenecer a esa sociedad más pequeña es tu pegamento social que mantiene unida a nuestra sociedad en el mundo occidental todavía hoy.

El objetivo de este capítulo debería haberte dejado claro que es importante dónde trazas la línea en la arena de la aceptación de lo que estás dispuesto a creer por fe ciega. Elevar la fe ciega al nivel de convertirse en la única base de la verdad que guía tu vida puede ser

culturalmente aceptable, porque todo el mundo lo hace también. Pero puede, si no se corrige antes de que se convierta en un escatoma, impedirte seguir creciendo.

Cuando empieces a creer que algo es verdad porque quieres que lo sea, o porque alguien en quien confías te dijo que era verdad, párate a pensar. Podrías estar creando una barrera para tu crecimiento futuro. El mejor camino para crecer es reconocer que tu aceptación de cualquier creencia es sólo provisional. Si la creencia es importante para ti, hay ponerla a prueba continuamente. El mejor camino es permanecer escéptico ante las nuevas ideas.

— o de otras personas que te dicen lo que debes creer

— sin procesar esa información basándote en lo que previamente te has demostrado a ti mismo que es cierto. Incluso entonces, comprueba la validez con todos los hechos disponibles. Entonces, si todavía es algo que deseas aceptar, mantén la mente abierta para que la información adicional que adquieras en el futuro pueda modificar tu creencia. Recuerde siempre que no hay hechos absolutos más allá del hecho de que algún día usted también morirá. Mientras tanto, tu objetivo debe ser crecer continuamente y sacar el máximo provecho de esta vida. Es la única que sabemos con certeza que realmente existe.

A medida que se es capaz de vivir principalmente en los niveles superiores de la jerarquía de Maslow, se puede crecer más allá de la necesidad de participar en la religión organizada porque se pasa poco tiempo en el nivel de seguridad o social. Por lo general, esto les ocurre a quienes pueden vivir por encima del nivel del ego. Pero la mayor parte de nuestra sociedad nunca llegará ahí. Según Maslow, en su , menos del seis por ciento de la sociedad estadounidense ha actualizado alguna vez su propia vida. Menos aún viven por encima de su Experiencia Máxima. Me sorprendería que superaran el uno por ciento. Tal vez, una cultura más avanzada en futuro ya no necesite ese pegamento social. Pero hoy estamos muy lejos de eso. Nuestra sociedad sigue siendo bastante primitiva.

Capítulo XV
¿Qué ocurre después?

Dado que los humanistas no creen que el valor de la vida se cree por la consecución de la existencia de un alma inmortal, que con toda probabilidad no existe, consideran que cada uno debe vivir su propia vida plenamente en el presente. Los humanistas creen que todos deberíamos aprovechar al máximo cada día mientras vivimos en la Tierra, y desde luego no sacrificar esta vida por un billete a una vida después de la muerte que puede no existir. Si hay una vida después de la muerte, vivir una vida adecuada debería dar derecho a todos a cualquier recompensa que esté disponible en ese momento. Los controladores no tienen ningún derecho válido a condicionar nuestro comportamiento con amenazas de condenación, ni a afirmar que sólo ellos tienen el billete para nuestra inmortalidad. Incluso si deseamos creer en una vida después de la muerte y buscamos nuestro billete, no debemos perder la oportunidad de vivir esta vida lo mejor que podamos.

Puede que haya una vida después de la muerte, pero como no tenemos pruebas válidas de que exista, los humanistas simplemente ignoran esa creencia y sienten un gran alivio al no tener que considerar esa posibilidad. Eso hace que esta vida tenga mucho más sentido para ellos. La ciencia nos muestra que la noción de la separación del cuerpo y el alma no está bien fundada. Si creemos en una vida después de la muerte, sólo tenemos una esperanza basada en la "fe ciega". Por lo tanto, ¿por qué querríamos sacrificar nuestras vidas en la Tierra con la única esperanza de que exista una vida en el más allá, especialmente si ello requiere que se nos niegue la oportunidad de vivir nuestra propia vida al máximo aquí y ahora? Limitar nuestra capacidad de vivir esta , condicionada sólo por la Gente de Control, sin otra evidencia de apoyo que su afirmación de autoridad, nos deja sin otra forma de validar su afirmación que aceptar su autoridad por "fe ciega."

Eso no tiene ningún sentido lógico, aunque sea algo que todos queramos creer. Descubrimos que nuestras vidas son más ricas, y mucho más valiosas, cuando creemos que no existe vida después de nuestra muerte.

La creencia en una vida después de la muerte se produce a menudo debido a un condicionamiento que tiene lugar antes de nuestra edad de la , creando un intenso deseo de pertenecer a una comunidad de fe específica, y adoptando las condiciones prescritas para ser aceptado dentro de esa comunidad de fe que, en última instancia, se convierten en nuestra creencia de fe. Ocurre por razones emocionales. Los hechos y la verdad tendrán poca influencia en las creencias religiosas de la mayoría de la gente.

Por ejemplo, querer convertirse en terrorista suicida no tiene ningún sentido lógico, excepto para el terrorista. Para un humanista, esa persona está enferma. Engañar a una persona así, haciéndole actuar en contra de su propio interés de vivir la vida en la Tierra al máximo posible, con una promesa de "vírgenes vestales en el cielo", es ridículo y un fraude al creyente individual, especialmente si no hay cielo en el más allá. Incluso si hay vida en el más allá, ¿por qué un Dios digno de tu aceptación exigiría tan irrazonablemente matar a sus propias creaciones? Tal pensamiento solo puede ser creado por una Persona de Control. Si el resultado de tal comportamiento es válido, ¿por qué no son las Personas de Control las que lo hacen?

Esforzarse por maximizar nuestra limitada oportunidad de vivir en la Tierra puede causar importantes conflictos internos. Hay personas en posición de control que reclaman autoridad y que utilizan dispositivos de control muy poderosos, como insistir en que el cielo está restringido sólo a aquellos que "creen" en su fe particular. Esta idea no sólo es absurda, sino que, además, ¿por qué querría alguien asociarse con un Dios que impone unas exigencias tan poco razonables, sobre todo cuando el resultado es que se niega la vida eterna a la mayoría de las personas del mundo que, por lo demás, viven una vida de calidad en la Tierra? Tal creencia afecta seriamente a quienes sienten que ahora deben gastar su limitado tiempo y recursos en la Tierra en busca de un billete para el que cada creencia religiosa afirma ser la única fuente. Aunque apenas tenga sentido, si esa noción se convierte en un escatoma en la infancia, las personas inteligentes tendrán miedo de seguir cualquier otro camino.

El requisito de que hay que "tener fe" es lo que da poder a muchas personas religiosas de Control. Como discutimos anteriormente, tal

La exigencia de fe por parte de una Persona de Control es "ciega" porque no hay pruebas que validen la mayoría de sus afirmaciones, especialmente cuando afirman poseer el único billete al cielo. La mayoría de los humanistas lo consideran inaceptable,

Algunas Personas de Control todavía hoy utilizan el miedo y la culpa como herramientas principales. No importa si son tus padres, el maestro de escuela, el policía, el bombero, el clero, tu médico o cualquier otra persona que siente que debe controlar la situación actual, lo que significa que tiene la necesidad de . Una prueba para saber cómo debes responder es preguntarte: "¿Cuál es su motivo?". Si llegas a la conclusión de que su motivo puede ser válido, quizá debas escuchar.

La mayoría de los humanistas aceptan que los que creen en una vida en el más allá tienen todo el derecho a su propia noción de la verdad, excepto aquellos que insisten en que se convierte en su deber religioso asegurarse de que los demás siguen su misma prescripción para obtener su billete. Entonces se vuelve ofensivo, de hecho, este pensamiento causa guerras.

Nuestra sociedad sigue viviendo en los niveles inferiores de la jerarquía de Maslow; y seguimos teniendo cruzados incluso hoy en día. Algunas religiones incluso afirman que es aceptable para Dios matar a quienes no aceptan su creencia particular. ¿Por qué exigiría Dios algo tan poco razonable? La ignorancia abunda en nuestras sociedades. La cuestión es que aunque muchos aspectos de nuestra vida pueden ser amenazadores, incluso para nuestra propia existencia, la religión ha sido desgraciadamente una de las principales fuentes de tal amenaza y lo ha sido desde que la organización cultural de la civilización humana creó la religión como nuestro "pegamento social".

Las civilizaciones antiguas solían hacer sacrificios humanos. Incluso en el siglo XIV, los mayas de México y América Central ofrecían sacrificios humanos a sus dioses para mantener a salvo a los supervivientes. En

1917, los indios cuna de las islas San Blas, frente a Panamá, mataban a los hombres blancos que permanecían en sus islas al anochecer. La vida humana no era sagrada ni siquiera para su sociedad cuando se sentían amenazados.

Algunas culturas siguen haciéndolo hoy en día en nombre de su propio dios, pero de más organizada y menos personal. Nosotros lo hacemos hoy en

forma de guerras. Muchas guerras siguen estando motivadas por conflictos religiosos, incluso hoy en día. En muchos aspectos, nuestra existencia en la Tierra como seres humanos sigue siendo bastante primitiva. La ciencia ha avanzado mucho más allá de donde nuestra civilización puede eficazmente. Por lo tanto, actualmente corremos el riesgo de nuestra propia aniquilación. Y nuestras vidas corren el riesgo de una aniquilación nuclear de toda la vida humana en la Tierra que podría ser provocada por la religión. Nos habremos disparado en la cabeza a causa de nuestras propias creencias primitivas.

El efecto de nuestra propia afiliación religiosa

Nuestra propia respuesta a cualquier religión con la que nos identifiquemos se convierte en algo básico para el sistema de valores de nuestra vida. Nuestras creencias tienen un efecto significativo en nuestro comportamiento y en la calidad de nuestra vida. Así, un miembro educado de la fe islámica puede ser capaz de su propia autodestrucción sin cuestionarse siquiera lo que significa para sí . Se espera de ellos ese comportamiento, y su pertenencia es una necesidad de nivel de seguridad inferior y mucho más fuerte que sus necesidades de nivel de ego. En ese nivel pueden actuar, pero no necesariamente tienen que pensar por sí mismos cuando el pensamiento de grupo se apodera de su vida. Así, hoy tenemos terroristas suicidas inteligentes.

Muchas personas experimentan traumas al luchar por salir de las limitaciones culturales de su primera infancia, adquiridas antes de la edad de la razón. Muchos experimentan culpa, miedo o alejamiento de la sociedad por desafiar sus propias tradiciones religiosas. Pueden experimentarlo especialmente por parte de sus propios padres -incluso cuando éstos ya han fallecido-, sobre todo cuando cuestionan las creencias que les inculcaron antes de la edad en la que pueden razonar por sí mismos. La lógica y los niveles superiores de pensamiento no prevalecen sobre las creencias emocionales.

Dado que el primer deber de cualquier persona o institución viva es preservarse a sí misma, las religiones ponen muchas barreras culturales al crecimiento para evitar que sus propios fieles se escapen. Los cristianos y los judíos, incluso hoy en día, pueden utilizar etiquetas negativas para las personas que tienen creencias diferentes. Al fin y al cabo,

¿Quién quiere que le llamen "pagano, "hereje" o "pecador"? En la escuela primaria se aprende que llamar a otra persona por un mal nombre obtiene resultados.

Aunque la mayoría de los Humanistas se consideran libres de tales barreras religiosas culturales, cada uno tendrá todavía algunas. La vida no es sencilla. En última instancia, por difícil que haya sido liberarse de las limitaciones de nuestras tradiciones culturales, la mayoría de los Humanistas descubren que centrarse exclusivamente en esta vida -en lugar de preocuparse por buscar una vida después de la muerte- es mucho más estimulante y más que suficiente. El mero hecho de mirar más allá de nuestras creencias religiosas de la infancia, viviendo sólo en el presente, evita el sentimiento de culpa que de otro modo podríamos experimentar al negar las creencias de nuestros padres que nos enseñaron inicialmente. Sólo miramos hacia el futuro. Pensemos por un momento por qué tenemos hijos. Puede que sea porque son el mejor medio para ampliar el sentido de nuestras propias vidas. Puede que sean el mejor medio, aunque ciertamente no el único, para obtener nuestra propia inmortalidad.

La medida de nuestra propia vida

Para la mayoría de los humanistas, nuestra razón de existir se mide sólo por cómo vivimos esta vida hoy. Incluso si hay algo más allá de esta vida, nuestro efecto en las personas que nos siguen debería ser nuestro propio medio de medir la calidad de nuestra propia vida. **La inmortalidad,** aceptada por la mayoría de los Humanistas, **es la diferencia que hemos marcado en este mundo por haber estado aquí.** Debido a la calidad de la vida que hemos vivido, deberíamos tener más que el mismo derecho a cualquier recompensa que pueda seguir a esta vida, si es que existe. La mayoría de los Humanistas se conforman con saber que su buen trabajo en la tierra, y su efecto en la gente que les sobrevive, es una forma suficiente de su propia inmortalidad. No hace falta nada más para que la vida de un Humanista tenga valor. Especialmente si, gracias a lo que han creado, mejorado o cambiado, han mejorado la calidad de vida de personas que ni siquiera habían nacido antes de su muerte.

Reconocer que podemos ser engañados por el funcionamiento de nuestra mente es importante para comprender mejor cómo nuestras oportunidades de

experiencia de la vida puede verse seriamente limitada. Cada uno se orienta en la vida en función de sus propias percepciones. Nuestras experiencias condicionan la forma de recibir nueva información. En psicología, orientación condicionada (nuestra propia actitud o expectativa ante la recepción de nuevos estímulos) se denomina "conjunto preparatorio". Un conjunto preparatorio establece el marco de cómo la nueva información. Los mismos estímulos pueden ser totalmente aceptados por una persona y totalmente rechazados por otra, dependiendo de su propia orientación preexistente.

Escatomas

Ahora que se da cuenta de su gravedad, merece la pena que se tome este tiempo para pensar qué significa realmente un escatoma para usted, basándose en lo que ya ha aprendido. Así pues, hablemos con más detalle de los escatomas una vez más. Es importante que te dirijas a tus propios escatomas si quieres crecer alrededor de tus propias barreras, porque una vez que un estímulo, noción o posición es aceptada excluyendo todas las demás, entonces nos volvemos fijos en nuestra propia creencia. Los escatomas bloquean nuestro crecimiento. Entonces sentimos que esa es la única creencia aceptable porque ese es el medio que utiliza un escatoma para . Recuerda que cuando una noción se valora hasta la exclusión de toda otra información, y se convierte en un "escatoma", actúan de forma similar a un bloqueador de spam informático. Porque bloquean cualquier información contraria a nuestra creencia actual, ya sea beneficiosa o perjudicial, para que ni siquiera veas. Los escatomas son el punto en el que cesa nuestra capacidad de aceptar cualquier noción contraria, nuestra mente se cierra y es inútil seguir dialogando. A partir de entonces, estamos condicionados a ser ciegos a la realidad sobre ese tema en particular, literalmente para el resto de nuestras vidas. Nuestros propios escatomas se convierten en nuestra propia realidad, independientemente de si esa creencia es correcta o incorrecta.

No todos los escatomas son malos. El que rodea a la persona que amamos es necesario para proteger nuestro matrimonio. Necesitamos escatomas en algunas áreas porque nos ayudan a filtrar la información para que podamos recibir datos coherentes útiles y rechazar la gran cantidad de información inútil que nos bombardea constantemente. Sin embargo, también nos perjudican al negarnos toda aceptación ulterior de la verdad en ese ámbito

de preocupación. Por eso necesitas aprender a construir puentes sobre tus escotomas para que puedas seguir creciendo en aquellas áreas que deseas explorar para encontrar caminos para tu propia realización en la vida - para que realmente puedas llegar a estar Plenamente Vivo.

Ahora ya sabes que cuando interiorizamos o aceptamos nociones como verdaderas para nosotros mismos, pueden llegar a ser altamente valoradas incluso cuando son inconsistentes con nuestros propios intereses, o incluso si pueden ser reconocidas por el resto del mundo como totalmente falsas cuando se comparan con la realidad. Un buen ejemplo son los que aún hoy creen que el mundo es plano y que, si viajamos lo suficientemente lejos, nos . La mayoría de las personas están atadas por escatomas que hacen que el mundo en el que viven sea más limitado, pero les hace sentirse seguros de sí mismos. Muchas personas con escatomas muy limitantes pueden estar seguras de que sus seres queridos, o aquellos de los se sienten , también están atados a su mismo pequeño mundo seguro. La idea de que puedan salir de su propio caparazón y vivir un poco más allá les da demasiado miedo. Por lo tanto, puede que incluso tengamos que mirar a la próxima generación si queremos marcar una diferencia más permanente en nuestro mundo actual.

Todos tenemos algunos escatomas porque nuestra tarea vital consiste en procesar la enorme cantidad de estímulos que recibimos constantemente para poder seleccionar aquellas creencias beneficiosas para nuestra propia supervivencia y rechazar las que podrían ser perjudiciales. Una vez que seleccionamos un compañero de vida, por ejemplo, ninguna otra persona debería ser a partir de entonces tan importante. Ese escatoma es beneficioso para mantener un matrimonio sano. También hace que aceptemos sus defectos porque ya no podemos . (a menos que seas mi mujer). Esperemos que, ahora que sabemos lo que , podamos aprender a reconocer la diferencia entre los buenos escatomas que nos guían en una dirección positiva, y los que bloquean nuestro crecimiento posterior. Mantener una actitud positiva y una mente abierta es esencial para sostener nuestro crecimiento. Crecer continuamente debería ser nuestro objetivo de por vida. Ahora tenemos que aprender a construir nuestros propios puentes.

El problema que ahora comprendemos es que no podemos ver nuestros propios escatomas. Esto se debe a que impiden que veamos cualquier información incoherente, ya que su objetivo principal es protegernos.

de información innecesaria. Ahora sabemos que la mejor manera de saber que estamos ante un escatoma es cuando nos ponemos emocionales o a la defensiva cuando nos encontramos con una creencia contraria. Esa es nuestra mejor evidencia de nuestro escatoma. Ahora sabes que no puedes desafiar un escatoma de frente o tu reacción negativa sólo empeorará. También te das cuenta de que para avanzar en cualquier dirección que quieras considerar para mejorar la calidad de tu vida, la única manera de llegar allí es construir un puente sobre, o un desvío alrededor de, tu propio escatoma. Ahora sabe que sólo puede conseguirlo mediante una educación no amenazadora. Esa es, sin duda, una de las principales ventajas de la universitaria. Puede que sea una de las razones por las que estás leyendo este libro.

Avanzar en la calidad de nuestra propia vida es ser siempre consciente del beneficio y restricción que nos proporcionan nuestras creencias actuales pueden bloquearnos de tal manera que no podamos ver más allá de ellas, sabemos que tenemos un escatoma que está limitando nuestra capacidad de crecer. Nuestro objetivo primordial debería ser siempre crecer. Dado que el setenta por ciento de todos los estadounidenses de hoy no pueden elevarse por encima del nivel social para ver siquiera los tres niveles superiores no pueden superar su propio escatoma, tenemos que considerar que realmente podemos ser uno de ellos. Puesto que su escatoma no puede ser golpeado de frente, decirle a la persona a la que quieres ayudar que "lo supere", o que está equivocada, sólo aumenta la fuerza de su escatoma amenazado. Lo mismo te ocurre a ti cuando tienes una actitud negativa hacia algo.

Si estás intentando ayudar a otra persona, tienes que acercarte a la persona a la que deseas ayudar a cambiar de forma lenta e indirecta, proporcionándole nueva información que le ayude a ver el camino alrededor de su creencia actual. Es más fácil ver alternativas para los demás que para uno mismo. Este es uno de los principales motivos por los que estás leyendo este libro y por los que ahora tienes la información que nunca antes habías tenido.

Este libro te ha hecho pensar en el contraste con tus creencias actuales. Si todavía no quieres aceptar que Jesús no murió en una , vuelve atrás y relee ese capítulo, ya que ahora estás lidiando con un escatoma. O ve a Israel y compruébalo por ti mismo para que tus creencias crezcan. He estado allí tres veces, y cada una es un crecimiento significativo experiencia. Ir a China y ver la enorme diferencia entre la vida de su gente y la de Estados Unidos me abrió los ojos en muchos aspectos que me han llevado más allá de la seguridad que sentía antes en mi visión anterior de mi vida. En otras palabras, fue claramente una experiencia que me cambió la vida. Piensa en lo que podrías hacer para mejorar tu propia vida.

Puesto que nuestro objetivo es seguir creciendo, identificando y eliminando las barreras negativas antes de que se conviertan en escatomas, y que aceptemos nueva información que haga avanzar nuestra vida, es un esfuerzo constante. Lo saludable es no permitir que esas herramientas psicológicas se conviertan en barreras permanentes para nuestro crecimiento. Al reconocer cómo nuestras experiencias pueden combinarse para crear expectativas infundadas, podemos reducir muchas de las barreras que encontramos para nuestro propio crecimiento. Mantener una actitud positiva para obtener algo de valor de todas las oportunidades de cualquier experiencia nueva marcará una gran diferencia en nuestra capacidad de . El crecimiento debe ser un objetivo de por vida para aumentar el valor de nuestras propias vidas. Lo hacemos mejor cuando mantenemos una mente abierta, buscando siempre nueva información y formas de ver lo que vemos y estamos haciendo. Hay que probar siempre un nuevo camino cuando se presenta la oportunidad de hacerlo. Así crecemos.

Podemos ayudar a crecer a nuestros propios hijos exponiéndoles continuamente a nuevas experiencias que impidan que sus creencias se vuelvan inamovibles. Hazles preguntas que les lleven a pensar cosas nuevas en lugar de decirles lo que deben creer.

¿Cómo deben crecer mis propias creencias?

Una persona formada desde la infancia en cualquier creencia tendrá valores y emociones invertidos en esa creencia. Si se les pide que acepten una idea contraria, responderán emocionalmente. Esto se debe a que el sentimiento que se experimenta en el momento de aceptar una creencia suele asociarse a ella desde el primer momento en que se adquiere. Seguirá asociada a esa creencia durante el resto de la vida, a menos que se modifique intencionadamente mediante una educación posterior. Esto es

Esto es especialmente cierto en el caso de las creencias adquiridas a una temprana, antes de haber desarrollado la capacidad de razonar por uno mismo. Esta es la razón por la que las creencias religiosas de la mayoría de las personas son tan poderosas y por la que les resulta tan difícil en la edad adulta, aunque quieran. Si quieres comprobar como funcionan los escatomas, intenta decirle a otra persona, por que sus creencias profundas son falsas y veras como reacciona violentamente. Su comportamiento muestra como su escatoma bloquea facilmente cualquier otro punto de vista conflictivo. Es exactamente por eso que la única manera de crecer más allá de un escatoma es a través de la educación no amenazante.

Porque las emociones que experimentas con una creencia cuando la aceptas por primera vez suelen formar parte de ella para siempre. Por eso, nuestra herencia religiosa tiene un efecto tan poderoso en nosotros. Eso explica por qué los hechos no son relevantes para que sigamos apoyando esa opinión. Si uno se ha criado en una fe, no puede simplemente ignorar sus propias creencias religiosas sin sufrir un efecto psicológico adverso. Como adulto, dejar atrás las creencias de la infancia que se reforzaban semanalmente requiere una educación significativa. Un cambio así puede llevar toda la vida. Por eso, la mayoría de la gente no encuentra motivos para cambiar. Es una lástima. Debemos seguir creciendo en todas nuestras actividades a lo largo de nuestra vida. Eso no significa renunciar a la religión. Significa que tu religión debe crecer contigo.

Nuestra conexión emocional con nuestra propia familia es el resultado del mismo proceso mental y emocional. Sin embargo, debemos buscar oportunidades para que todos los procesos crezcan para mantenerlos frescos y con sentido. Si practicas aprender a cambiar tu mente o tu actitud por algo nuevo, ese esfuerzo pronto se verá como algo divertido. Minimizará el efecto de tu escatoma y te ayudará a crecer. Tu capacidad para crecer de formas nuevas pronto se convertirá en tu objetivo.

Como asociamos de forma natural cualquier creencia con las emociones presentes cuando se originaron, y como no podemos sacar fácilmente ningún aspecto de nuestras vidas de su , las alternativas a nuestros propios escatomas no sólo son inaceptables, sino que pueden resultar amenazadoras, hasta el punto de que la gente está dispuesta a arriesgar su vida para defender su noción actual de lo que creen que es correcto si se les desafía frontalmente.

Sabemos por el fenómeno que se produce hoy en día, cuando personas por lo demás inteligentes se convierten en terroristas suicidas en nombre de su creencia religiosa, que su acto no tiene nada que ver con la verdad. Un argumento lógico no puede vencer una creencia emocional. Se necesita una educación significativa y no amenazadora para provocar un cambio de comportamiento. Hoy en día, en Oriente Medio no hay tiempo suficiente para la educación de su público. El resultado es que hoy estamos en guerra en Oriente Medio a causa de sus escatomas.

La forma madura de acomodar las creencias de la infancia en el mundo adulto consiste en redefinir continuamente cada concepto, o creencia, para mantener la actualidad de su creencia. La gente se aferra a sus propias creencias. Sin embargo, incluso nuestras creencias religiosas deben madurar como cualquier otra noción que influya en nuestras . Un concepto de "Dios miedo" es normal en la infancia, un concepto de "Dios Padre" es más creíble para un estudiante de secundaria, pero cuando nos convertimos en adultos una forma abstracta más madura de definir a Dios es mucho más eficaz. Sin embargo, algunos siguen creyendo que temen a Dios cuando son adultos. ¿Por qué? Porque su mente se cerró en su infancia. Como resultado, dejaron de aprender de sus propias experiencias vitales.

Como ya se ha dicho varias veces, para poner esto en la perspectiva adecuada, lo que estamos diciendo es que el mismo proceso mental es la forma en que usted mismo trató el mito de Santa Claus cuando era niño. Esa creencia es aceptada por todos los niños criados en la tradición estadounidense de una familia cristiana. Sin embargo, esto sólo dura unos pocos años porque, finalmente, Santa Claus es socavado por la realidad. Todos los niños quedan destrozados. La respuesta que den a continuación es importante. Los que no sustituyen su noción infantil de Papá Noel como "su dador de regalos" por el bien de dar a los demás se sienten decepcionados. Los que son capaces de desarrollar un cambio sano de percepción, mirando a Papá Noel desde la perspectiva de sus padres, pueden seguir celebrando a Papá Noel con la Navidad como símbolo de dar durante el resto de su vida. La forma en que abordamos y nos vemos afectados por nuestros propios puntos de vista religiosos es exactamente la misma.

Nuestro objetivo en la vida debe ser seguir creciendo. Si nuestras creencias evolucionan saludablemente, hasta el punto de que podamos vivir dentro de toda nuestra gama de necesidades mediante el crecimiento y el desarrollo continuos, eso hará que

nos sitúan en un camino en el que, con el tiempo, podremos alcanzar una experiencia cumbre. Nuestro objetivo debe ser que nuestra vida individual sea cada vez más rica, plena y satisfactoria. Aunque los objetivos específicos que satisfagan nuestras vidas individuales serán únicos, comprender plenamente el proceso universal para el crecimiento humano facilita el viaje.

Capítulo 16
¿Y la religión?

Las personas que viven principalmente en el nivel social, o por debajo, viven en un terreno fértil para la religión. Las instituciones religiosas organizadas proporcionan un sistema de apoyo mutuo minicultural que resulta vital para muchas personas, especialmente para las que viven en el nivel de alta seguridad/media necesidad social. Para nuestra sociedad, ése es el principal objetivo de una iglesia. Muchas personas pertenecen a ella únicamente por razones de apoyo social. Su participación tiene poco que ver con la teología o el mito de su fe particular. Esos son simplemente los hilos que unen sus miembros. Su Iglesia se convierte en su seguridad y, para muchos, en su principal sistema de apoyo social.

Aunque todas las religiones tienen miembros que viven en todos los niveles de la jerarquía de necesidades de Maslow, y se pueden encontrar humanistas en todas las confesiones, el humanismo no pretende convertirse en un sustituto de la religión. El humanismo no tiene la estructura necesaria para satisfacer las necesidades sociales y de seguridad de los miembros de las iglesias religiosas, que consideran que su experiencia eclesiástica es lo primero que satisface esas necesidades. Es fácil para la mayoría de los que viven en nuestra sociedad identificarse y ser aceptados dentro de la estructura social de cualquier iglesia. Las personas que viven principalmente en un nivel social alto o medio encajan fácilmente en su fe, que se entreteje intrincadamente en el tejido de la vida de sus miembros al tiempo que les proporciona una estructura social. Su fe religiosa actual suele ser la forma en que se identifican a sí mismos. Además, su iglesia resuelve fácilmente las preguntas sobre cómo deben vivir la vida con respuestas que añaden valor a las vidas de quienes se contentan con vivir dentro de una sociedad estructurada. Para los que no hacen daño a nadie más, si se conforman con vivir dentro de su nivel actual de necesidades para el resto de su vida, ¿por qué querría alguien perturbar la vida de esa persona? Nadie debería hacerlo. El humanismo por sí solo no puede satisfacer esas necesidades.

Los humanistas que han abandonado la religión de su infancia, y no la han reemplazado, han llenado sus necesidades de seguridad y sociales de alguna otra manera. O simplemente ignoran estas necesidades porque pasan muy poco tiempo de su vida viviendo en esos niveles. Otros satisfacen estas necesidades por sí mismos con otras relaciones, que pueden incluir la participación en una iglesia o fe. O se hacen unitarios. Los unitarios no tienen un componente de fe. La identificación con otras personas que refuerzan sus creencias es importante.

Todas las personas tienen fuertes necesidades sociales que les hacen sentir deben "pertenecer" a algún sitio. Como prueba, considere la actitud expresada por estudiantes de secundaria o universitarios, o incluso muchos graduados, hacia "su propio equipo". Puede que ellos mismos no tengan la habilidad para jugar al fútbol. Pero es "su equipo", y comparten agresivamente sus opiniones sobre lo que salió mal en el partido de la semana pasada. Fíjate en la actitud de un marine estadounidense, especialmente si conocías a esa persona antes de su alistamiento. Su actitud segura puede percibirse simplemente por su presencia física. Considera tu propia actitud respecto a una identificación descriptiva de ti mismo, como ser "un americano" cuando estás en otro país. Todos tenemos la necesidad de pertenecer a algún sitio. Se trata de una necesidad a nivel de seguridad. La aceptación por parte de cualquier estructura establece o confirma nuestra identidad personal, que puede satisfacerse dentro de las organizaciones sociales. En esa medida, la identificación satisface una necesidad de nivel de seguridad.

Muchas personas tienen pocas oportunidades a su alcance para satisfacer estas necesidades. Las organizaciones religiosas satisfacen fácilmente esas necesidades. Son reconocidas como los principales sistemas de apoyo social para gran parte de nuestra sociedad. Así es como proporcionan su "pegamento social". Aunque cada una de ellas tiene su propio mito colectivo o visión de ciertos acontecimientos históricos como mensaje simbólico unificador, su mito no es la razón por la que los miembros de la iglesia participan. La pertenencia a su propia religión es para muchos un sistema de apoyo necesario, que se remonta a los orígenes de la sociedad humana que el humanismo, por sí mismo, no cumple para cualquiera que no haya alcanzado el nivel de vida de alto ego/baja actualización descrito por Maslow.

Para muchas personas que viven principalmente en los niveles de necesidad más bajos, ninguna otra estructura institucional de nuestra sociedad satisface tan eficazmente estas necesidades.

Las iglesias siempre serán vistas por estas personas en nuestra sociedad como necesarias, si no esenciales. El Humanismo no es una visión alternativa aceptable de la vida para las personas que viven principalmente a nivel social, ni nuestra filosofía es un consuelo para las personas que desean respuestas y no preguntas cuando se enfrentan al mundo en el que vivimos hoy. Por lo tanto, desafiar la religión de otra por cualquier razón no es un comportamiento apropiado para un Humanista.

Reconocer que la mayoría de la gente en nuestra sociedad está relativamente contenta donde está en su propia vida, y luego decirles que puede haber algo más que les falte en la vida, sólo sirve para causar un descontento no deseado si no les proporcionamos al mismo tiempo un camino de realización. Donde nosotros, como Humanistas, deberíamos concentrar nuestro esfuerzo es en asegurar que los hijos de aquellos a los que nos sentimos obligados a influenciar, y todos los demás niños, puedan al menos darse cuenta de que hay niveles más altos de vida que pueden alcanzar. Se les debe mostrar un camino que les permita alcanzar estos niveles. Maslow hace eso. Eso no tiene nada que ver con la fe religiosa de nadie. A la próxima generación le debemos, como mínimo, educarla para que vea más allá de sí misma, para que se sienta motivada y desarrolle su propio potencial. Hay que animar a cada niño a buscar la realización de su propia vida. Maslow llamó a esto "Autorrealización". Los humanistas pueden ayudar educando al público sobre su existencia.

¿Necesita todo el mundo la religión?

Como ya se ha mencionado, el profesor humanista de Harvard, E. O. Wilson, señala que todas las personas tenemos una "necesidad espiritual básica" que nos vincula a la naturaleza y a nuestra propia realidad. Por lo tanto, la religión reivindica una postura espiritual como elemento central de su existencia. Wilson señala que incluso quienes han satisfecho sus necesidades de seguridad y sociales a través de otras

medios, puede que ya no sientan la necesidad de la organizada, siguen teniendo una necesidad espiritual. Hay pocas instituciones organizadas, aparte de la religión, en las que se pueda satisfacer esta necesidad con la ayuda de los demás. Hay algunas técnicas culturales del Lejano Oriente que proporcionan esos resultados mejor que cualquiera de las técnicas que tenemos actualmente. El yoga puede ser lo más cerca que estemos del resultado de sus principales técnicas. Algunos humanistas pueden satisfacer su necesidad espiritual contemplando una hermosa puesta de sol o sintiendo una experiencia cumbre mientras están en sintonía con su entorno natural. Muchas personas necesitan más que eso. No pueden llegar allí por sí solas, posiblemente porque su rutina diaria capta su atención. Necesitan un liderazgo que les apoye. Su religión cumple ese propósito para ellos.

El rabino Sherwin Wine era el líder espiritual del Templo de Birmingham, en Detroit. Creó la Sociedad para el Judaísmo Humanista para satisfacer estas necesidades y, sin embargo, permanecer dentro de la tradición cultural y el simbolismo judíos. Cuando le expresé al rabino Wine que los humanistas no ofrecemos una tradición religiosa o un mito, afirmó: "Los humanistas tenemos la mejor epopeya religiosa del mundo, que nos dio Charles Darwin en su identificación de la evolución de la vida. Y no es un ; es un hecho demostrado". Afirmó además que "no hay mejor expresión para dar sentido a nuestras propias vidas. Es la razón por la que existimos". Tanto la Sociedad para el Judaísmo Humanista, que utiliza símbolos y tradiciones judías, como la Iglesia Unitaria Universalista, para personas que proceden de tradiciones cristianas o formas más liberales de judaísmo, se ocupan de estas cuestiones. Proporcionan alternativas que se mantienen dentro de las tradiciones religiosas culturales de nuestra , como medio para cubrir las necesidades de seguridad/sociales, y ofrecen poco apoyo social. Lo que todas ofrecen es una oportunidad espiritual que lleva a las personas más allá de sí mismas. Esto es muy eficaz para las personas que ven la vida desde la humanista. Más de la mitad de los miembros de la Iglesia Unitaria Universalista son humanistas. Muchos humanistas llegaron allí, como yo, de una familia cristiana o judía.

Aunque algunos humanistas pueden satisfacer todas sus propias necesidades dentro de la filosofía del humanismo, y algunos humanistas se asocian en un entorno eclesiástico para satisfacer estas , el humanismo organizado es

No se trata de sustituir a la religión y nadie en la comunidad religiosa debería considerarlo una amenaza, a menos que se trate de fanáticos religiosos que abusan de su rebaño utilizando el miedo y la culpa como instrumentos de control. Creo que el humanismo organizado tiene todo el derecho a educar a su público de que lo que están haciendo es abusar de aquellos a los que sirven. Los humanistas atacarán a aquellos que nieguen a alguien su derecho a vivir plenamente su propia vida mientras estén aquí en la Tierra utilizando el miedo o la culpa como medios de control.

Si una persona necesita algo más que una filosofía sobre cómo vivir una vida plena aquí en la Tierra, los miembros de cualquier religión pueden colocar su propia fe sobre la visión filosófica de la vida del humanismo. A los humanistas lo que más les preocupa es no perder esta única oportunidad para cada uno de nosotros de vivir esta vida lo más plenamente posible mientras estemos aquí en la Tierra. Las preocupaciones religiosas son fácilmente colocadas encima de nuestra filosofía por aquellos que encuentran valor para sí mismos al hacerlo.

De hecho, ésta es una parte del pensamiento actual de líderes religiosos como el obispo episcopal John Shelby Spong, que ha adoptado una visión humanista de la realidad -utilizando sólo hechos religiosos históricos demostrables- dentro de su propia comunidad de fe. Esta técnica puede convertirse en una parte importante de las religiones organizadas del futuro y, en última instancia, podría sostener a la Iglesia cuando nuestra sociedad cultural alcance por fin unos niveles de vida de mayor necesidad que, de otro modo, podrían provocar el descenso de sus miembros.

Como ya he dicho, las religiones se componen de "memes", que son creencias autorreplicantes que pasan de persona a persona y que no tienen necesariamente ninguna relación con la verdad o la realidad más allá de ellas mismas. Muchas se aprenden antes de nuestra edad de la razón y se convierten en los símbolos que utilizamos para responder a preguntas serias que tenemos y que la ciencia hasta ahora no ha abordado. O si lo ha hecho, esas respuestas no han sido aceptadas por nosotros. Nuestras creencias proporcionan el "pegamento social" que nos permite sostener con éxito nuestra sociedad. No tenemos por qué matar a la religión sólo porque los hechos históricos de su mito puedan no ser ciertos.

Muchas personas satisfacen sus necesidades de seguridad y de bajo nivel social a través de la religión. En nuestro nivel de seguridad, nos proporcionan un propósito y una fuerza exterior sobre la que podemos influir para nuestra propia protección.

La noción de vida después de nuestra muerte surge de esa perspectiva. En el plano social, nos proporciona una identificación con los demás en nuestra red de apoyo mutuo que aumenta nuestra seguridad, porque entonces "pertenecemos" a personas con ideas afines que refuerzan nuestro sistema de creencias. En otras palabras, no hay otro sistema en nuestra sociedad organizada que satisfaga esas necesidades con tanta eficacia. Sin religión, nuestra sociedad podría caer en la anarquía. Por lo tanto, hasta que la sociedad alcance niveles de vida para la mayoría de la gente por encima del nivel social, todos necesitamos apoyar aquellas creencias religiosas que benefician pero no perjudican a las personas.

Los memes se adaptan para absorber cualquier desafío cultural. Quizá el humanismo organizado pueda ayudar a elevar aquellas religiones cuyo control se basa actualmente en el miedo y la culpa. Un medio podría ser reconocer lo que el obispo Spong, y hacer que sus símbolos religiosos sean relevantes pero no dañinos para las personas a las que pretenden servir. Entonces servirían a sus miembros en lugar de servir principalmente a las Personas de Control que actualmente podrían abusar de ellos. Esperemos que la mayoría no lo haga. Pero es obvio que algunos sí.

Capítulo Diecisiete
¿Cuál es la respuesta de Dios?

Los seres humanos llevan miles de años identificando fuerzas en la naturaleza que superan nuestra actual de comprensión o entendimiento. A tales fuerzas se las ha llamado históricamente "Dios". Muchos pueblos primitivos creían que el sol o los elementos del clima, o incluso el mar, eran dioses. La gente rezaba o sacrificaba a esos dioses por su propia seguridad.

Antes de Abraham se aceptaban muchos dioses. Sin embargo, cuando la religión exigió aceptar un solo Dios, el uso del término se hizo más complejo. A medida que la ciencia explicaba los misterios que antes se asociaban a "dioses" más primitivos, la definición se hizo más abstracta. Esto sigue ocurriendo hoy en día. **"Dios" es un término universal utilizado por la mayoría de la gente para identificar cualquier cosa que esté más allá de nuestro conocimiento personal y que, como individuo, tememos o veneramos.** Para algunos, Dios es la palabra que utilizan para identificar las fuerzas de la naturaleza que permiten que nuestro universo exista y sustente la vida que actualmente no comprenden.

Cada uno tenemos nuestra propia definición de "Dios". Podría haber serios desacuerdos en cualquier congregación si a todos los miembros se les exigiera aceptar el mismo concepto de dios. Intente pedir a cualquier congregación que explique qué significa el término "Dios" y tendrá una seria discusión, a menos que los miembros estén tan estrechamente controlados por sus Personas de Control que no sean capaces de pensar por sí mismos. La mayoria simplemente aceptan respuestas de Pensamiento de Grupo. Para otros que no están tan profundamente controlados, muchos clérigos explican "Dios" expresando generalidades, o adjetivos que son universales o no amenazadores, describen los efectos de Dios en lugar de definir lo que significa realmente el término "Dios". Así se evita el conflicto.

Afirmar, por ejemplo, que "Dios es el Creador" dice muy poco pero implica mucho. El concepto de creador podría ser sinónimo de que Dios es la naturaleza. Obviamente, si la naturaleza fuera su definición, la afirmación de que (Dios es el Creador" sería cierta, si el universo no ha existido siempre, lo que ahora creemos que es lo más probable. La creación podría limitarse a significar nuestras vidas individuales cuando se utiliza el término "creador" para evitar el dilema lógico de "¿Qué creó a Dios?" La noción de que Dios es el creador, sin embargo, no implica un dios bondadoso, ni explica la existencia del mal. Este tipo de Dios tampoco explica nada sobre nuestro propósito en la vida, aparte de fuimos creados y debemos vivir esta vida en la Tierra. Además de plantear la cuestión de si hubo un pensamiento inteligente detrás de que estemos hoy aquí, esa definición de tiene poca utilidad.

La verdadera cuestión es si debes dotar a Dios de características "Sobrenaturales" para que tu propio Dios tenga sentido para ti. Cuando hagas eso, ningún Humanista estará de acuerdo contigo. Te habrás convertido a ti mismo en una marioneta. La noción de teísmo, en lugar de deísmo, es una adición reciente en nuestras religiones más contemporáneas que los Humanistas ven como un dispositivo de control, y no vemos ninguna prueba válida de que tal entidad exista, ni ninguna razón válida por la que debería existir. Te quita la responsabilidad de tu vida y se la da a la Gente de Control. ¿Por qué querrías hacer eso?

La validez de las preguntas "por qué

Aristóteles amplió el estudio de la filosofía e introdujo la noción de que una pregunta filosófica central es "Por qué ocurre algo". Nuestras visiones religiosas actuales han evolucionado a partir de esa perspectiva. Ahora tenemos una dicotomía cultural. La ciencia nos dice "cómo", la religión pretende decirnos "por qué". El humanismo acepta que quizá no haya una razón "por la que" vivimos. Lo único que sabemos con certeza es que nuestra vida existe. También sabemos

sabemos que formamos parte de la naturaleza. Sin embargo, dado que el "por qué" es una pregunta central en la mayoría de las religiones, no podemos simplemente ignorar la cuestión.

La mayoría de los humanistas se dan cuenta de que no necesitamos preguntar "por qué". Podemos aceptar que tal vez no exista un "por qué". En su lugar, nos contentamos con buscar la respuesta al "cómo" ocurren las cosas en nuestro universo. Esas preguntas entran en el ámbito de la ciencia y, por tanto, en el del conocimiento aceptable. Se pueden probar para determinar la verdad. Los humanistas no vemos ninguna razón para buscar soluciones más allá de nuestra ciencia actual. Aceptamos fácilmente que el "por qué" puede no ser una pregunta válida porque no hay hechos actualmente disponibles que apoyen respuestas veraces para todas las preguntas "por qué". Quizá la respuesta a una pregunta "por qué" relativa a nuestra propia existencia sólo esté en lo que cada uno de nosotros esté dispuesto a creer en sí mismo.

Si uno cree que hubo una causa inteligente independiente para la vida, un gran diseñador quizá al que podríamos llamar "Dios", podríamos concluir que puede haber un propósito divino para nuestras vidas individuales. Sin embargo, si persona cree que Darwin tenía razón, y que todas las formas de vida han evolucionado hacia especies más complejas a través de la selección natural, es más lógico aceptar que estamos aquí simplemente como parte de ese proceso. Existimos como resultado del estado actual de la evolución. Desde esa , no tiene por qué haber una razón para nuestra existencia en la naturaleza. Podríamos preguntarnos: "¿Por qué existe esta hormiga en particular?" sólo para darnos cuenta de lo absurdo de esa pregunta. Por eso la ciencia sugiere que preguntarse por qué existimos es probablemente una pregunta inválida. Para un humanista, debemos crear nuestro propio "por qué" si es una pregunta importante para nosotros. Algunos pueden adoptar respuestas religiosas por comodidad. La mayoría de los Humanistas simplemente ignoran la pregunta.

Porque los humanistas, basándose en la ciencia, pueden aceptar que los seres humanos no somos más que una parte de la evolución natural de la vida, y que cómo llegamos a existir fue simplemente por casualidad. Esa teoría tiene más sentido lógico que la noción de que hubo un motor primigenio desconocido. ¿Quién o qué creó el motor primigenio? Si se puede decir que el universo ha existido siempre, entonces la naturaleza podría haber existido siempre. No habría necesidad de un primer motor o un Dios creador. Si usted acepta como cierto, que tal Dios siempre ha existido, tal Dios creador no puede ser un concepto lógico a menos que digas que Dios y la naturaleza son uno y lo .

El hecho de que los humanistas creamos que la ciencia es lo más cerca que podemos estar actualmente de la verdad, nos hace aptos para llegar a conclusiones diferentes de las de muchas de nuestras tradiciones religiosas históricas actualmente aceptadas.

No tiene por qué haber una razón para que existamos hoy. Simplemente formamos parte del proceso evolutivo. Es emocionante pensar en cómo evolucionarán nuestros genes en el futuro, pero es imposible predecirlo. Nuestros genes no ven ninguna razón para compartir sus objetivos con nosotros, si es que tienen alguno. La ciencia dice que el proceso es aleatorio, pero condicionado por los rasgos que mejor se adaptan a nuestro entorno actual.

Quienes están dispuestos a aceptar la hipótesis de que Dios nos creó por designio, al aceptar esta noción por "fe ciega", pueden conjurar todo tipo de razones para interpretar el plan de su Dios. Sólo se puede llegar a esa conclusión por "fe ciega", que es algo parecido a una . Otros, sin embargo, reconocen que los hechos, probados y demostrados por la ciencia, apoyan una verdad más obvia que es mucho más creíble sin requerir "fe" en algo esotérico que la lógica simplemente no puede apoyar.

La afirmación de que existe un "Dios creador" expresa en última instancia el postulado de que en el universo existen poderes superiores a nosotros. Eso debería ser obvio. La gente que dice que "Dios es el creador" puede que sólo esté describiendo la naturaleza. La mayoría de la gente no rezaría a la naturaleza. Con una visión natural de la vida, aún podríamos rezar, o meditar, para sintonizarnos con nuestra propia realidad. Sin embargo, la idea de esperar una respuesta instantánea de la naturaleza no satisfaría las necesidades de quienes consideran que la oración es necesaria para sí mismos. Su "Dios" debe ser algo más que las fuerzas que crearon nuestro universo para su comodidad. La mayoría de los humanistas no ven ninguna razón válida para ello.

Capítulo XVIII
¿Y los que se declaran ateos?

Como hemos comentado anteriormente, Abraham Maslow señala que el concepto actual de Dios de las personas varía en función del nivel en el que vivan predominantemente. El papel más importante de la religión en nuestra cultura consiste en satisfacer las necesidades de las personas que se encuentran en los niveles de seguridad y de bajo nivel social. Muchos dependen de la religión para satisfacer esas necesidades, de modo que tengan el valor y la estabilidad necesarios para intentar superarlas o para vivir cómodamente en esos niveles.

En el nivel básico, la gente suele tener un concepto de "Dios temeroso" para que Dios pueda ser reconocido. En el plano de la seguridad, un "Dios proveedor" resulta más apropiado. En el plano social, muchos desarrollan una visión de Dios como "Dios Padre". En el nivel de autoconciencia del ego, un Dios creador" puede considerarse más apropiado. Cuando las personas llegan al nivel de actualización, normalmente su concepto de Dios se ha vuelto abstracto. Entonces es posible que identifiquen a su "Dios" como sinónimo de naturaleza, o de su "Preocupación Última", o de cualquier cosa que teman o veneren. Si eso ocurre, y tu concepto de es abstracto, ¿cómo puedes ser ateo? El ateísmo sólo funciona con un nivel social inferior o por debajo de la creencia de lo que la palabra "dios" significa para ti.

Por tanto, que los ateos nieguen tu derecho a utilizar el término "Dios" es sencillamente un error. Lo que los Ateos realmente objetan es la existencia de un concepto más primitivo, o un "Dios sobrenatural", donde Dios intenta controlar tu vida. Objetando a ese "Dios", la mayoría de las personas racionales estarían de acuerdo con ellos. En lugar de que los ateos digan: "Dios no existe", si cambiaran su mensaje y dijeran: "Dios sobrenatural no existe", la mayoría de la gente racional estaría de acuerdo con ellos.

Los humanistas y muchos clérigos estarían de acuerdo con ellos, y el público no encontraría su creencia tan ofensiva. Su problema es que deben tener un concepto primitivo de un Dios a nivel social o inferior para negar la existencia de Dios. ¿Cómo pueden negar la existencia de la naturaleza?

El término "ateo" tiene un efecto cultural tan negativo en el público actual porque es un ataque directo al meme cultural de la propia religión.

Por tanto, un mejor medio de transmitir un mensaje real ateo sería dejar de utilizar esa palabra y, cuando se les pregunte por su religión, preferir que se identifiquen como "ninguna". Esa respuesta está predominando hoy en día entre las generaciones más jóvenes, que encuentran poco valor en identificar sus creencias. De este modo, los ateos podrían dirigir su ataque, muy válido, a la definición de Dios, en lugar de erigirse en pararrayos de los ataques públicos cuando afirman ser "ateos". ¿Quizás para muchos que se declaran ateos, su verdadera motivación es el reconocimiento personal que reciben como opositores, en lugar de representar su búsqueda de la verdad? Están orgullosos de su falta de creencias religiosas. Los humanistas están orgullosos de que sus creencias no sean "ciegas".

Salvo para quienes se empeñan en negar las creencias ajenas o siguen luchando contra su propio concepto infantil de dios que no ha madurado, el término "Dios" tiene utilidad para la mayoría de la gente. Esa palabra denota algo muy personal y, culturalmente, se utiliza para expresar lo que no podemos discernir, o aquello que veneramos o tememos profundamente.

El enfoque más apropiado para quienes no encuentran valor en el concepto de Dios, y aun así se sienten obligados a cuestionar el derecho de cualquier otra persona a utilizar el término, debería restringir su cuestionamiento a las definiciones más primitivas del significado del término "Dios" o, mejor aún, atacar el sobrenaturalismo.

Dado que su objeción se dirige más apropiadamente a aquellos que exigen cualidades sobrenaturales en la definición de Dios, la mayoría de los teólogos de la corriente dominante hoy en día estarían de acuerdo con los ateos que afirman que el teísmo (dotar a Dios de características sobrenaturales) es ya no es relevante, pero la mayoría de estos teólogos siguen aceptando el deísmo como válido. La diferencia es que un Dios deísta puede haber creado el universo, incluidos nosotros, pero a partir de entonces no interviene en la manipulación del universo ni intenta controlar nuestra vida cotidiana. El Dios deísta podría ser el "Gran Diseñador"; eso es coherente con quienes aceptan un concepto abstracto para Dios, como la naturaleza. O el término "Dios" podría ser simplemente una palabra abstracta para designar aquello que tememos o veneramos y que no tenemos otra forma de expresar.

La mayoría de los Padres Fundadores estadounidenses eran "deístas", pero desde luego no "teístas". El teísmo aún no era predominante. Thomas Jefferson incluso recortó las partes de la Biblia que consideraba ofensivas e hizo su propia versión de la Biblia. Los que piensan que Estados Unidos se fundó sobre la religión simplemente se equivocan. Muchos de nuestros primeros ciudadanos llegaron a nuestras costas para librarse de la opresión de la religión europea. Nuestra Constitución se basó en el concepto de proporcionarnos "libertad de religión". Nuestra Constitución no fue concebida para permitir que la religión prevaleciera contra nosotros permitiendo que las personas con creencias religiosas utilizaran nuestro gobierno como su herramienta para imponer sus creencias a aquellos que deseaban ser libres de la religión. Las familias de nuestros Padres Fundadores vinieron a América para librarse de la opresión de la religión europea.

Para estos teólogos que aceptan el deísmo, todos vivimos según las reglas de la naturaleza. La naturaleza no hace nuestros tiros libres por nosotros, con el resultado de que el otro equipo pierda. Desde cualquier perspectiva inteligente, ningún Dios que valga la pena aceptar haría eso. Los humanistas no encuentran ninguna necesidad válida del sobrenaturalismo, y no hay forma de llegar a él excepto basándose en la "fe ciega". Los humanistas no están dispuestos a ser "ciegos" y no pueden llegar allí.

La cuestión más importante es que los ateos ganan poco negando a otros el derecho a utilizar el término "Dios" del modo que deseen. Para muchas otras personas el término "Dios" tiene un gran valor de seguridad emocional porque no tienen una forma mejor de expresar sus inquietudes, o de explicar su asombro ante el universo, o de recibir respuestas a lo desconocido.

Hay fuerzas en el universo que son mayores que nosotros. Si ése es su uso del término "Dios", ¿por qué oponerse?

Dado que las iglesias existen principalmente en el nivel de alta seguridad/medio social, Dios suele ser una creencia de nivel de seguridad para muchas personas. Atacar cualquier cosa en el nivel social o de seguridad resulta con más frecuencia en una respuesta violenta. Todas personas defenderán violentamente un a su nivel social o de seguridad. La educación no amenazante es el mejor, y probablemente el único, medio de cuestionar las creencias en esos . Si el objetivo del ateo es reformar las creencias de otra persona, debería desafiar las definiciones sobrenaturales y no desafiar una palabra que válidamente puede tener una definición de nivel actualizado. Incluso intentar hacer eso hace que la posición atea sea absurda.

A lo largo de los tiempos, las guerras se han producido porque todo el mundo sabe "que sus propias creencias son verdaderas". Por lo tanto, la mayoría cree fervientemente que las creencias contradictorias de los demás deben ser "falsas". Puede que "no haya verdad" respecto a ninguna creencia religiosa. Puede que la verdad sólo exista "en el ojo que mira".

Cristianos y judíos siguen discutiendo hoy sobre si Cristo fue el Mesías Prometido. Musulmanes y cristianos se pelean sobre si Mahoma fue un profeta posterior enviado por Dios. Musulmanes y judíos todavía se pelean sobre qué linaje representa a los descendientes legítimos de Abraham para ser sacrificados en el altar. ¿Quiénes son realmente "el pueblo elegido de Dios"?

Los musulmanes creen que descienden de Ismael, el primogénito de Abraham. Nació fuera del matrimonio de la sierva de Abraham, Agar, y están disgustados por el rechazo de Agar e Ismael de la tribu de Abraham y por haber sido enviados al desierto a valerse por sí mismos por Sara después de la muerte de Abraham, y aparentemente, nunca perdonarán a los judíos ni a sus descendientes. Los judíos, y por lo tanto los cristianos, creen que son descendientes de Isaac, que fue el primogénito de Sara de su matrimonio con Abraham, porque Dios cree en la santidad del matrimonio. ¿Qué linaje fue el elegido por Dios? ¿Qué pasaría con su excusa para la guerra si ambos se dieran cuenta de que "a Dios realmente no le importa"?

Sin embargo, sigue habiendo disensiones y discordias incluso entre los miembros de las principales confesiones religiosas. Por ejemplo, incluso entre los creyentes islámicos existe un gran desacuerdo sobre quién representa a Dios. ¿Tiene que ser esa persona un descendiente lineal de Mahoma (chiíes), que valoran la experiencia espiritual, o puede ser elegida por la gente que se centra más en las escrituras, el Corán y otros escritos (suníes)? Son detalles relativamente pequeños. Sin embargo, llevan a la gente de Oriente Medio a matarse entre sí para defender su propia verdad. La Constitución de Irak es una prueba de compromiso sobre tres puntos de vista radicalmente distintos dentro de la misma fe islámica.

En Estados Unidos, los cristianos evangélicos desafían a todos los demás cristianos. Cada uno ha basado su posición en su visión de los hechos históricos que hace de su interpretación la única verdad válida, al menos para ellos mismos. ¿Y si ambos están equivocados? ¿Por qué no podemos aceptar todos que tenemos nuestras propias creencias y que todos los demás tienen derecho a tener suyas?

Del mismo modo, los Rollos del Mar Muerto han demostrado a los estudiosos que los "hechos" históricos en los que muchos en nuestra cultura han basado su "fe" deben ser falsos. Sin embargo, incluso cuando se les confronta con este conocimiento, la mayoría continuará creyendo lo que siempre han creído, y defenderán su posición hasta la muerte. ¿Por qué? La respuesta puede encontrarse en nuestra discusión anterior. La psicología nos ha mostrado cómo funciona nuestra mente". Una vez que tenemos una respuesta suficiente a cualquier preocupación, normalmente desarrollamos un escatoma que bloquea cualquier desafío a esa creencia. Nuestra propia verdad se convierte en nuestra propia realidad, independientemente de lo que pueda ser cierto para los demás. Sólo a través de una educación no amenazadora podemos cambiar ese punto de vista.

Humanismo y ateísmo

Ciertamente, el humanismo no es ateo, aunque muchos ateos también pueden ser humanistas. **El humanismo, como filosofía de vida, posiblemente podría categorizarse como "agnóstico" porque el uso del término Dios no es relevante para el humanismo.** Todos los humanos deberían reconocer que algunas fuerzas de la naturaleza en el universo son superiores a

su propia existencia; el término que utilicen para describirlos depende de cada persona. Los ateos simplemente no pueden aceptar el uso del término "Dios" en ninguna de sus formas. El ateísmo sólo expresa aquello a lo que se opone quien lo propone. Sólo significa que en general se oponen al uso del término "Dios" para cualquier propósito. Sin embargo, esa postura no dice lo que el individuo que expresa su desagrado por el uso de la palabra "Dios" en cualquier forma realmente cree. Sabemos lo que no creen. La pregunta más importante es: ¿en qué creen?

Llenar esa necesidad es la razón por la que muchos ateos se identifican con el humanismo. El humanismo es una filosofía de vida positiva sin ningún componente de fe, y mucho menos la exigencia de aceptar verdades basadas en la "fe ciega". La mayoría de los Humanistas reconocen que no es necesario adoptar ninguna religión para que una persona tenga una vida plena, ética y exitosa aquí en la Tierra.

Los humanistas se reservan el derecho a que sus creencias tengan sentido para ellos mismos

Algunas personas se identifican como humanistas, pero también suscriben una creencia personal. Muchos participan en alguna forma de religión. Para algunas personas, ese aspecto de su vida va más allá de la filosofía humanista por razones sociales o culturales, como la tradición familiar. Para otros, sus creencias establecidas antes de la edad de razón tienen un valor emocional significativo para ellos. Dado que es por emocionales, el humanismo simplemente no aborda esas necesidades. Estas personas tienen necesidades personales que el humanismo no puede satisfacer. El humanismo no se ocupa de estas cuestiones, ni el humanismo organizado adopta ninguna postura al respecto, aparte de decir que es un comportamiento "poco humanista" que alguien ataque intencionadamente las creencias de otra persona por cualquier motivo, excepto para defenderse a sí mismo, y a aquellos de los que es responsable, de un ataque personal.

Los humanistas rara vez atacan las creencias de otra persona, porque el humanismo aboga por la libertad personal de cada uno para abrazar la vida al máximo según su elección. Lo mejor que pueden ofrecer los humanistas es una educación que permita que los puntos de vista religiosos de una sean más realistas.

maduro. Sentimos que debemos hacerlo en nuestro esfuerzo positivo por ayudar a las personas a comprender el valor de vivir plenamente su propia vida mientras están hoy en la Tierra. Y para que sus vidas no sean controladas por otros en lugar de serlo exclusivamente por ellas mismas.

Excepto las creencias sobrenaturales

Como se dijo anteriormente, donde todos los Humanistas pueden objetar válidamente es cuando se necesitan requisitos "sobrenaturales" como prerrequisito para usar el término "Dios". Todos los Humanistas objetan una característica "Sobrenatural" para Dios, porque en ese punto no hay prueba discernible de realidad, verdad o veracidad. Sólo queda la creencia subjetiva, basada en la "fe ciega". Los humanistas no encontramos ninguna razón válida para basar nuestras vidas meramente en la "fe ciega" para nada. Eso supondría el riesgo de reducir la medida de la verdad al nivel del absurdo. Puede que ahora no comprendamos plenamente la naturaleza, pero eso no significa que los humanos nunca la comprenderemos. Cualquier creencia sobrenatural se vuelve innecesaria. Los humanistas no creen que deban tener una respuesta a cada pregunta para poder vivir una buena . Algunas preguntas no tienen .

En cuanto a la "fe ciega"

Más importante para un Humanista es que vivir tu vida basado en la "fe ciega" realmente significa que alguna Persona de Control ha tomado el control de tu vida. Te has permitido convertirte en su marioneta. Ahora eres una oveja, y ellos son tu pastor. ¿Por qué crees que es necesario renunciar al control de tu propia vida? Hacerlo no tiene ningún sentido inteligente para un Humanista. De hecho, la mayoría de los Humanistas querrán alejarse de ti. Como un resfriado, podría ser contagioso.

Ningún Humanista puede aceptar eso. El problema para un Humanista es que no requiere pensar. Se percibe como simplista, y eso no tiene sentido para un Humanista. Eso es porque sienten que algo central para tu propia existencia merece ser completamente entendido y verificable si vas a dedicar tu vida basándote en esa creencia.

Hay muchos aspectos adicionales de la comprensión del tema de Dios que van más allá de los parámetros de esta discusión. Sabemos a ciencia que actualmente somos incapaces de comprender plenamente la naturaleza. Lo importante es que nuestra aproximación a la comprensión de esas fuerzas que están más allá de nosotros es, en la actualidad, profundamente personal. Nadie ha descubierto hasta ahora la "verdad" de la vida, y el uso del término "Dios" no tiene una definición clara.

Debido a la falta de educación, o a la exposición a diferentes alternativas u otros puntos de vista para la vida, o por cualquier otra razón que sea importante para ellos, algunas personas se sienten obligadas a responder a algunas de sus preguntas de la con mitos o tradiciones. Desafiar su fe les dejaría sin un sistema de creencias alternativo. Por lo tanto, el verdadero daño, y muy poco valor, se encuentra en un desafío no solicitado a las creencias profundamente sentidas de otra persona. La mayoría de los humanistas simplemente evitarían el tema.

El resultado de atacar gratuitamente las creencias profundas de otra persona puede causar un daño irreparable, no sólo al creyente, sino también al atacante. Por lo general, ese comportamiento no hará que nadie se sienta mejor. Entonces, ¿por qué querrías ? La mayoría de los Humanistas pueden reconocer el efecto que tal comportamiento tendría sobre los demás y no lo harían intencionadamente. Un Humanista ético normalmente no daña intencionadamente a otros.

Maslow reconoció que todos los seres humanos están sujetos a limitaciones culturales y psicológicas. Como hemos aprendido, una vez que una noción es aceptable para una persona, puede convertirse fácilmente en un escatoma limitante. Podemos volvernos ciegos al efecto de nuestro comportamiento negativo hacia los demás, del mismo modo que bloqueamos cualquier información que desafíe nuestras creencias más profundas.

Intenta decirles a los que aún luchan contra el concepto de Dios de sus padres que "el ateísmo es irrelevante". Su concepto de Dios está limitado a un estrecho margen, y debido a esta barrera, deben gastar energía defendiendo su posición porque todavía están luchando contra el concepto de "Dios" de su infancia. Uno pensaría que podrían haber encontrado una manera más fácil de emanciparse de sus padres que sea menos perjudicial para los demás. Muchos incluso se sienten justificados por ofender las creencias de los demás en su celo.

Su concepto de Dios sencillamente no maduró a medida que crecían, lo que les obligó a malgastar ahora su limitada energía, de forma parecida a como Don Quijote luchaba contra molinos de viento.

Muchos ateos no son conscientes, o no les importa, que a lo que se oponen es a su propia definición limitada de "Dios", y no a la práctica cultural legítima actual de llamar "Dios" a cualquier fuerza que esté más allá de nosotros y que actualmente no comprendemos, pero que aún veneramos o tememos, sin tener nada que ver con el sobrenaturalismo. Los ateos pueden oponerse válidamente a la noción de sobrenaturalismo, que suponen erróneamente necesaria para el uso del término "Dios". Sin embargo, no hacen la distinción. Como no encuentran ninguna utilidad en el uso del término, su creencia es que la palabra simplemente no debería existir. La mayoría de la gente no está de acuerdo.

Un enfoque más constructivo para un ateo sería cuestionar la definición y las conclusiones a las que llega una persona obligada a utilizar el término "Dios", si el ateo realmente quiere entablar un diálogo significativo. Eso cambiaría al menos el campo de juego, obligando a la comunidad religiosa a tener que defender el "sobrenaturalismo", una postura que mucha gente dentro de la comunidad de fe reconocería pronto como absurda. Lo más que pueden demostrar los ateos es que hoy no tenemos respuestas válidas para todo. Pero eso no significa que nunca las tengamos. Los humanistas están dispuestos a esperar una .

La mayoría de los humanistas simplemente no se preocupan por estas cuestiones. Me metí intencionadamente con el pie en la boca y le pregunté a Steven Weinberg, colega de Stephen Hawking y premio Nobel humanista de física teórica, cuál era su opinión sobre Dios. Él respondió:

"¿Por qué habría de preocuparme por esas cosas?". Ese esfuerzo es trivial y de poco valor para muchos Humanistas agnósticos.

En qué se diferencian los humanistas de los ateos

La mayoría de los ateos pueden aceptar el humanismo como una visión válida de la vida, pero muchos humanistas no aceptan que el ateísmo añada relevancia a la vida. ¿Por qué ofender a otros con una creencia negativa cuando el humanismo tiene tantas

argumentos positivos para apoyar esta vida? La educación es el único enfoque válido y socialmente aceptable para cambiar la opinión de los demás.

Cuestionar negativamente el sistema de creencias de otra persona no es aceptable para la mayoría de los humanistas.

De hecho, tal comportamiento ofende a muchos Humanistas y hace difícil incluso querer asociarse o ser identificados con Ateos activistas. Como resultado, muchos Humanistas convencionales no participan activamente en eventos Humanistas organizados. Las personas del tipo "en tu cara" son ofensivas, y muchos Humanistas las evitan intencionadamente. La mayoría de los Humanistas simplemente no se preocupan por el tema, y muchos no quieren perder su tiempo siendo confrontados por aquellos que sí enfatizar su hostilidad hacia "Dios" cuando el Humanismo podría estar haciendo mucho mejor en el mundo sin esa distracción innecesaria.

Algunos ateos ondean orgullosos su estandarte alardeando de su visión negativa de la vida como si fuera una "insignia de honor", en lugar de un reflejo de su limitada visión de la vida. Ese comportamiento es desafortunado para muchos Humanistas de la corriente dominante porque realmente no queremos ni estar en la misma habitación que ellos. Las personas con esa visión tan limitada de la realidad son tan molestas para los Humanistas convencionales como la extrema derecha lo es para aquellos que son convencionales en el Partido Republicano. Ambos pueden llegar a ser personas "en tu cara", y eso es tan ofensivo para los Humanistas convencionales como lo es para un Cristiano tirarse un pedo en el banco de la iglesia.

Si a los ateos les gusta el lado positivo de lo que la filosofía Humanista significa para añadir valor a sus vidas, entonces entre otros Humanistas deberían actuar como un Humanista y ser respetuosos con las creencias y sentimientos de los demás y dejar su comportamiento "en tu cara" en casa para compartirlo sólo con otros que también piensan negativamente. Deberían comportarse lo mejor posible entre los Humanistas, que generalmente sienten que todo el mundo tiene derecho a cualquier creencia que añada valor a sus propias .

Esta es la única vida sabemos con certeza que tendremos. Sin embargo, no es nuestro deber educar a personas que no quieren nuestra educación. La mayoría de los humanistas se sienten obligados a ser respetuosos con los sentimientos de los demás porque pensamos que cada uno debe ser libre

de creer en lo que mejore su propia existencia, si no perjudica a nadie más.

Por lo tanto, para aquellos que no aceptan esa responsabilidad por sí mismos en su comportamiento personal, todo lo que los Humanistas moderados o liberales pedirían es que no reflejen ese comportamiento irrespetuoso del Dios de otros en nombre del humanismo, o en Humanistas. Sin embargo, la mayoría de los Humanistas no objetarían lo hacen dentro de eventos Ateos organizados, lo que pueden hacer además de, pero fuera de los límites de, ser un Humanista Ateo.

Eso es para que también sean respetuosos con los Humanistas moderados y liberales que creen que insultar las creencias de otras es simplemente un comportamiento poco Humanista, y todo el mundo no debería querer que esos Humanistas moderados o liberales se sientan incómodos asistiendo a eventos organizados por Humanistas. Imagino que la mayoría de los ateos reconocerían que, como Humanista, no entrarías en el Vaticano gritando: "Dios no existe, así que supéralo". Hay un momento y un lugar apropiados para cada cosa. Aunque un ateo activista pueda plantarse ante el Vaticano con una pancarta reivindicando su creencia, no debería esperar que las organizaciones humanistas participen, ni que sancionen o apoyen tales actos.

Capítulo XIX
¿Cuál es el papel de la religión?

La religión surgió como nuestra solución humana para proporcionar control social a una comunidad de personas demasiado grande para mantener el control social que era posible cuando todos los miembros de una comunidad conocían a todos los demás. E.O. Wilson, profesor jubilado de Harvard, observó que, en torno a las 150 personas, el control de la sociedad empieza a resquebrajarse. Por lo tanto, las comunidades más grandes necesitaban un sistema de valores común y una estructura para animar o hacer cumplir a los miembros de la comunidad que se adhirieran a esas normas. Aquellos que las violaban con la fuerza se encontraban con la fuerza policial. Los que simplemente ignoraban esas normas eran desafiados por los sacerdotes y rechazados por los participantes.

E.O. Wilson también señaló que un matón puede dominar a cualquier otra persona para satisfacer sus necesidades. Sin embargo, una multitud altruista o un grupo de personas que se apoyan mutuamente pueden controlar a un matón. La dicotomía provocada por la existencia de ambos es lo que hace crecer a nuestra sociedad. La persona dominante inicia el cambio social. La estructura social organizada modifica el conflicto entre lo nuevo y el orden previamente existente para permitir la integración del cambio dentro de nuestra sociedad. Por lo tanto, nuestra sociedad crece y se adapta.

Como ya se ha mencionado, E.O. Wilson también afirmó que todo el mundo tiene alguna necesidad espiritual. Es decir, una necesidad biológica de conectar con la naturaleza. La sociobiología es el estudio que vincula el campo de la biología con la sociología. Según Wilson la biología no termina con el nacimiento, sino que el estudio de todo lo que ocurre en nuestras vidas a partir de entonces pasa exclusivamente al campo de la sociología. Wilson considera que muchas de nuestras instituciones, incluida esa necesidad humana de conectar con la naturaleza que llamamos "espiritualidad", están determinadas biológicamente. La espiritualidad en forma de reverencia por la vida es biológicamente necesaria para todos.

Todas las personas sanas sienten un temor espiritual natural por nuestro universo. La gente puede etiquetar su reverencia por la vida como quiera. La necesidad de espiritualidad es una característica humana. La necesidad de cada uno de nosotros de un sentido de espiritualidad es lo que fundamenta la religión al integrarse con la realidad. Sin embargo, nuestra necesidad de espiritualidad no es competencia exclusiva de la religión. Cómo se reconoce es una cuestión que cada uno está biológicamente obligado a reconciliar por sí mismo. La espiritualidad es un sentimiento emocional de conexión con la naturaleza y con nuestra propia realidad. Es una necesidad muy importante para nosotros estar conectados con nuestras propias raíces y realidad. Por eso las religiones intentaron desde el principio captarla para sí mismas, y por eso muchas personas aceptan aún hoy que el ámbito de la espiritualidad es dominio de su religión.

Afortunadamente, se equivocan. La espiritualidad es innata en todos nosotros. Creo que llegar a sentimientos espirituales mientras contemplas una puesta de sol, paseas por una zona boscosa, te sientas en una montaña a contemplar el mundo que delante, o en una playa cuando el sol se pone más allá del horizonte, u observas a tu hijo recién nacido, respirando profundamente y disfrutando de tu propia vida, es la mejor forma de espiritualidad. Es entonces cuando estás en sintonía con tu mundo e incluso puedes estar compartiendo una "experiencia cumbre".

Conscientes de que no sirve de nada cuestionar las creencias de los demás, los humanistas pueden aceptar que cada persona tiene derecho a vivir su propia vida como quiera, al menos hasta que intenten limitar los derechos o cuestionar las creencias de los demás. Tanto la extrema derecha religiosa como la extrema izquierda atea se equivocan cuando utilizan un enfoque "en tu " para hacer proselitismo de su propia creencia de "fe", aunque la derecha religiosa es mucho más agresiva cuando intenta utilizar la ley como herramienta de su fe. No sólo es errónea la base fáctica histórica de cada una de sus creencias, sino que su conclusión no es una interpretación exacta de los hechos que existen. Su enfoque sólo consigue fomentar una mayor resistencia en las personas que ambas "confesiones" esperan cambiar.

La única forma válida de cambiar la creencia de otra persona es ofrecerle una oportunidad no amenazadora para que presente pruebas, demodo que... que la visión de la vida de una persona puede crecer a través de su aprendizaje de nueva información. Para cambiar las creencias profundas de otra persona, debemos ayudarla a construir un nuevo puente sobre su escatoma para el cambio, si queremos que éste tenga un valor duradero para ella. Sólo una educación no amenazadora puede cambiar la visión que una persona tiene de su propia verdad, añadiendo esa nueva información a su estructura preexistente de creencias. Para que sea eficaz, las personas deben ser receptivas a otra idea que antes no hayan considerado, al menos desde el punto de que ahora se les presenta. Nuestra actitud debe ser abierta y receptiva para las nuevas ideas arraiguen. En última instancia, nuevas ideas sólo pueden aceptarse si se presentan adecuadamente y de no amenazadora. Así es como los universitarios de primer año, que están allí para aprender, captan una visión de la vida que amplía su perspectiva. También es la razón por la que muchas religiones tienen colegios que mantienen a sus ovejas en su redil.

Una visión actual de la religión

Ahora estamos listos para resumir la información anterior para hacerla relevante en la actualidad. Nuestra propia vida se ve a través de las lentes que utilizamos. El humanismo es sólo una lente. Hay múltiples visiones válidas de la vida. John Shelby Spong fue un Obispo retirado de la Diócesis Episcopal de Newark, Nueva Jersey. El obispo Spong creía que el teísmo está muriendo y debe ser reemplazado por una visión deísta, más relevante de Dios. No encontraba ninguna necesidad de sobrenaturalismo. Tampoco los humanistas. El obispo Spong extendió el pensamiento del anterior ministro unitario universalista Henry Nelson Wieman, que desarrolló el naturalismo teocéntrico y el método empírico en la teología estadounidense de los años setenta. Wieman veía a su Dios como la "fuerza vital". (Lo que creó la "vida") El obispo Spong incorpora ese concepto a la tradición cristiana.

El obispo Spong afirmó que Jesús no era más que un ser humano que murió como todos los demás seres humanos. Señaló que fueron teólogos posteriores los que añadieron la noción de la resurrección de Jesús. Los hechos históricos apoyan que eso es cierto. El apóstol Pablo creó el Cristo, que es nuestra tradición cristiana actual, gracias al Niceno de Constantino Conferencia en el 325 d.C. Las pruebas actuales, incluidos los Rollos del Mar Muerto, nos cuentan una historia diferente a la de nuestras tradiciones religiosas actuales.

Los Rollos del Mar Muerto fueron escritos desde el 250 a.C. hasta el 67 d.C. a sólo doce millas aéreas de Jerusalén. Se podría pensar que un acontecimiento histórico como la resurrección sería algo sobre lo que escribirían. Especialmente porque los esenios estaban ocupados escribiéndolos diariamente durante la vida de Jesús y treinta años después de su crucifixión. Uno pensaría que un evento como ese sería notado. Esa es una buena evidencia de que no sucedió. Ahora es una "creencia de fe". El Jesús vivo era una persona diferente. El apóstol Pablo no conoció personalmente a Jesús, pero ciertamente hizo que sus enseñanzas fueran comercializables.

San Pablo era antes un recaudador de impuestos, no cerca de la calidad de vida de ser un apóstol de Jesús, donde el público sirvió a todas sus necesidades. Les dijo a los judíos que en lugar de tener que esperar al "fin de los días" para ser aceptados en el Cielo, creer en Jesús te permitía entrar al día siguiente. Su mensaje caló, y Jesús se convirtió en el Cristo.

El obispo Spong nos dijo que Jesús era simplemente un judío vivo que tenía un mensaje único. El obispo Spong dijo que la historia de Jesús que vemos hoy fue contada por escritores más de 40 años después de su muerte. Debido a que la vida de Jesús fue tan profunda para los escritores de los evangelios, sintieron que necesitaban contar su historia en el contexto del Antiguo Testamento judío actual, escribiendo para hacer de Jesús un judío relevante que valía la pena celebrar. El obispo Spong situó de forma única el Nuevo Testamento sobre el Antiguo Testamento, y surge una visión de Jesús diferente a la de nuestras tradiciones cristianas actuales. Los principales acontecimientos de la vida Jesús se corresponden con la celebración de las principales tradiciones judías.

Según el obispo Spong, el propósito de la vida de Jesús era enseñarnos a vivir nuestra vida aquí en la Tierra al máximo. El mensaje de Jesús era que viviéramos una vida buena, moral y significativa hasta el nivel más alto de realización que pudiéramos alcanzar mientras viviéramos aquí en la Tierra. Para el obispo Spong, a Jesús sólo le preocupaba nuestra vida aquí en Tierra.

Fue el cristianismo posterior el que cambió el mensaje añadiendo mitos que iban más allá de la vida del Jesús que vivió. Seguido a una lógica conclusión, la visión del obispo Spong de la vida del Jesús que existió convierte a Jesús en Humanista. Para las personas que tienen un fuerte apego a sus primeros símbolos cristianos, que se declaran humanistas, esa visión del cristianismo puede hacer que su propia experiencia religiosa sea mucho más significativa. Es ciertamente más cercana a los hechos históricos, si tales hechos tienen alguna importancia para ti.

Recuerda que los hechos no influyen en los símbolos elegimos. Al igual que un cuadro que nos gusta, nuestros símbolos significan mucho más para nosotros que el lienzo en el que están pintados. Adoptamos los símbolos porque no tenemos otro medio mejor de describir o expresar nuestras preocupaciones últimas. Dado que hoy en día disponemos de pocas palabras en lengua inglesa para abordar esas cuestionesreligiosamente hablamos en un lenguaje simbólico. Según E.

O. Wilson, todos tenemos necesidades espirituales que atender, y muchos de nosotros lo hacemos con el lenguaje simbólico que aprendimos antes de nuestra edad de la razón. Como nuestra necesidad espiritual está asociada a las emociones que teníamos en el momento de aceptar esos símbolos, esas emociones también se convierten en una parte permanente de nosotros mismos. Así, para la mayoría de las personas, la religión que han aceptado antes de su edad de la razón satisface esas necesidades, y el camino de menor resistencia les mantiene dentro de los límites de sus propios símbolos durante toda su vida. Para muchos continúan incluso después de darse cuenta de que realmente son Humanistas.

El obispo Spong ofrece un medio de hacer que los símbolos cristianos sean relevantes hoy para quienes se preocupan por la verdad de sus símbolos, y que por lo demás no pueden limitarse a aceptar sus propias autoridades cuando la única validación de su verdad es por otra autoridad.

Lo hacen por razones emocionales que son válidas, pero que no tienen nada que ver con la realidad. Por lo tanto, el obispo Spong obtuvo una acogida significativa en muchas iglesias cristianas de la corriente principal durante su vida. Su mensaje sigue siendo relevante para muchas personas religiosas más allá de la Iglesia Episcopal. Es relevante para muchos humanistas. De hecho, fue reconocido en una reunión anual de la Asociación Humanista Americana donde aceptó un premio de la

Asociación. El obispo Spong no encuentra ningún conflicto con humanismo. Cuando se le preguntó su opinión sobre , el obispo Spong respondió por carta diciendo:

"No veo el cristianismo y el humanismo secular como enemigos que reflejan valores mutuamente excluyentes. De hecho, creo que el objetivo tanto del cristianismo como del humanismo es buscar y fomentar la expansión de la vida humana. Las diferencias se encuentran en lo que cada uno cree necesario para alcanzar ese objetivo y en la definición del propio objetivo. En la lucha por humanizar nuestro mundo creo que el cristianismo y el humanismo son aliados, no enemigos.

Sin embargo, los humanistas laicos han experimentado con frecuencia el cristianismo como estrecho, prejuicioso e imperialista. Los cristianos han experimentado el humanismo secular como antirreligioso y anticristiano. Creo que ambos estereotipos son falsos.

Miro al siglo XX, que en muchos sentidos fue un siglo humanista laico, en el que la religión organizada disminuyó drásticamente en influencia y en poder. Sin embargo, en ese mismo siglo se produjo la emancipación de la mujer, se puso fin en gran medida a la dominación colonial de las naciones menos desarrolladas del Tercer Mundo, el movimiento por los derechos civiles rompió el espinazo de la segregación y los homosexuales empezaron a superar los prejuicios que les han impedido alcanzar la plena pertenencia y la justicia en el orden social. Cada uno de ellos es un poderoso logro.

Un estudio de la historia de ese siglo también revela que la mayor parte del mundo cristiano, expresado a través del liderazgo del cristianismo institucional, se resistió a cada uno de estos cambios. Estos logros se alcanzaron, en general, gracias al trabajo de las fuerzas humanistas seculares. Sin embargo, cada uno de ellos parece plenamente acorde con la enseñanza cristiana. Se cita a Jesús diciendo que su propósito era dar vida en abundancia. Eso es exactamente lo que consigue la muerte de los prejuicios y los estereotipos negativos sobre las minorías, las mujeres y los homosexuales. Marcos y Lucas citan a Jesús diciendo: "Si no estáis contra mí, estáis por mí". El humanismo secular no es mi enemigo. Es mi aliado en la lucha por la justicia. De hecho, veo el humanismo secular como el resplandor del cristianismo que permanece cuando se han abandonado los mitos interpretativos del pasado. Es la flor de la rosa que

permanece mucho después de que la rosa se separe de sus raíces. Veo un brillante futuro de cooperación; espero que tú también".

¿No sería interesante que todas las tradiciones religiosas acabaran evolucionando para adaptar la filosofía del humanismo a sus símbolos religiosos? El humanismo puede expresarse a través de los símbolos históricos de la mayoría de las religiones. Sería una forma de que las religiones organizadas siguieran existiendo y permanecieran siempre relevantes a medida que nuestras verdades continúan revelándose, y la cultura del público estadounidense finalmente llega más allá del nivel social.

Si un propósito válido de la religión es llenar la necesidad de espiritualismo, como explica E. O. , esa necesidad podría expresarse a través del humanismo sin destruir ninguno de los símbolos de la religión.

Además de muchas Iglesias Unitarias, otra expresión similar de la visión de la religión desde una perspectiva humanista es la de la Unión Ética Americana, que expresa la Cultura Ética como su fundamento. Los humanistas están unidos por la creencia de que los seres humanos deben aceptar la responsabilidad por sí mismos y aceptar sólo hechos que puedan ser verificados como verdaderos. Como dije anteriormente, dentro de la Asociación Humanista Americana el Judaísmo tiene la Sociedad de Judaísmo Humanista. También existe la Fellowship of Religious Humanists, y la American Humanist Association tiene la Humanist Society. Todos ven las necesidades espirituales o "religiosas" de esas culturas a través de la misma lente: una visión de la realidad basada en hechos verificables. Cada una utiliza una estructura organizativa que cumple nuestra tradición cultural a través de una reunión congregacional.

La diferencia entre estas organizaciones y las religiones más tradicionales es que en la mayoría de las religiones te piden que dejes la razón en la puerta y aceptes tus creencias por "fe ciega". En las sociedades mencionadas anteriormente, se deja el "sobrenaturalismo" en la puerta y se reúnen para construir las creencias que aceptarán basándose únicamente en la razón y en su visión de lo que pueden validar como verdad o significativo para ustedes mismos debido a sus primeras lecciones emocionales en vida, utilizando los medios para determinar la verdad de los que hemos hablado anteriormente. Por lo tanto, a los participantes se les presentan temas a considerar, pero no se les da...

respuestas que se espera que sus miembros acepten. Aunque presenten una respuesta a efectos de debate, no hay rechazo si no se está de acuerdo.

Los celebrantes humanistas están certificados por la Sociedad Humanista para proporcionar celebraciones de los derechos de paso, desde el reconocimiento de una nueva vida a la santificación del matrimonio, a las celebraciones del significado de una vida tras el fallecimiento de una . Los Celebrantes Humanistas están reconocidos como oficiantes legales por todos los estados de América en la actualidad. He sido un Celebrante Humanista certificado en los 50 estados y territorios de América, pero nunca lo he utilizado porque los ministros unitarios están disponibles, y se les paga por ello. Yo presto mis servicios Humanistas gratuitamente. Finalmente tuve la oportunidad de proveer la ceremonia de boda para una nieta este año pasado. Sólo que su boda ocurrió en México, así que primero tuve que declarar a esa comunidad territorio de Estados Unidos para asegurarme de que estuviera legalmente casada.

Un juez de Texas confirmó que realmente están casados.

Capítulo XX
Esta vida puede ser nuestra única oportunidad de existir

Como no hay pruebas válidas de que una vida después de nuestra muerte, los Humanistas simplemente ignoran la cuestión. En cualquier caso, incluso si creer que existe una vida después de nuestra muerte, como los humanistas no creen que el valor de la vida se limite a conseguir la existencia de un alma inmortal a través de la fe, consideran que todo el mundo debería vivir su propia vida plenamente en el presente. Los humanistas creen que todos deberíamos aprovechar al máximo cada día mientras vivimos en la Tierra, y desde luego no sacrificar esta vida por un billete a una vida después de la muerte que puede no existir. Si hay una vida después de la muerte, vivir una vida adecuada debería dar derecho a todos a cualquier recompensa que esté disponible en ese momento. Los controladores no tienen ningún derecho válido a condicionar nuestro comportamiento con amenazas de condenación, ni a afirmar que sólo ellos tienen el billete para nuestra inmortalidad. Afirmar esa pretensión debería ser una prueba válida para todos de que tal pretensión sólo puede ser un dispositivo de control.

¿Por qué cualquier Dios aceptable limitaría una vida después de la muerte, si es existe, a tan pocos que la mayoría de personas de la Tierra no podrían participar porque piensan de forma diferente a algunos sacerdotes? Eso no tiene ningún sentido inteligente. , amigos, y reconozcan que su vida está siendo controlada. Consideren quién se beneficia más de ese control. ¿Eres un pez que ha sido enganchado? ¿O una oveja que sólo sigue a quien decide guiarte? ¿Realmente quieres vivir tu vida bajo el control limitante de alguien que dicta tus valores por ti, y luego te amenaza si te desvías? Incluso si deseamos creer en una vida después de la muerte y buscamos un billete, no deberíamos perder la oportunidad de vivir plenamente esta vida que podemos lograr mientras estamos aquí, basándonos en nuestra propia determinación de lo que podemos comprobar que es verdad y no limitarnos a creer lo que otros definen como verdad para nosotros.

Puede que haya una vida después de la muerte, pero no tenemos pruebas válidas de que exista. La ciencia nos demuestra que la noción de separación del cuerpo y el alma no tiene fundamento. Los científicos han llegado a la conclusión de que todas las experiencias cercanas a la muerte de las que se ha informado proceden de personas no mostraban indicios de haber muerto. Si creemos en una vida después de la muerte, sólo tenemos una esperanza basada en una fe ciega. Por lo tanto, fácilmente podríamos perdernos de vivir nuestra vida mientras estamos aquí en la Tierra guiados sólo con la esperanza de que existe una vida en el más allá, especialmente si ello requiere que neguemos la oportunidad de vivir una vida al máximo que podemos lograr aquí hoy...

Limitar nuestra capacidad de vivir esta , condicionada sólo por la Gente de Control sin más pruebas de apoyo que su afirmación de autoridad, nos deja sin otra forma de validar sus afirmaciones aceptar su autoridad por "fe ciega". Eso no tiene ningún sentido lógico, aunque sea algo que realmente queramos creer.

Analicemos un poco más a fondo por qué tenemos esa creencia. Nuestra creencia en una vida después de la muerte se produce debido a un condicionamiento que a menudo ocurre antes de nuestra edad de razón, que crea un intenso deseo de pertenecer a una comunidad de fe específica y provoca nuestra aceptación de una creencia de fe prescrita. Ocurre por razones emocionales. Los hechos y la verdad tendrán poca influencia en las creencias religiosas de la mayoría de la gente.

Un experimento interesante

Pide a alguien que sume una columna de cifras muy deprisa escribes cada número en la pizarra, diciendo la suma en voz alta tan rápido como los , un número cada vez. Empezando por el número 1.000, seguido de los números 20, 1.000, 30, 1.000, 40 y 1.000, la suma en ese punto es 4.090. Si a continuación se nos pide que sumemos el número 10, la respuesta recibida con más frecuencia es 5.000, en lugar de la respuesta correcta de 4.100.

Inténtalo en una audiencia, y gente inteligente discutirá , insistiendo en que la respuesta real es 5.000. Pruébalo con el cajero de tu banco.

La gente se enfadará porque discrepes con ellos. Sin embargo, este problema matemático no está asociado a ninguna emoción.

Escribe cada número y haz una breve pausa para que el público pueda decir en voz alta la suma actual:

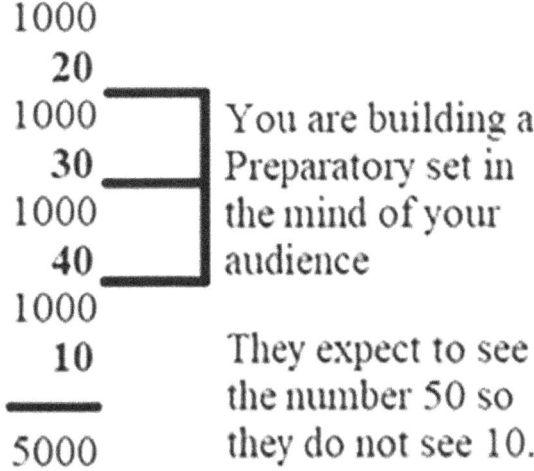

```
1000
  20
1000  ]  You are building a
  30     Preparatory set in
1000     the mind of your
  40      audience
1000
  10     They expect to see
  ___     the number 50 so
5000      they do not see 10.
```

Pruébalo con cualquier grupo de personas. La velocidad a la que consigas que digan la respuesta en voz alta determinará tu éxito a la hora de obtener este resultado. Tu objetivo es mostrar a tu audiencia cómo funciona su mente, y qué es un "set preparatorio".

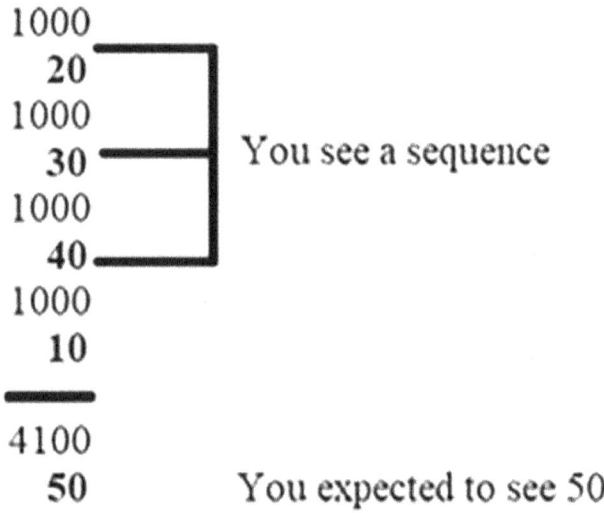

El número 10 hace que tengas que hacer una transición de la 3ª columna a la 2ª columna. Como nuestro cerebro ve los números desde los bordes exteriores, es más fácil intercambiar el número 50, que estabas anticipando, que hacer la transferencia interna entre columnas.

Por lo tanto, tu cerebro te dice que el total es 5.000 en lugar del total correcto de 4.100.

Ejemplo de set preparatorio

La gente responde incorrectamente a la pregunta porque se ha creado un juego preparatorio al sumar las cifras. Hemos sumado 20, 30 y 40 en secuencia y, por lo tanto, tenemos una expectativa inconsciente de que el número 50 será el siguiente. Tu "conjunto preparatorio" es la anticipación del número 50. Hacemos lo mismo en muchos otros contextos. Las personas que conducen diariamente por la misma ruta tienen una expectativa de lo que hay a la vuelta de la . Si lo que esperaban cambia, es posible que no lo vean debido a su . El resultado podría ser un grave accidente. Los juegos de preparación están a nuestro alrededor.

Cuando, en lugar del número 50 que esperábamos, se nos pide que sumemos el número 10, debemos transferir cifras interiores de la tercera a la segunda columna. Se trata de un proceso mental difícil porque la gente normalmente procesa la información numérica poniendo entre paréntesis los números de los bordes exteriores en lugar de pensar en términos del centro. En lugar del proceso mental más difícil de una transferencia interior, la mente sustituye fácilmente el número 50 que esperábamos, y como miramos una columna de desde los números exteriores, vemos incorrectamente en nuestra mente el número 5.000 por la suma de 4.090 y 10, que en realidad es 4.100.

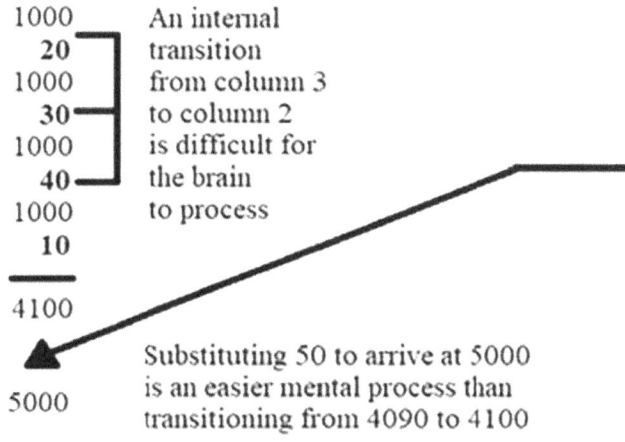

¿Por qué el problema matemático?

El objetivo de este ejemplo es mostrarle que nuestra propia mente puede engañarnos fácilmente. Debido a la forma en que nuestro cerebro procesa la información, podemos desviarnos de la realidad. La combinación de esa fragilidad con un escotoma adquirido en nuestra juventud es lo que da poder a las Personas Controladoras que quieren mantener el control de nuestra vida. Esto es especialmente cierto cuando el tema son nuestras creencias religiosas, para las que no existen pruebas comprobables. Esas creencias se apoyan emocionalmente No se puede simplemente matar un escotoma. La verdad no puede prevalecer sobre nuestras emociones. Para superar el control de un escatoma, primero hay que reconocer que existe. Después, a través de una educación no amenazadora, debemos construir un puente alrededor de la barrera. Hay que sustituir un escotoma para aprender y seguir creciendo. Intentar hacerlo puede ser la razón por la que estás leyendo este ensayo. Abordar cualquier creencia desde una nueva perspectiva es la mejor manera de evitar crear un escotoma. Así es como hace madurar la experiencia universitaria.

¿Cómo deberían crecer mis propias creencias?

Este sencillo problema matemático es un buen ejemplo del efecto de los juegos preparatorios y de cómo nuestra propia mente puede , y sin embargo este ejemplo no se basa en una cargada de emociones. Una persona entrenada desde la primera infancia con cualquier creencia tendrá valor y emociones invertidos en su propia creencia. Si se le pide que acepte una noción contraria, responderá emocionalmente. Esto se debe a que el sentimiento que se experimenta ahora al aceptar una creencia suele asociarse a la creencia desde el momento en que se adquiere por primera vez y se asociará a esa creencia durante el resto de la vida, a menos que se modifique intencionadamente mediante una educación posterior.

Esto es especialmente cierto en el caso de las creencias adquiridas a una temprana, antes de desarrollar la capacidad de razonar por uno mismo. Por eso nuestra visión religiosa es tan poderosa, y por eso es muy difícil cambiar esas creencias en etapas posteriores de la vida, aunque queramos cambiar. Creemos que conocemos la verdad, así que ya no tenemos en cuenta la realidad. Estamos enganchados y puede que nos hayamos convertido en una oveja, y puede que nunca nos demos cuenta de lo que nos pasado.

Este ejemplo matemático también muestra cómo nuestros escatomas bloquean fácilmente cualquier otra visión conflictiva.

Las emociones que se experimentan con una creencia cuando se acepta por primera vez suelen formar parte de para siempre. Así, nuestra herencia religiosa tiene un poderoso efecto sobre nosotros. Los hechos no son relevantes para que sigamos apoyando esa . Si uno se ha criado en una determinada fe, no puede simplemente ignorar sus propias creencias religiosas sin sufrir un efecto psicológico adverso, excepto a través de una educación continua no amenazadora que construya un puente alrededor de nuestro escotoma. Dejar atrás las creencias de la infancia que se reforzaban semanalmente en la edad adulta requiere una educación significativa. Un cambio así puede toda la vida. Por lo tanto, la mayoría de la gente no encuentra motivos para cambiar. El hecho de que hayas leído hasta aquí en realidad dice que eres mucho más capaz de crecer más allá de tus limitaciones infantiles que el ochenta por ciento de la sociedad, porque también indica que vives por encima del nivel social. Eso te sitúa en el veinte por ciento superior de las personas que viven hoy en día. Sigue leyendo para considerar lo que puedes lograr para asegurar tu propia inmortalidad.

Dado que asociamos de forma natural cualquier creencia con las emociones presentes cuando se originaron, y dado que no podemos sacar fácilmente ningún aspecto de nuestras vidas de su contexto, las alternativas a nuestros propios escatomas no sólo son inaceptables, sino que pueden resultar amenazadoras, hasta el punto de que la gente está dispuesta a arriesgar su vida para defender su noción actual de que lo que creen es correcto. Sabemos por el fenómeno actual, cuando personas por lo demás inteligentes se convierten en terroristas suicidas en nombre de su creencia religiosa, que su acto no tiene nada que ver con la verdad. Un argumento lógico no puede vencer una creencia emocional. Se necesita una educación significativa y no amenazadora para provocar un cambio de comportamiento. Hoy en día, en Oriente Medio no hay tiempo suficiente para la educación. El resultado es que hoy estamos en guerra en muchos frentes por culpa de los escatomas.

La forma madura de acomodar las creencias infantiles en el mundo adulto, de forma coherente con la realidad, consiste en redefinir continuamente cada concepto, o creencia, para mantener su actualidad. La gente se aferra a sus propias creencias. Sin embargo, incluso nuestras creencias religiosas deben madurar como cualquier otra

noción que influye en nuestras vidas. Un concepto de "temer a Dios" es normal en la infancia, pero cuando nos convertimos en adultos una forma abstracta más madura de definir a Dios es mucho más eficaz. Los ateos existen porque luchan contra un concepto de Dios infantil que no ha crecido con ellos a medida que maduraban. Maslow nos mostró cómo deberíamos haber desarrollado una definición abstracta para nuestro concepto de Dios como adultos si hemos actualizado nuestra propia vida. Si tu Dios es la naturaleza, ¿cómo puedes ser ateo?

El mito de Papá Noel es aceptado por los niños criados en la tradición estadounidense. Sin embargo, esto sólo dura unos pocos años porque, con el tiempo, Santa Claus es socavado por la realidad. Todos los niños quedan desolados. La respuesta que den a continuación es muy importante. Los que no sustituyen su noción infantil de Papá Noel como "su dador de regalos" por el bien de dar a los demás se sienten decepcionados. Los que son capaces de desarrollar un cambio sano de percepción, mirando a Papá Noel desde la perspectiva de sus padres, pueden seguir celebrando Papá Noel con la Navidad como símbolo de dar durante el resto de sus vidas. La forma en que abordamos y nos vemos afectados por nuestra propia visión religiosa es la misma.

El objetivo en la vida es que sigamos creciendo. Si nuestras creencias evolucionan de forma saludable, hasta el punto de que podamos vivir dentro de toda nuestra gama de necesidades a través del crecimiento y el desarrollo continuos, con el tiempo deberíamos alcanzar una experiencia cumbre. Nuestro objetivo debería ser que nuestra vida individual fuera cada vez rica, plena y satisfactoria. Aunque los objetivos específicos que satisfagan nuestras vidas individuales serán únicos, comprender el proceso universal del crecimiento humano facilita el camino.

Capítulo XXI
¿Cómo afrontamos nuestra propia muerte?

Podemos aceptar que estamos aquí para experimentar nuestro propio viaje por esta vida. Cuando nuestro viaje haya concluido, nuestra vida se habrá completado. Maslow llegó a la conclusión de que cuando las personas alcanzan el punto de realización completa, llegan a un estado mental en el que incluso su propia muerte no resulta amenazadora. Ya no tenemos que temer a la muerte en sí. Sólo tememos cómo podemos morir. Nadie quiere una muerte dolorosa.

Para la mayoría de las personas, la escuela primaria fue una gran experiencia durante la primera parte de la vida, que nos preparó para el siguiente nivel de nuestro propio crecimiento. Pocos adultos sienten la necesidad de repetir la experiencia, aunque todavía podemos disfrutar viendo el beneficio de la experiencia escolar temprana en las vidas de nuestros hijos y nietos. Aunque es una buena experiencia para los niños pequeños, la mayoría de la gente se siente aliviada cuando la escuela primaria deja de ser importante para ellos en sus últimos . Los adultos ya nos sentimos realizados con esa parte de nuestra vida. No queremos volver atrás y empezar de nuevo. (Bueno, había una niña muy guapa en la guardería. pudiera volver atrás, sabiendo lo que sé hoy, y empezar de nuevo, ¿quién sabe dónde estaría hoy? Todos tenemos deseos insatisfechos¿no?).

Del mismo modo, si hemos actualizado nuestra propia , habiendo experimentado la vida en toda su plenitud, ya no necesitaremos temer a la muerte. Entonces podemos reconocer que nuestra propia muerte es inevitable: aunque no se , tampoco es ya objeto de preocupación, ni nuestra muerte es una amenaza. Cuando no necesitemos experimentar nada más para que nuestra propia vida sea plena, podremos aceptar la muerte como una conclusión natural de nuestra vida. Como nuestros cuerpos se deterioran nuestra propia muerte puede incluso ser legítimamente buscada. Los hospicios hacen maravillas para que sea indolora.

La mayoría de los humanistas argumentarían que deberían tener el mismo derecho a determinar su propia muerte que el que han conservado para el control principal de su propia vida. El suicidio médicamente asistido debería estar disponible para los enfermos terminales y los que sufren dolor. Un humanista que muy amigo mío tenía una mente brillante. Había sido Presidente Internacional de Principal Financial Group, convirtiéndola en una empresa internacional gracias a su liderazgo. Estaba sentado en una mesa en Hong Kong mirando al otro lado de la bahía un edificio con "El Principio" en neón en lo alto de un edificio. Des Moines era ahora mundial. Me sentí como en casa, aunque normalmente prefiero que me quiten las tripas del pescado antes de . Mi amigo sufría demencia y se dio cuenta de que la enfermedad avanzaba rápidamente. En Iowa, nuestra visión cultural de la vida sigue guiada por la religión. La asistencia médica para el suicidio no está disponible. Así que optó por saltar desde el balcón de su condominio, de 22 pisos de altura, para que su esposa no tuviera que soportar cuidarlo.

En cambio, le dio un recuerdo aún peor. Había ido al supermercado y conducía de vuelta al garaje de su edificio cuando la policía paró su coche y le preguntó si era residente y si les ayudaría a identificar a una persona que estaba tirada en la acera. Pueden imaginarse el susto que se llevó. Una sociedad más sofisticada le permitiría una forma más humana de morir, con asistencia médica y rodeada de su cariñosa familia. En Iowa tratamos mejor a nuestras mascotas que a nosotros mismos.

Habiendo llegado a la vejez y habiendo experimentado plenamente la vida, Corliss Lamont, (ampliamente considerado el "Decano del Humanismo" en los primeros años de la Asociación Humanista Americana) demostró morir con dignidad, tranquilamente sentado en su patio trasero de los Hamptons frente al , y falleció en silencio. Por supuesto, cualquiera capaz de vivir en los Hamptons probablemente ha tenido una buena . Desde esta perspectiva, la muerte es tan natural como vivir, y la noción de vida después de la muerte no es necesaria, para que nuestras vidas se hayan cumplido.

PLENAMENTE HUMANO / PLENAMENTE VIVO

Cuando ya no nos pasemos la vida temiendo a la muerte, maximizar nuestra existencia mientras vivamos en la Tierra, proteger a nuestra familia y preservar el trabajo de nuestra será mucho más relevante y gratificante.

Mel Lipman fue Presidente de la Asociación Humanista Americana durante el período en que la Asociación se trasladó de Amherst, Nueva York, a su ubicación actual en Washington, DC. Mel se convirtió en Fideicomisario, sirviendo conmigo en la Junta de la Fundación Humanista. Mel falleció recientemente. Acababa de someterse a una cirugía cardíaca de bypass cuádruple y luego sufrió un derrame cerebral masivo. Su pronóstico no era bueno y sufrió mucho. Insistió en que no quería ningún soporte vital, ni nutrición. Se le proporcionaron cuidados paliativos. Quería morir cómodamente y en paz.

Sus hijos dicen que era relativamente feliz porque sentía que su vida había sido plena. Su mujer había muerto unos años antes. Su familia había crecido. Se había retirado de la abogacía. No tenía más montañas que escalar, ni compromisos que no estuvieran ya resueltos antes de su operación de corazón. Por lo tanto, no se arrepentía de nada y aceptaba, si no daba la bienvenida, a su propia muerte.

Me pareció interesante que incluso entre los humanistas de toda la vida hubiera muchos que expresaran su pesar. Tal vez por darse cuenta de que su propia hora se acerca. Algunos incluso pensaron que yo era cruel expresé que, aunque era triste para nosotros perder a un amigo y colega, que se acercaba al final de su vida como un verdadero Humanista, y que no debíamos lamentar nuestra propia pérdida. Eso sería egoísta. Por el contrario, en este momento deberíamos celebrar la vida de Mel. Hay mucho tiempo en el futuro para lamentar nuestra propia pérdida.

Una vez que sientes que tu propia vida se ha realizado, la muerte ya no es nada que temer, ni hay motivo para sentirse amenazado cuando aparentemente está cerca. Reconocí que, por supuesto, estaba triste por haber perdido a un amigo, pero me alegraba de que ya no sufriera y estuviera en paz consigo mismo.

Como cuando terminamos la escuela primaria, que era tan importante en nuestra infancia, una vez que sentimos que nuestra vida se ha cumplido, no vemos ninguna razón para por arrepentimiento. No queremos volver a empezar. Los hijos de Mel dijeron que recibir el Premio del Patrimonio Humanista de la Fundación Humanista coronó el viaje de su vida, porque le dijo que ha hecho una diferencia para los demás en nuestro . Eso, y el Premio Humanista del Año de la AHA por una vida de logros como Humanista, son la prueba de que su vida fue significativa para otros. Nada más es relevante porque, para un , nuestra **inmortalidad viene de que nuestro mundo sea un lugar mejor porque hemos vivido.**

Le expliqué que, en lugar de entristecernos por nuestra pérdida, lo cual es egoísta, deberíamos alegrarnos recordando su vida y lo que significó para cada uno de nosotros. En lugar de afligirnos, cada uno de nosotros debería dedicar este momento a pensar en lo que la vida de Mel significó para nosotros, y en cómo marcó la diferencia en nuestras propias vidas, por no hablar de cómo sus logros durante sus años de liderazgo afectarán a las vidas de millones de , literalmente para siempre. De eso trata nuestra inmortalidad como Humanistas, y es por lo que quería pasar estos momentos agradecido por haber conocido a Mel personalmente, y por haber sido mi amigo.

Lo único que hace la muerte es cimentar nuestro recuerdo del significado de la vida de esa . Hoy somos mejores personas porque esa persona estuvo aquí y compartió su vida con nosotros. Ese es el verdadero significado de nuestra propia vida.

Capítulo 22
¿Cómo debemos gestionar la diversidad?

Si miramos nuestras vidas desde una perspectiva estrictamente humanista, en lugar de quedarnos en la zona segura de personas iguales a nosotros, deberíamos buscar la diversidad para ampliar nuestra visión de la vida. Aprendemos mucho más de las personas que son diferentes nosotros. Sin embargo, gran parte de nuestro mundo actual limita esas oportunidades de crecimiento. Los prejuicios abundan todo el mundo porque la gente se siente mucho más cómoda rodeada de quienes piensan y actúan igual que ellos. Muchas personas que difieren representan una amenaza, ya sea recordatorio de que nuestra propia visión de la realidad puede estar equivocada, o simplemente porque no comprendemos realmente a los que son diferentes de nosotros. Una reacción humana normal de nivel básico o de seguridad es temer lo desconocido. El grave problema que nos causa esta actitud es que perdemos la oportunidad de ampliar nuestros propios horizontes y de seguir creciendo en el proceso. Esto es especialmente cierto con las diferencias interculturales, que van desde la raza a la nacionalidad, pasando por las diferencias en nuestros propios puntos de vista religiosos.

El Dr. Milton Bennett, como Director del Instituto de Investigación del Desarrollo Intercultural, desarrolló lo que hoy se denomina universalmente la "escala Bennett" para analizar dónde nos encontramos como individuos en nuestra capacidad de beneficiarnos de la diversidad etiquetando cómo reaccionamos ante quienes son diferentes a nosotros. El Dr. Bennett nos dice que, a medida que maduramos, normalmente pasaremos de:

1. **Negación de las diferencias**, donde experimentamos nuestra propia cultura como única "real". Las demás culturas desapercibidas o sólo se entienden de indiferenciada y simplista. En este nivel, la gente evita a los que son diferentes de ellos mismos. Cuando se les desafía, se

vuelven agresivos en su intento de evitar o eliminar las diferencias. Al fin y al cabo, son el centro de su propia realidad.

2. **Defensa contra las diferencias,** donde la propia cultura es la más "evolucionada" o la mejor forma de vivir. Su pensamiento es dualista, es "nosotros contra ellos" acompañado de estereotipos negativos manifiestos. Estas personas menosprecian abiertamente las diferencias entre su cultura y otra, denigrando la raza, el género, las creencias o cualquier otro indicador de diferencia. Se sienten abiertamente amenazados por la diferencia cultural y son más propensos a actuar agresivamente contra ella.

3. **Minimización de las diferencias,** donde la experiencia de la similitud pesa más que la experiencia de la diferencia. Estas personas pueden reconocer diferencias culturales superficiales en la comida y las costumbres, pero hacen hincapié en la similitud humana en la estructura física, las necesidades psicológicas y los valores. Tienden a sobrevalorar su propia tolerancia y a subestimar el efecto de su propia cultura. Pueden creer que "piensan como yo".

4. **Aceptación de las diferencias,** en la que la cultura propia se considera una de varias visiones del mundo igualmente complejas. Estas personas reconocen distintas formas de , aunque puede que no estén de acuerdo otras maneras de , o incluso que no les gusten. Suelen estar deseosas de aprender y conocer a personas con otras formas de ver el mundo. Sus formas no son para ellos.

5. **Adaptación a las diferencias,** en la que los individuos amplían sus propias visiones del mundo para comprender con precisión otras culturas y comportarse de forma culturalmente apropiada cuando tratan con personas cuyos puntos de vista difieren de los . En esencia, intentan "recorrer el camino".

6. **Integración de las diferencias,** donde la experiencia de nuestro propio yo se amplía para incluir el movimiento dentro y fuera de diferentes cosmovisiones culturales. Nuestra visión de nosotros mismos ya no es central en ninguna cultura. Así, nos volvemos fluidos dentro de nuestro entorno actual.

Desgraciadamente, el tipo de personas "en tu cara", ya musulmanes yihadistas, cristianos evangélicos o ateos empedernidos, demuestran con su comportamiento agresivo que no han superado el segundo nivel. El objetivo de un Humanista debería ser llegar al nivel cinco, aunque muchos alcanzan el nivel seis, en el que nos volvemos fluidos con todas las diferencias mientras nos esforzamos por sacar el máximo provecho de todas las personas que encontramos mientras vivimos nuestras propias vidas.

El comportamiento humanista debe ser tolerante y tratar de comprender y beneficiarse de los puntos de de demás. En la medida en que diferimos de otra persona, primero debemos reconocer las razones de nuestras diferencias, ser abiertos en nuestra discusión expresando con tacto nuestras diferencias, y luego permitir que ambos nos beneficiemos de esa experiencia. Para seguir siendo eficaces en nuestra relación con esa persona debemos ser tolerantes con el derecho de la otra a seguir siendo diferente, aunque nuestro sincero intento de educar sea ineficaz. Sólo así podremos crecer y, al mismo tiempo, no perder nuestra relación con los demás.

Es el comportamiento más aceptable para un humanista.

Capítulo XXIII
¿Por qué necesitamos a los demás?

Los seres humanos no somos autosuficientes. Desde que nacemos dependemos de los demás. Llegar a ser una persona sana y plenamente funcional sin el apoyo de los demás es imposible. Sabiendo que necesitamos a los demás para existir sanamente, la cuestión es la siguiente: *¿cuál es la relación ideal que debemos buscar con los demás?*

Martin Buber, destacado teólogo y filósofo judío, reconoció lo que ganamos aceptando a otra persona por lo que es, sin juzgarla ni intentar influir en ella. Esta relación es necesaria si queremos adquirir la verdadera perspectiva del otro, para que ayude en nuestra lucha por alcanzar nuestro pleno potencial. El beneficio que resulta de una relación sana - armonizar con otra persona sin intentar cambiarla- es enorme. Buber identificó esta relación como el *"Yo-Tú"*.

Conocemos la perspectiva de profundidad que experimentamos al conducir por una autopista utilizando los dos , en contraste con la conducción con un ojo cerrado. Al igual que la ventaja de percibir las tres dimensiones utilizando los dos ojos, la comprensión y aceptación completas de otra persona nos da una perspectiva para comprendernos a nosotros mismos. Una imagen sana de uno mismo sólo se consigue siendo aceptado y comprendido plenamente por otra persona. El sentimiento de pertenecer a una comunidad o de ser apreciado por los demás es importante para nuestro propio crecimiento. Por lo tanto, las relaciones sanas con los demás adquieren una gran importancia y son necesarias para que nuestra propia vida adquiera significado.

Sin unas relaciones sanas con los demás, nuestra autoimagen se vuelve protectora y es una barrera para alcanzar la plenitud. Sólo crecemos como personas sanas a través de nuestras relaciones con los demás. Cuanto mejores sean nuestras relaciones con los demás, más sanos seremos. Así, al igual que cuando cavamos en la arena, cuanto más cavamos más arena vuelve a caer en el agujero, cuanto más profundizamos las relaciones con los demás, más crecemos.

Un sacerdote episcopal me demostró una vez que somos incapaces de dar lo suficiente de nosotros mismos a los demás. Pasó toda su vida dándolo todo, cuidando de sus feligreses y de todos los demás con los que se encontraba, sin preocuparse de ninguna de sus propias necesidades. Sin embargo, nunca le faltó nada, a pesar de que no podía prever la fuente de satisfacción de sus necesidades. De hecho, vivió una vida abundante. Vivió la vida de Epicuro. Cuanto más nos ofrecemos a los demás, más satisfacción recibimos de formas impredecibles. Todo el mundo se beneficia. La vida es mucho más emocionante cuando lo hacemos todo, podemos darnos a nosotros mismos con cariño y desinteresadamente en beneficio de los demás.

Las personas necesitamos relaciones estrechas con los demás a lo largo de la vida para sentirnos realmente realizadas. El reconocimiento de la interdependencia para la satisfacción de necesidades, que existe entre dos o más personas a las que aportamos sin nuestra d, es lo que identificamos como "amor". El carácter del amor, como el de todas las demás orientaciones vitales, cambia a medida que los individuos se sitúan en distintos niveles de necesidad. En el nivel básico, el amor es sentido por aquellas necesidades que producen emociones más fuertes, siendo la supervivencia y el sexo los impulsos más fuertes. En el nivel social, el calor de compartir es evidente. En el nivel actualizado, el amor puede darse entre almas gemelas, cuyas vidas realmente integradas. Para ser más eficaz, nuestro amor debe compartirse en una relación "Yo-Tú".

Un beneficio de los demás mientras cada uno buscamos nuestros propios objetivos.

Ninguna persona tiene la capacidad innata de superarse en todas las áreas de su vida. Debemos confiar en los demás para llenar nuestras áreas de debilidad. Una persona me dijo una vez que todos nacemos con diez columnas y cien canicas. Estas canicas se distribuyen de forma diferente en cada individuo. (Las canicas simbolizan nuestras habilidades o talentos.) Si una columna tiene exceso de canicas, significa que a otra columna le pueden faltar algunas. Uno de los beneficios de tener una relación con otra persona es cuando tu fuerza aumenta la debilidad de la otra persona. Es especialmente beneficioso si también pueden complementar tu propia .

Juntos son mucho más fuertes de lo que cualquiera de los dos podría ser solo. La razón de ser de un consejo de administración en cualquier organización es que la debilidad del líder no se convierta en la debilidad de la institución. Un buen líder se rodea de personas cuyas habilidades superan las suyas en áreas de su propia debilidad.

La altura de nuestras columnas individuales puede verse aumentada por la cantidad de nuestra educación, experiencia y la cultura y el entorno en el que vivimos. Podemos desarrollar columnas capaces de sostener incluso más que nuestras canicas asignadas a medida que crecemos. Con un esfuerzo significativo podemos ser capaces de adquirir canicas adicionales. Nuestro crecimiento mejoraría significativamente trabajando con otras personas que tienen talentos que potencian nuestros esfuerzos. La solución más fácil es fomentar relaciones que satisfagan tus necesidades.

Así pues, forma parte de nuestro desarrollo natural en la vida que cada uno de nosotros nos beneficiemos de nuestra relación con los demás y de nuestro esfuerzo continuo por crecer a lo largo de nuestra vida para gestionar cualquier tarea, ya sea desde el punto de vista de la supervivencia o dentro de nuestra propia organización o empresa. Como beneficio añadido, las relaciones estrechas pueden permitirnos transitar por los niveles de la jerarquía de necesidades de Maslow para lograr la actualización más fácilmente accediendo a los talentos de los demás, lo que nos permite salvar barreras que actualmente están derrotando nuestro propio crecimiento.

Reconocer dónde nuestras columnas pueden ser más débiles, de modo que aprendamos a confiar en otros donde esa área puede ser su fortaleza, es tan importante para nuestra propia seguridad como para nuestro propio crecimiento. Es tan importante que cada uno de nosotros reconozca sus propias debilidades como que desarrolle sus puntos fuertes para facilitar la actualización de su propia vida porque si no sustituye la dependencia de aquellos en los que confía para protegerse de su propia debilidad, ésta se convertirá en un serio bloqueo para su propio desarrollo, de forma parecida a un escatoma que crea una barrera para su propia visión. El puente más eficaz para una debilidad en nuestra talentos dependen de los demás. El puente para nuestros propios escatomas es la educación. Y aprendemos mejor con la ayuda de los demás.

Es cierto que puedes centrarte en una debilidad, y puede que sea posible entrenarte para superar tu debilidad sin depender de otros, pero la cantidad de energía que requiere te resta energía disponible para tu propio crecimiento. Piensa en el esfuerzo que te supone aprender a escribir tu nombre de forma legible con la otra mano. Las múltiples horas que requiere la práctica podrían emplearse mejor en aprender algo nuevo.

Así pues, nos beneficiamos de una relación sana con los demás, ya que cada uno de nosotros trata de cumplir su objetivo de actualizar su propia existencia. Sin embargo, la calidad de nuestra relación depende de cómo tratemos a la otra persona. Dale Carnegie escribió en su libro clásico *Cómo ganar amigos e influir sobre las personas* que la primera regla es **nunca "criticar, condenar o quejarse".** Si queremos tener una relación sana con otra persona, ésa es la primera regla que debemos recordar siempre. La forma en que expresas todo lo que dices a otra persona marca la diferencia en cómo se recibe tu mensaje. Lo que recibes de otra persona está influenciado dramáticamente por lo que proyectas.

Una de las primeras cosas que hice cuando empecé a ejercer la abogacía crear un club de desayuno de otros, con una sola persona de cada profesión. Quería crear una fraternidad para la comunidad empresarial. En lugar de ver a los miembros desde el punto de vista de "¿Qué hay en este club para mí?", creé la cultura del Club basándome en una lección que aprendí en el ejército Comandante de Compañía. Basé la cultura inicial del en la filosofía del sacerdote episcopal que había sido el Capellán asignado a mi Compañía de la Guardia Nacional. Toda su vida se entregaba libremente a los demás preguntándose únicamente "¿qué puedo aportar para mejorar su vida?". Aplicaba ese punto de vista a todas las personas que conocía. Me enseñó que uno nunca se da lo suficiente. Cuanto más das de ti mismo, más recibes a cambio, en formas que no puedes prever. Se espera que cada del club contribuya al éxito de los demás. El resultado es que un tercio de mi práctica jurídica se originó en esta organización. Y mis clientes ahora sostienen la mitad de la práctica de mi bufete de doce miembros. Crecemos mucho más si intentamos entregarnos en cada oportunidad, en lugar de ver la vida pensando: "¿qué hay en esto para mí?".

Nuestros distintos objetivos vitales

Según Maslow, todas las personas tienen la misma estructura jerárquica de necesidades, aunque cada individuo enfoque la satisfacción de sus necesidades de forma diferente. La mejor manera de entender lo diferentes que somos los seres humanos es contrastar nuestros tipos de temperamento psicológico. Desde los tiempos de Aristóteles, se sabe que las personas tienen principalmente cuatro tipos distintos de temperamentos de personalidad. Cada tipo piensa y enfoca la vida puntos de vista diferentes. Tu propio tipo de temperamento es básico para tu existencia y seguirá siendo el mismo durante toda tu vida. No puede . Es la lente a través de la cual ves tu propia vida.

Hipócrates esbozó esta teoría en el año 370 a.C. Estamos los que vivimos dentro de los parámetros culturales, proveyendo a los demás; y los que viven creativamente fuera de nuestras normas sociales. Los hay que comprenden su mundo y buscan metas elevadas; y los hay que buscan a cada paso el punto de apoyo necesario para llegar a ellas. Cada uno aporta una perspectiva diferente de la vida.

Cada tipo de personalidad consta de normas o valores únicos, que los adeptos comparten hasta cierto punto con todos los demás del mismo tipo de temperamento. Sería raro, si no imposible, que un individuo encajara completamente en más de uno de estos tipos psicológicos básicos.

La mayoría de las personas muestran algunas características secundarias de otro tipo. Sin embargo, la característica secundaria sólo sirve como modificador del estilo de pensamiento del temperamento primario de cada .

Aunque todas las personas son capaces de comportarse fuera de las limitaciones de su estilo de temperamento específico, es bastante difícil. Por lo general, debe aprenderse de forma específica, como aprender a escribir el nombre con la mano contraria. No será natural. Cada uno de nosotros permanece con el mismo tipo de temperamento durante toda su vida.

A principios de los años 50, Kathryn Briggs era psicóloga. Su hija Isabel Meyers trabajaba en un campo no relacionado, pero cuando su madre necesitó su ayuda, juntas desarrollaron la idea de Kathryn de crear un test sencillo que aportara sustancia a la antigua teoría psicológica del tipo de temperamento. Su cuestionario para identificar el tipo de temperamento se llamó originalmente "psicología Briggs-Meyers". Una empresa nacional de pruebas compró los derechos para comercializar su test. Su director de marketing se preguntó: "¿Cómo voy a preguntar al público: "¿De verdad le gustaría conocer su "Tipo BM"?". Cambió el nombre del test a Meyers-Briggs, y desde entonces se conoce con ese nombre.

Aunque esta prueba es la más utilizada actualmente a nivel nacional, tiene sus detractores. Los resultados de la prueba pueden no ser idénticos si la realiza por segunda vez meses después. No obstante, la prueba es popular porque los resultados son beneficiosos y no suponen una amenaza. Mi matrimonio no habría sobrevivido si no hubiera conocido esta prueba. Me enseñó que no todos procesamos la información de la misma manera ni pensamos igual. Antes daba por sentado que todo el mundo pensaba uno, y si no estaban de acuerdo , era mi deber decirles por qué estaban equivocados. Mis consejos no siempre eran bien recibidos por mi mujer.

David Keirsey -autor de un excelente libro titulado *"Please Understand Me II"*- expone una prueba más completa, aunque sencilla, para determinar nuestro tipo de temperamento personal. Su obra más reciente amplía la explicación de Meyers y Briggs sobre la teoría de los tipos de temperamento al señalar que el tipo básico de cada uno de nosotros puede modificarse hasta cierto punto con un énfasis, o una perspectiva, para ver el tipo básico de una persona como referencia de uno de los otros tipos. Tras describir detalladamente cada tipo de personalidad, Keirsey muestra a continuación cómo interactúan los distintos tipos. Cuando lees la descripción de tu propio tipo sientes como si Keirsey fuera tu hermano, o el vecino de al lado que te conoce personalmente. En unas pocas páginas de , no sólo te conoces a ti mismo, sino que también comprendes tus áreas potenciales de conflicto y complementar a su compañero de vida o compañeros de trabajo. La compra de este gancho en Barnes and Noble por $ 17 valió la pena un semestre de universidad en la educación que me proporcionó - y lo que estaba en sólo tener que tomar una prueba muy tipo donde no había bien o mal a cada pregunta - y luego leer seis páginas que me describió mejor que mi propia madre podría haber cambiado la vida.

Los psicólogos afirman que sólo podemos maximizar nuestra vida en la Tierra y realizarnos plenamente si seguimos un camino coherente con nuestro tipo de personalidad. Exigir un comportamiento incoherente con el propio tipo puede causar neurosis.

No podemos caminar en los zapatos de otro. Debemos crear nuestro propio camino. Pero para ello, primero debemos comprendernos a nosotros mismos. Es muy beneficioso, para actualizarnos a través de nuestras relaciones con los demás, saber qué tipo de personalidad tenemos, y lo que eso significa para nosotros. Es aún más eficaz cuando también podemos comprender el tipo de personalidad de aquellos con quienes nos relacionamos estrechamente.

Idealistas

He identificado mi propio tipo, tal y como lo definieron originalmente Meyers y Briggs, como idealista. Se trata de un tipo muy poco frecuente, que se encuentra en menos del diez por ciento de la sociedad. Según Keirsey, se me identifica además como idealista-idealista, que él llama "consejero", porque no tengo ninguna otra característica secundaria modificadora. Sólo me veo a mí mismo a través de una lente idealista. Ese tipo es muy raro. Menos del uno por ciento de nuestra sociedad ve el mundo procesando la información de la misma manera. Comprender los dieciséis tipos diferentes descritos por Keirsey es una ventaja importante para entender a los demás.

Los idealistas son incapaces de verse a sí mismos. Exigimos el reconocimiento de los demás para encontrar nuestra propia autoestima y debemos buscar constantemente la validación, por lo que nos vemos obligados a pasarnos la vida dando a los demás para recibir el reconocimiento de nosotros mismos. Aunque los idealistas pueden resolver los problemas de demás con relativa naturalidad, por lo general no pueden resolver sus propios problemas sin ayuda de los demás. Aunque los idealistas son incapaces de verse a sí mismos, los idealistas ven fácilmente el panorama general de los demás y pueden situar al instante cuestiones complejas en la perspectiva adecuada para ellos. Sin embargo, no hay que molestar a un idealista con detalles, ya que debe encontrar rápidamente una solución. Los idealistas se frustran cuando una persona debe explicar una situación relatando cada detalle.

Racionalistas

Mi mujer es exactamente lo opuesto psicológico a mí; es racionalista. Son aún más raros, pues en conjunto sólo representan el seis por ciento de la sociedad. Para los racionalistas, que pueden validarse desde dentro, imponerles la obligación de servir a los demás es gravemente frustrante. Los racionalistas servirán a los demás por decisión propia, pero no comparten la necesidad imperiosa del idealista de hacerlo para validarse. Lo hacen sólo porque es lo correcto. Esta diferencia provoca interesantes discusiones en nuestra relación.

Mi mujer debe comprender plenamente cada paso de cualquier proceso por sí misma antes de poder pasar al siguiente. En cambio, yo saco conclusiones precipitadas. Su proceso de pensamiento me resultaría frustrante, pero para ella es esencial. La verdad es más importante para ella. Sólo puede descubrir la verdad observando cada hecho. Para mi mujer, el camino es más importante y gratificante que el objetivo. Se queda tan absorta en lo que ve durante el viaje que puede olvidar va. Mi mente ya está allí, pero puede que no recuerde la ruta que he recorrido.

Cómo los distintos tipos pueden entrar en conflicto

Descubrimos nuestras diferencias la primera vez que compramos una tarjeta de cumpleaños para un amigo. Enseguida encontré una tarjeta con un mensaje apropiado para el amigo, con un diseño aceptable. Estaba dispuesto a comprar la tarjeta y seguir con mi vida. Mi mujer, sin embargo, no estaba dispuesta a comprar ninguna tarjeta hasta que examinara cada una de ellas para asegurarse de que la que habíamos elegido era la mejor disponible. Nos frustramos mutuamente allí mismo, en la tienda, delante de los demás. nuestros diferentes tipos de personalidad. Si no hubiéramos descubierto la teoría de Meyers/Briggs, sin duda nuestra relación no habría sobrevivido. Esto es algo serio.

Ahora hemos llegado a un acuerdo. Si encuentro una tarjeta que me gusta, soy libre de pasar por caja. Mientras tanto, mi mujer sigue examinando las demás tarjetas. Si encuentra una tarjeta mejor antes de que yo haya pagado, compraré su tarjeta en lugar de la mía sin rechistar. Si ya he pagado mi tarjeta, mi mujer acepta marcharse , ahora con la sensación de que al menos ha hecho lo que ha podido. Reconocemos que esta solución puede no ser perfecta, pero a nosotros nos funciona. Al menos, ya no nos avergonzamos el uno del otro delante de los demás.

otra parte, también hemos ampliado nuestras propias experiencias observando el mundo a través de los ojos de los demás. Cuando nos tomamos tiempo para apreciar la naturaleza, me interesa más cómo lo que vemos se integra en el mundo natural. Mi mujer ve un conejito en el camino, se detiene a oler las flores junto a nuestro sendero y se sumerge totalmente en el entorno, mientras que yo soy más propenso a buscar el final del sendero, preguntándome adónde conduce. Hemos descubierto que ninguno de los dos está "equivocado", sino simplemente somos diferentes.

Shakespeare lo expresa bien: *Nada está bien ni mal, pero el pensamiento lo hace así*. La vida es mucho más rica cuando puede apreciarse desde la perspectiva del otro. Sin embargo, para que esto sea eficaz, debe lograrse a través de una relación "Yo-Tú", sin intentar cambiar a la otra persona.

Guardianes

Una perspectiva diferente de la vida es la de los *guardianes*. Constituyen el mayor número de tipos de personalidad, que Meyers y Briggs encontraron en aproximadamente el cuarenta y cinco por ciento de la sociedad. Los guardianes esperan que todo el mundo cumpla "las normas" y se esfuerzan mucho para que así sea. Los guardianes son magníficos maestros de escuela, policías, amas de casa, ministros, enfermeros y médicos, profesiones en las que la fiabilidad y la necesidad de ayudar a los demás son sus principales características.

preocupaciones primordiales. Hacen las cosas al instante, sin cuestionarlas, porque se sienten obligados, ya que es "lo que hay que hacer". A su vez, también se aseguran de que los demás hagan su trabajo.

Sin embargo, los guardianes necesitan constantes elogios por sus servicios, o se resentirán por tener que servir.

Artesanos

El resto de la sociedad puede clasificarse como artesanos. Las personas con este tipo de personalidad pueden ver el mundo sin restricciones. Los artesanos representan alrededor del treinta y nueve por ciento de población. No les gusta la rutina y pueden ignorar las normas sociales, porque no aceptan vivir "dentro de la caja". Es evidente que los artesanos son grandes artistas, pero también suelen ser buenos músicos, actores, publicistas o políticos. Sin embargo, muchos artesanos son también delincuentes incorregibles y desviados sociales. Los artesanos pueden frustrar mucho a los guardianes, que consideran que nadie debe ignorar las normas. En cambio, un racionalista puede ignorar a un artesano a menos que se lo impongan. Un idealista puede apreciar la creatividad de un artesano, pero tendrá poca tolerancia con cualquier desviación que no avance hacia un objetivo positivo.

Cómo los distintos tipos trabajan juntos de forma eficaz

Por ejemplo, si se organiza una cena en la iglesia, los tutores son quienes deben gestionarla. Pero ¡no escriban mal sus nombres en el boletín de la iglesia! Si la iglesia no lo reconoce, puede que el racionalista no se dé cuenta, pero el idealista dejaría de participar. El guardián se resentiría, pero seguiría sirviendo a regañadientes por sentido del deber. Mientras tanto, los guardianes se enfurecerían con el idealista por haber renunciado. El racionalista seguiría lavando los platos, ignorando a todos los demás que hacen el trabajo sólo porque hay que hacerlo. Es posible que los artesanos no aparezcan para preparar la cena, y si lo hicieran, estarían decorando las mesas.

¿Por qué necesito saberlo?

Entonces, ¿qué tiene que ver todo esto con la calidad de nuestra vida? Con todo. El éxito sólo puede medirse personalmente. Aumentar nuestro autoconocimiento aumentará a su vez nuestras oportunidades de vivir una vida de éxito. No saber quiénes somos nos hace vulnerables. Asumir que los demás piensan desde nuestra perspectiva, o tipo de personalidad, podría ser desastroso para cualquier relación. Por eso, conocernos primero a nosotros mismos es esencial para nuestra propia felicidad. Comprender y apreciar las diferencias de los demás mejora la calidad de nuestra propia vida.

Cuando nuestro compañero se detiene a examinar las flores, por ejemplo, los idealistas pueden reaccionar de dos maneras: pueden irritarse e impacientarse por llegar a su destino, o pueden ver una oportunidad de ampliar su propio horizonte. Un enfoque limita su existencia; el otro mejora su vida. Todo empieza con su actitud actual. ¿Está el idealista abierto a nuevos descubrimientos, o su actitud es cerrada y con ello pierde la oportunidad de crecer? Comprender las diferencias entre nosotros y los demás sólo puede ampliar nuestra experiencia y enriquecer la vida mucho más allá de lo que cada uno de nosotros podría lograr individualmente.

El racionalista pide al idealista, artesano o guardián que "se pare a oler las rosas". El idealista amplía los horizontes y objetivos de los demás. El guardián puede sentirse más auténtico con el , inspirado por el artesano y más genuinamente comprendido por el racionalista mientras sirven diligentemente a los demás. El artesano puede crear obras de arte y belleza para que todos las disfruten y no le importe actuar de forma diferente a los demás. La interacción con cada tipo proporcionará un resultado diferente. Combinar tipos de personalidad en una relación mejora a ambos, pero sólo si cada uno puede aceptar al otro, tal y como son en una relación "Yo-Tú".

Keirsey, al ampliar la teoría de Meyers/Briggs, descubrió que, aunque cada uno de nosotros tiene un solo tipo primario, la mayoría tendrá una característica secundaria predominante. Esta característica incorpora uno de los otros , lo que modificará nuestro con cierta influencia en nuestro tipo primario. Así pues, la mejor forma de entender a las personas es reconocer en cuál de las dieciséis categorías viven.

Al comprender los tipos psicológicos, podemos reducir la posibilidad de que una debilidad personal se convierta en dominante y cause barreras en nuestras relaciones con los demás. Al comprender cada categoría, podemos ser aún más eficaces a la hora de maximizar la calidad de nuestra propia vida. Los demás pueden ayudarnos a descubrir nuevos caminos alrededor de nuestras propias barreras mejor de lo que jamás podríamos conseguir por nosotros mismos. Hemos creado una barrera por alguna razón. Es necesario que otros nos proporcionen nueva información para que podamos salvar o sortear nuestras propias barreras.

Si aprovechamos al máximo nuestras fortalezas individuales y unimos nuestras debilidades a las fortalezas de los demás, podemos mejorar tanto nuestra propia existencia como nuestras relaciones. El efecto es como una espiral. Somos más capaces de realizar nuestra propia vida cuando compartimos nuestro viaje con los demás. Al compartir, crecemos. A medida que crecemos, somos más capaces de actualizar nuestra propia existencia y de ayudar a los demás a maximizar la suya, pero sólo si estamos dispuestos a permitir que los demás sean ellos mismos. Así, una vida de éxito es una espiral que crece continuamente a través de nuestra relación con los demás. Sin embargo, lo contrario también es cierto. Por lo tanto, vale la pena que entendamos lo que todo esto significa para nuestras propias vidas. Unos minutos de lectura de Keirsey pueden marcar una verdadera diferencia en la calidad de su propia vida.

Capítulo 24
¿Por qué debemos hacer que nuestras vidas sean significativas?

Muchos de nosotros centramos nuestra vida en nuestras ganancias financieras. Lester y Maria Mondale, mencionados por primera vez en la Introducción del Capítulo Uno, mostraron que nuestra verdadera riqueza es mucho más amplia que eso. Abarca nuestro propio desarrollo personal, que incluye nuestra salud física y mental, la alegría que nos producen las relaciones que creamos con los demás, el dominio de nuevas habilidades que aprendemos a medida que crecemos, el apoyo que recibimos de la comunidad en la que vivimos, la emoción de vivir nuevas experiencias. Y, a medida que maduramos, la satisfacción que sentimos cuando aprendemos a devolver algo a los demás. Todo ello nos ayuda a crecer y nos conduce a una vida más equilibrada, satisfecha y abundante. Es lo que nos lleva a estar plenamente vivos.

Tras años de contemplación, personalmente he descubierto que, en última instancia, sólo dos aspectos de la vida tienen relevancia para mí. En primer lugar, **nuestra propia vida tiene sentido en la medida en que compartimos la felicidad.** Alcanzando la realización de la manera articulada por Maslow, podemos llegar al pináculo de nuestra propia existencia. Sin embargo, sólo eso puede hacer que uno se vuelva egoísta y pierda los mayores valores de la vida que provienen de compartir nuestra existencia con los demás. Por lo tanto, el segundo elemento relevante es igualmente necesario. Esas son las personas que están entonces, Plenamente Vivas.

En pocas palabras, **nuestras vidas cobran importancia en la medida en que el mundo se convierte en un lugar mejor porque hemos vivido.** Así pues, somos responsables no sólo de hacer realidad nuestra propia existencia, sino también de ayudar a los demás a alcanzar la máxima calidad de vida que puedan lograr, tanto ahora como en el futuro.

Actuando juntos, podemos conseguir mucho más de lo que cualquiera podría lograr individualmente. **La persona sana mantiene el equilibrio entre ambos valores.**

Mi enfoque filosófico de la vida es coherente con la jerarquía de necesidades de Maslow. **Vivir la vida al máximo actualizando nuestra existencia hace que nuestra vida tenga sentido.** Extender nuestra propia existencia trascendiéndonos a nosotros mismos, de modo que podamos **contribuir a la vida de los demás, ayuda a que nuestra propia vida** sea significativa para nosotros mismos. También nos añade un inmenso valor a nosotros y, lo que es aún más importante, a la vida de los demás. Este es el sexto nivel de vida de Maslow.

Se pueden hacer muchas contribuciones trabajando colectivamente para mejorar nuestro . el esfuerzo de nuestra propia vida debe ser añadir valor. Al centrar nuestra atención en cuestiones constructivas y aportar soluciones, aumentamos nuestra conciencia de las oportunidades de servir. Con suerte, nos motivamos a actuar en el proceso, y también influimos en los demás para que actúen siempre que se presente esa oportunidad de marcar la diferencia.

¿Cómo aplicamos todo esto?

Conozco a una persona con discapacidad mental cuya vida depende de Goodwill Industries. Si no existieran, mi podría encontrarse entre los sin techo y vagar por las calles al perder su red de apoyo, o no sobreviviría. Por sí mismo, no podría existir por encima del nivel básico de existencia de Maslow. Incluso ahora, con la ayuda continua de otros, apenas vive en el nivel social más bajo, aunque está al menos dos niveles por encima de lo que podría conseguir por sí mismo. ¿Esto hace que su vida sea insignificante o que no merezca la pena vivirla? Para él, no.

Para mi amigo, su propia existencia puede ser lo único relevante y, sin embargo, se preocupa por los demás. Siente que está haciendo una buena obra al sonreír y saludar a todos los que conoce. No conoce a ningún extraño. No necesita escribir un libro ni tocar el piano para que su vida tenga sentido. De hecho, puede que a mi le resulte más fácil hacer realidad su propia existencia que a cualquier otra persona que yo conozca.

Aunque tiene algunos obstáculos intelectuales, no crea muchas barreras psicológicas. Las personas no discapacitadas tenemos barreras diferentes, absorbemos las limitaciones culturales y establecemos metas artificiales que mi amigo no necesariamente percibe.

Además, como mi amigo tiene tan buen corazón, quienes cuidan pueden reconocer que mejoran sus propias vidas ayudándole. El esfuerzo del tutor por enriquecer la vida de mi amigo le da un sentido de finalidad. El idealista obtiene satisfacción formando parte de la junta de Goodwill o recaudando fondos para la organización. El racionalista encuentra valor comprando o donando productos que se venden en la tienda de Buena Voluntad. Un artesano probablemente diseñó el folleto que ayudó a recaudar fondos para la institución.

El verdadero propósito de la participación de cada persona no sólo servir a mi amigo; es que cada persona satisfaga sus propias necesidades o propósitos a través de ese esfuerzo. Todo el mundo lucha continuamente por mejorar su posición actual en la vida, social y económicamente, y por aumentar su propio sentimiento de autoestima. Ninguna acción es totalmente altruista. También nos motiva ayudar a mi amigo a realizados, cada uno a nuestra . Como beneficio secundario, todos sabemos que estamos haciendo algo que merece la pena por una buena persona que necesita nuestra ayuda.

Capítulo 25
¿Qué podemos hacer colectivamente?

Uno de los propósitos de la educación formal debería ser reducir las barreras culturales que inhiben el crecimiento y la actualización normales, si no para el público en general (con el que intentamos comunicarnos), al menos para las personas más informadas que reconocen más fácilmente dichas barreras. Dado que las masas suelen ser uniformes, cuando no ignorantes, en cualquier tema, el humanismo organizado puede ayudar desarrollando el camino hacia la actualización de modo que esté disponible para aquellos con la suficiente visión para tomar conciencia, y para aquellos que estén dispuestos a crecer.

Quizá sea lo mejor que podamos conseguir con la actual generación de mayores. Pero es muy importante. Esperemos que sus hijos tengan más visión. Tenemos darles la oportunidad de aprender y eliminar las barreras culturales evidentes para que puedan desarrollar todo su potencial si lo intentan. Muy pocos padres pueden dar a sus hijos esta . Nosotros podemos . Ese debería ser un objetivo primordial del humanismo organizado.

Si se les brinda la oportunidad -sin barreras físicas, culturales o autoimpuestas-, las personas tienden a actualizarse a su propio ritmo y a su propia manera, en función de su personalidad, oportunidades educativas y necesidades únicas. No podemos cambiar toda la sociedad. Pero la oportunidad debe estar disponible, y los obstáculos culturales y ambientales al crecimiento deben ser identificados y eliminados (al menos para aquellos que son capaces de actualizarse) para que cualquiera pueda vivir en los niveles más altos. No todos tenemos que actualizar nuestras vidas para tener éxito, pero una sociedad de éxito debe permitir que cada persona tenga la oportunidad de hacerlo.

Muchas personas se sienten con derecho y no están dispuestas a ganárselo.

Nuestra forma constitucional de gobierno, proclamada en la

Declaración de Independencia, afirma que tenemos **"derecho"** a *la vida, la libertad y la búsqueda de la felicidad,* pero no exige que nuestro gobierno nos proporcione los medios para . La Declaración no dice que tengamos derecho a alcanzar la felicidad. Sólo que tenemos derecho a conseguirla por nosotros mismos. Nuestro gobierno debe proteger nuestros derechos y eliminar las barreras legales e institucionales que impidan la oportunidad. El gobierno no debe proporcionar los medios, o dejará de tener valor para nosotros, y se esperará como un derecho. Para tener valor hay que ganárselo con el propio esfuerzo.

A nadie se le debe garantizar el éxito. Eso no funcionará, y el intento de exigir a los demás que nos proporcionen el éxito corre el riesgo de crear personas perezosas. Debemos ganarnos el éxito por nosotros mismos para que tenga algún valor en nuestras vidas. Los humanistas deben esforzarse por hacer que el gobierno reafirme y apoye la dignidad de todos utilizando sus políticas de bienestar y educación para fomentar la responsabilidad y el crecimiento individuales, en lugar de causar a los receptores una dependencia que, en última instancia, crea barreras para la realización de sus propias vidas.

Personalidad Tipos de temperamento

Nuestro sistema educativo debería tener en cuenta que una barrera cultural muy importante es la falta de concienciación pública sobre el hecho de que existen diferentes tipos de personalidad, y la implicación que ello tiene para entendernos unos a otros. Como ya se ha dicho, comprender nuestras diferencias de pensamiento y motivación puede mejorar la calidad de vida de todos al reducir la falta de comunicación entre personas con visiones distintas de la vida y ofrecer la oportunidad de aprender los beneficios de su perspectiva. Aceptar la diversidad en otras tiene un gran valor personal. Comprender y aceptar las diferencias entre nosotros puede a crecer.

Comprender el efecto de las personas que viven en otros niveles la jerarquía de necesidades de Maslow.

Otro obstáculo es la limitada capacidad de la mayoría de la gente para relacionarse con quienes viven en otros niveles psicológicos de necesidad. Incluso los gobiernos operan en diferentes niveles de necesidad en la escala de Maslow. No es realista, por ejemplo, esperar que el público ruso en general, muchos de los cuales se encuentran en el nivel de alta seguridad/medio social, aprecie las preocupaciones culturales de los estadounidenses, que suelen encontrarse en un social alto/bajo de ego. Tampoco se puede esperar que el típico ciudadano afgano que vive en un nivel de seguridad aprecie nuestro modo de .

En primer lugar, hay que enseñar a las personas a reconocer estos distintos niveles y, a continuación, a hablar más eficazmente a aquellos con quienes deseamos comunicarnos hablando primero en su nivel de vida. Al igual que la prueba de Maslow para entender un chiste o apreciar la música, la comunicación debe comenzar en el nivel de necesidad más bajo de aquellos con quienes nos comunicamos. Enseñar al público a identificar y comprender los niveles de necesidad de los demás podría marcar una diferencia significativa en la comunicación significativa.

¿Y nuestro sistema educativo actual?

Otra barrera está causada por nuestros métodos educativos. Esto puede cuestionarse eficazmente sin amenazar el sistema de creencias de nadie. Frank Goble, autor de La tercera fuerza, un libro que amplía la psicología humanista de Maslov, propone una filosofía educativa que optimice la conciencia humana. Propone que ayudemos a todas las personas a crear, crecer y controlar sus propias elecciones, objetivos, y sugiere los medios para crear un sistema educativo que permita a todos los niños alcanzar el máximo de su capacidad para crecer, mejorando así nuestro sistema actual que asume: "talla ", al menos para las asignaturas básicas.

Frank Goble sostiene que comprender la psicología humanista puede ayudar a ofrecer oportunidades educativas tempranas adaptadas a las necesidades de cada niño, en lugar de utilizar patrones educativos preestablecidos que pueden ser incoherentes con las necesidades individuales de muchos. Al diseñar nuestras estrategias educativas para acercarnos a cada uno dentro de su propio tipo de temperamento, potenciaremos su aprendizaje. Hacer que todos encajen en la misma caja cuadrada no funciona eficazmente para maximizar el crecimiento. Si Goble está en lo cierto, este cambio en la forma de enfocar la educación podría mejorar drásticamente la oportunidad de que nuestros hijos realicen plenamente su propia existencia, cada uno a su .

Para empeorar las cosas, nuestra sociedad ya no exige un comportamiento adecuado a nuestros alumnos. Nuestra deriva cultural protege al alumno individual, pero los alumnos que carecen de suficiente disciplina son protegidos por la sociedad actual, lo que da lugar a comportamientos inaceptables que merman el crecimiento de los demás, y nuestros consejos escolares no respaldan nuestros profesores proporcionándoles el poder de controlar a sus propios alumnos. Eso es simplemente estúpido.

El problema empieza en casa. Muchos padres protegen a sus hijos y no exigen disciplina por su comportamiento negativo. Nuestras leyes protegen al individuo y no al sistema escolar y, como resultado, la tasa de graduación actual en muchos institutos es deplorable. Los consejos escolares deben respaldar la disciplina si esperan resultados positivos. El ejército ha demostrado que la disciplina mejora las actitudes y la autoestima y aumenta el rendimiento. Ese es un buen modelo para mejorar a nuestros jóvenes, muchos de cuales carecen de cualquier sentido de autoestima. Y, como resultado, nuestra sociedad sigue decayendo.

¿Cómo marcamos la diferencia en nuestra propia vida?

El mensaje para cada uno de nosotros es convertirnos plenamente en nosotros mismos, pero primero debemos conocernos. Sólo entonces podremos llegar a ser auténticos y lograr una realización significativa de nuestra propia vida. Maslow contribuyó proporcionando un medio para comprender el proceso por el que cada uno de nosotros puede llegar a realizarse. Debemos proporcionarnos las metas, o el camino, a nosotros mismos. La forma en que apliquemos nuestra vida para mejorar el mundo y dar sentido a nuestra vida personal será única para cada uno de nosotros. Cada uno de nosotros tiene que empezar hacia su propia realización definiendo su propia misión en la vida. De lo contrario la vida cotidiana u otras personas nos definirán y, debido a las limitaciones culturales, fácilmente podríamos perder la oportunidad de realizar nuestra propia vida por nosotros mismos. Nunca es demasiado tarde para marcar una verdadera diferencia en nuestra propia . Debemos mejorar constantemente la calidad de nuestra propia vida, aunque sólo sea para que ésta se realice. Pronto aprenderemos que eso ocurre mejor si servimos a los demás.

Compartir nuestra vida con los demás aumenta nuestras oportunidades. Ahora podemos entender que las diferencias de cada uno de nosotros son las que hacen que nuestra propia vida sea desafiante y emocionante. El mundo sería un lugar aburrido si fuéramos iguales. Nunca es demasiado tarde para marcar la diferencia en la vida de otra persona. Debería ser un objetivo diario para cada uno de nosotros.

La felicidad es el sentimiento de satisfacción que experimentamos viviendo momentáneamente en el nodo de nuestras necesidades mientras seguimos el camino hacia nuestra propia realización total. Cuando todas nuestras necesidades descansen en su y hayamos actualizado nuestra propia , tendremos la sensación de sentirnos realizados. En el momento de una experiencia cumbre, tendremos una sensación estimulante, y posiblemente aterradora, de conciencia total: obtendremos una rara percepción de nuestro universo personal, en armonía y resonancia con nuestra propia realidad. En esos momentos sabremos que estamos realizados y que hemos descubierto el camino para actualizar nuestra propia vida.

Ahora que sabemos qué condiciones han producido nuestra plenitud, será más fácil conservar razonablemente esas condiciones a diario mientras vivimos nuestras vidas, manteniendo nuestra vida y todas nuestras necesidades en equilibrio. Esta condición equilibrada aumenta nuestra capacidad de seguir creciendo. Nuestro propio crecimiento debe ser nuestro objetivo constante. A medida que crecemos, aumentamos nuestra capacidad de lograr aún más en nuestra vida y de hacer que nuestra propia vida sea significativa para los demás. A medida que aprendemos a darnos desinteresadamente a los demás, nuestra vida cumple el propósito de nuestra propia existencia. Nuestras vidas serán significativas en la medida en que el mundo se convierta en un lugar mejor porque hemos estado aquí. En la medida en que nuestros logros perduren después nuestra vida, habremos alcanzado lo que para un Humanista es la única forma válida de nuestra propia inmortalidad que sabemos con certeza que realmente existe. Ciertamente válida, e incluso científicamente demostrable, la vida después de nuestra propia muerte -que existe incluso para un Humanista- es nuestra reflexión sobre el efecto que tenemos en aquellos que nos siguen, y si hemos hecho de nuestro mundo un lugar mejor para ellos por haber estado aquí. Nada más tiene valor después de nuestra muerte.

Capítulo 26
¿Qué valores son importantes en última instancia para mi vida?

Sólo tú puedes responder a esa pregunta. Sin embargo, mientras considera lo que es importante en su propia vida, le daré un ejemplo. Ya he afirmado anteriormente que sólo dos aspectos de la vida son relevantes para mí como "Idealista" de Meyers-Briggs:

(1) Mi vida tiene sentido en la medida en que soy capaz de realizarme; y

(2) Mi vida será significativa en la medida en que el mundo sea un lugar mejor porque yo he estado aquí.

Para estar sano, debo mantener ambos en equilibrio.

Teniendo en cuenta estos valores, sólo dos de los muchos que conducen a una vida de éxito, otros responderán de forma muy diferente a las mismas circunstancias. La respuesta a valores adicionales será igualmente diferente; por lo tanto, existen múltiples enfoques para una de éxito. Para ilustrar este punto, utilicemos sólo estos dos :

Si eres artesano, podrías decir: *"Mi vida tiene sentido en la medida en que estoy comprometido creativamente, y en la medida en que me entusiasman las oportunidades de la vida. Mi vida es significativa cuando he realizado una obra única y creativa que es realmente mía y es genuinamente apreciada por los demás."*

Un tutor puede decir: *"Mi vida tiene sentido cuando me aceptan las personas que me , cuando sé que mi familia y mis seres queridos están a salvo y cuando mi mundo se siente en orden. Mi vida es significativa cuando estoy a cargo de lo que , y soy apreciado por los demás por lo que proporciono."*

Un racionalista podría decir: *"Mi vida tiene sentido cuando es pacífica, sé lo que es verdad y cuando funciono plenamente en el mundo, al menos en la medida en que me siento cómodo en mi papel, Mi vida es significativa cuando siento que mi propia contribución ha tenido más éxito que mis esfuerzos anteriores y cuando sé que mis esfuerzos son correctos y que lo que creo es verdad."*

Estas afirmaciones pueden ser válidas sólo momentáneamente y, por lo general, variarán a medida madurémos y nuestra misión en vida se vaya centrando cada vez más. El racionalista más joven, por ejemplo, puede estar más preocupado por comprender cómo debe llevar a cabo una tarea específica. Sin embargo, al envejecer, la necesidad de saber aumenta y puede llegar a querer saber cómo funciona todo. Los objetivos de los demás tipos de personalidad también cambian. Nada humano está grabado en piedra, ni debería estarlo, incluidas nuestras propias opiniones religiosas y filosóficas. Siempre debemos estar creciendo y abiertos a nuevas oportunidades para que nuestra vida sea lo más exitosa
.

Aunque el enfoque de la vida de cada persona está "conectado", lo que nosotros, como individuos, consideramos importante en un momento dado sólo será provisional. Toda verdad es momentánea. Sólo el método por el que procesamos la información permanece razonablemente consistente a lo largo de nuestra vida. Eso no podemos cambiarlo. Nuestro método individual de procesar la información sólo es similar al de otras personas con el mismo tipo de temperamento psicológico. Sin embargo, los medios que utilizamos para poner en práctica nuestras acciones diferirán de los de los demás, incluso de los del mismo tipo. Normalmente debido a nuestro nivel de crecimiento, maduración, nivel de educación y nuestra propia experiencia previa. Así, todos pareceremos diferentes, aunque los del mismo tipo de temperamento siempre procesarán la información de la misma manera.

Afortunadamente, no existe una verdad universal que todos deban aceptar, ni una respuesta única al propósito de la vida. Sin embargo, la mayoría de nosotros seguiremos asumiendo que todos los demás nos entienden, y que deberían estar de acuerdo con nosotros y, por lo tanto, deben pensar como . Afortunadamente, no es así. Imagínese lo aburrido que sería el mundo si todos tuvieran que estar de acuerdo.

Nuestra declaración de principios personal sólo es válida para nosotros mismos, pero incluso eso debería cambiar a medida que maduramos. Hay muy pocas verdades absolutas todos podamos aceptar. El hecho de que cada persona aborde su realización de forma diferente es bueno para la sociedad, porque estas diferencias mejoran la calidad de la vida de todos nosotros al ampliar nuestra visión.

Capítulo Veintisiete
Entonces, ¿Qué Puedo Hacer Ahora Que He Descubierto: ¿Soy humanista?

Si puedes, ahora mira la vida desde la perspectiva de que esta vida probablemente sea la única para ti. Lo que hagas después es muy importante. Si reconoces que tu inmortalidad proviene de lo que dejas atrás -las contribuciones a quienes te sobreviven o te siguen, y por tanto viven mejor gracias a ti, o del producto o la familia que has producido-, empiezas a ver la vida desde la perspectiva de la existencia actualizada de Maslow. Tus motivos pueden seguir teniendo algo de egoísmo porque quieres que tu vida signifique algo, pero eso contribuye sólo mínimamente. Tus acciones se vuelven altruistas porque te propones hacer por los demás lo mejor que puedas en la vida que te queda. Puedes contribuir a hacer de nuestro mundo un lugar mejor del modo que elijas. Tú también puedes marcar la diferencia en el mundo de hoy. Lo haces para hacer algo duradero para los demás, no para beneficiarte a ti mismo.

Como he dicho anteriormente, John Shelby Spong, antiguo obispo de la Iglesia Episcopal de Nueva Jersey, declaró: "Miro al siglo XX, que en muchos sentidos fue un siglo Humanista secular... en ese mismo siglo, se produjo la emancipación de la mujer, se puso fin en gran medida a la dominación colonial de las naciones menos desarrolladas del tercer mundo, el movimiento por los derechos civiles rompió el espinazo de la segregación, y los homosexuales comenzaron a superar el prejuicio que les ha impedido alcanzar la plena pertenencia y la justicia en el orden social. Cada uno de es un poderoso logro... Un estudio de la historia de ese siglo ... revela que la mayor parte del mundo cristiano, expresado a través del liderazgo del cristianismo institucional, se resistió a cada uno de estos cambios. Un estudio de la historia de ese siglo revela también que estos logros se alcanzaron, en gran medida, gracias al trabajo de las fuerzas humanistas seculares". La visión y el liderazgo de los humanistas siguen marcando la diferencia en el mundo actual.

La mayoría de estos cambios en nuestra sociedad empezaron porque un humanista vio una necesidad insatisfecha y se apasionó por resolverla. Estaban dispuestos a asumir la tarea y a proporcionar el liderazgo necesario para hacerla realidad. La verdadera cuestión es que cada uno de nosotros puede marcar una diferencia real en el mundo, y los Humanistas demuestran continuamente que puede hacer. Todo lo que tienes que hacer es estar abierto y receptivo a la contribución que estás dispuesto a hacer personalmente para resolver un problema que afecta a otros más allá de ti lo ves.

Tu visión de lo que solucionaría un problema, y una actitud positiva que pueda marcar la diferencia para mejorar el problema que ves, es todo lo que se necesita para iniciar el proceso. vez comprometidos, otras personas necesarias para llevar tu solución a la realidad se unirán a ti si explicas tu objetivo y pides adecuadamente su ayuda. El resultado es que puedes marcar una diferencia real que te sobrevivirá. Esa es una forma real de tu propia inmortalidad que sabemos que realmente existe.

Uno de mis nietos, Braeden Stanley, es humanista de tercera generación. Braeden ingresó en la Universidad Drake como estudiante de primer año en otoño de 2011. Al final de su primer año, él y otros veinte estudiantes se apuntaron a un curso de estudios de verano de tres semanas en el extranjero. Este curso fue dirigido por tres profesores, uno de cuales nació en la comunidad rural de Kikandwa, Uganda, situada en el centro- este de África.

El profesor llevó allí a los estudiantes para que experimentaran la vida desde una perspectiva diferente. Drake tiene como misión "proporcionar un entorno de aprendizaje excepcional que prepare a los estudiantes para una vida personal significativa, que se traduzca en logros profesionales y en una ciudadanía global responsable." La universidad accedió a conceder a los estudiantes créditos para un curso universitario; su objetivo era ver cómo podían marcar la diferencia como resultado de su viaje, y que cada estudiante pudiera escribir un trabajo explicando su punto de vista sobre lo que podría beneficiar a los demás. En clases anteriores, los alumnos de Drake habían propuesto

su propio plan mostrando lo que la comunidad que visitaban ese año podría hacer para mejorar la calidad de vida de sus propios ciudadanos.

Todos sus esfuerzos habían sido teóricos, casi siempre sin tener en cuenta la falta de recursos de su comunidad para cumplir los planes propuestos. Los ancianos de esta comunidad que Braeden visitó identificaron que su principal necesidad era algún tipo de centro médico.

Nadie se había planteado antes que los estudiantes pudieran atender personalmente ninguna necesidad de la comunidad. Había más de 30.000 personas en la zona rural que rodeaba Kikandwa. El gobierno de Uganda proporcionaba algunas clínicas en su país, pero estaban sujetas a la corrupción, contaban con poco personal y carecían de mantenimiento. La clínica competente más cercana estaba en un área metropolitana a muchos kilómetros de distancia, y la mayoría de la gente tenía que desplazarse a pie. Para un , el podía durar tres días. Incluso para los que disponían de bicicleta era más de un día de viaje si se estaba lo bastante en forma para llegar hasta allí. No había transporte comercial eficaz en el corazón de la Uganda rural y, aunque lo hubiera, nadie en esta podía permitírselo.

A Braeden le impresionó que los habitantes de Kikandwa fueran muy acogedores y amables. Invitaron a los estudiantes de Drake a sus casas y compartieron con ellos lo poco que tenían. Muchos no habían visto antes a caucásicos, y mucho menos a estadounidenses. Los estudiantes se enteraron de que un hombre había llevado a su mujer embarazada a una clínica lejana. Como no tenían el equivalente a cinco dólares para comprar un kit de parto, consistente en guantes y tijeras, la clínica no aceptó a su mujer. Tuvieron que dar a luz solos en la carretera. Tanto su mujer como su bebé murieron. Aquello fue demasiado para Braeden. Decidió que "construiría una clínica médica en Kikandwa le costara el resto de su vida".

Una vez que Braeden declaró que iba a aceptar personalmente la responsabilidad de satisfacer esta necesidad, otros estudiantes se unieron voluntariamente a él para participar en este proyecto. Sus profesores se sintieron obligados a unirse a ellos. En tres semanas, los estudiantes se reunieron con los líderes de la comunidad, localizaron un lugar y desarrollaron un plan. Volvieron a Drake el otoño siguiente y

Braeden asumió personalmente la responsabilidad de recaudar los fondos necesarios para construir el centro médico, mientras que otros estudiantes aceptaron el reto de decidir qué más se necesitaría y cómo se resolverían esas necesidades.

Una de las estudiantes era la hija del director de Character Counts en Iowa. Es muy activo en Rotary y presidió el Comité Internacional de su Club. El Club aceptó colaborar con el proyecto de los estudiantes de Drake. Eso aseguró el éxito de los estudiantes. Braeden y otros estudiantes regresaron a Uganda durante sus vacaciones de enero. Estos estudiantes se pusieron en contacto con un Club Rotario de Uganda que aceptó supervisar la construcción, tenían un socio que era arquitecto y dibujó los planos del centro médico, y un contratista que proporcionó un presupuesto del coste de su construcción, y que capaz de construirlo.

A su regreso a Drake para el semestre de primavera, se les unieron otros estudiantes de Drake que también habían viajado a Uganda con clases anteriores. Todos se reunieron semanalmente durante el curso escolar para planificar el funcionamiento de su clínica. Braeden y quienes le ayudaban consiguieron recaudar los fondos necesarios. Al final del segundo año de Braeden, pusieron la primera piedra y comenzó la construcción de su centro médico. Al final del tercer de Braeden, el Centro Médico Kikandwa estaba casi terminado, pero necesitaba personal y suministros. Los estudiantes localizaron a un médico dispuesto a ser el director médico del centro y se pusieron de acuerdo con una iglesia metodista local de Uganda para dotar de personal a sus instalaciones.

Se necesitan muchos elementos diferentes para crear un centro médico de éxito. Sin embargo, cuando te centras en un objetivo, ves oportunidades que de otro modo nunca te plantearías. Estas personas de aquella región de Uganda querían una clínica. Simplemente no sabían cómo . Una vez que Braeden proporcionó el liderazgo inicial y todos se centraron en la tarea de crear una clínica, muchos miembros de la comunidad se mostraron ciertamente dispuestos a contribuir con sus esfuerzos para ayudar, aunque no tuvieran la riqueza necesaria para ayudar a financiar su construcción. Se necesita un líder con visión de éxito para crear impulso. El impulso atrae a otros hacia la causa del líder.

El ímpetu de Braeden me afectó incluso a mí. Yo era el abogado del Iowa Great Ape Trust, donde se encuentran seis de ciento treinta bonobos africanos que hoy están en cautividad en el mundo. Estos bonobos piensan aproximadamente a un de undécimo grado. Los bonobos de Des Moines han convivido toda su vida con humanos que les hablaban en inglés desde el día en que nacieron, por lo nos entienden fácilmente cuando hablamos. Como no tienen una laringe que les permita responder, bastó con crear un lenguaje simbólico para poder hablarnos.

Dado que Des Moines es ahora el único lugar de la Tierra donde los humanos pueden mantener una conversación inteligente en inglés con otra especie de vida, estos bonobos atraen a gente de todo el mundo. A través de esa organización, encontré por suerte a otro abogado de Minnesota que representa a una empresa sin ánimo de lucro que acepta el exceso de suministros médicos y equipos usados de hospitales y consultas médicas. La misión de esta empresa es colocar estos equipos usados y excedentes de suministros en hospitales necesitados de países del tercer mundo. Centrado en el proyecto de Braeden y su compañero, me di cuenta de lo que esta organización podía hacer por sus esfuerzos.

La clínica de Uganda no era un hospital, pero estaba cerca, y tenía las mismas necesidades. Presenté la clínica Drake Uganda a esta abogada de Minnesota, que quedó muy impresionada con el proyecto de los estudiantes de Drake. Aceptó ayudar. Los estudiantes presentaron su caso a la junta directiva de su cliente y pudieron adquirir gratuitamente más de 375.000 dólares en equipos y suministros médicos, si en las dos semanas siguientes los estudiantes conseguían otros 15.000 dólares para el envío de un semirremolque de 40 pies lleno de suministros. Aunque estaban en los finales de semestre, los estudiantes trabajaron diligentemente para lograr este . De este modo, Kikandwa pondría servicios médicos a disposición de 30.000 personas que nunca en su historia habían tenido esos servicios a su alcance antes de la visita de Braeden y sus .

El presidente de la Drake U n i v e r s i t y, David Maxwell, anunció en una recaudación de fondos celebrada por Braeden que "Esto me dará derecho a presumir entre los presidentes de universidad". Esta región de Uganda ahora no

sólo dispondrán de atención médica a un corto paseo de donde viven estas 30.000 personas, sino que, gracias al hombre que inspiró a Braeden, los suministros necesarios para un parto serán gratuitos para quienes no puedan pagarlos, de modo que ninguna mujer corra el riesgo de perder la vida o el bebé porque se le niegue atención por falta de cinco dólares.

Esta clínica debe ser sostenible, pero los líderes de la comunidad han acordado que sólo se cobrará a la gente por los servicios médicos de la clínica en función de su capacidad de pago. Gracias a los suministros gratuitos de que dispone, esta clínica se está convirtiendo en una de las mejores y más populares clínicas médicas de la región.

El Centro Médico Kikandwa será de fácil acceso y estará disponible para atender las necesidades de las personas que no tienen los recursos personales para permitirse la atención médica privada que de otro modo sólo está disponible en las zonas metropolitanas de . Miles de personas en el mundo tendrán hoy una vida mejor porque un humanista se preocupó y tuvo la visión y el valor de comprometerse a satisfacer una necesidad. Sólo se necesita el liderazgo de una persona para iniciar el impulso necesario para completar cualquier tarea. Así es como todos los Humanistas podemos seguir marcando una diferencia real en el mundo de hoy, cada uno nuestra manera. Sólo hace falta apasionarse por algo que va más allá de nosotros.

Recientemente, uno de los profesores de Drake visitó la Clínica Kikandwa. Lo que escribió a Drake lo expresaba todo para mí:

"¡Saludos desde Uganda! -de la Dra. Deb Bishop, Drake University Associate Professor of practice in Management, Director (Mensaje de correo electrónico fechado el 9 de junio de 2015) ¡¡¡Conocer a la bebé Rebecca esta tarde hizo que todo valiera la pena!!! Fui con dos estudiantes a conocer al Dr. Dickson en Mukono hoy.

De regreso, pasamos por Kikandwa. Entramos en la sala de pacientes, que contiene tres camas de hospital y una diminuta cama para bebés. En esa cuna dormía una bebé de pocos meses llamada Rebecca. Dormía tranquilamente. Llevaba unos días viniendo al centro de salud, el primer día desesperadamente enferma. Gracias a los equipos y suministros de laboratorio, le diagnosticaron malaria y neumonía. Cada

día su madre la ha traído para pasar el día con un goteo intravenoso. Mientras estábamos allí, Rebecca abrió los ojos y se me llenaron los ojos de lágrimas. Fue una visión increíble: una vida pequeña y hermosa salvada y . Solo por eso ya valía la pena todo lo que hicimos.

Aún queda mucho por hacer. La electricidad debería estar terminada esta semana. De momento no tienen atención nocturna, y será de gran ayuda. Por favor, pasen esto a aquellos que quieran saberlo. Agradecidamente, Dra. Deb Bishop"

Ese mensaje me hizo , porque me decía dos cosas:

1.   El efecto que ha tenido Braeden al declarar que "pasaría el resto de su vida velando por que estas personas dispusieran algún día atención médica moderna". Una vez que asumió ese compromiso, otros estudiantes y el profesorado de Drake que patrocinó el viaje aceptaron unirse a él. Pronto otros, incluidos clubes rotarios, se sumaron a este esfuerzo. Eso hizo posible su objetivo. Cuatro años más tarde, su sueño se hizo realidad, y está marcando una diferencia real y seria en el mundo de hoy.

2.   Para ugandeses, su dispensario es lo más importante que tienen en la actualidad. Sin embargo, el dispensario funcionaba provisionalmente, sin electricidad, y puede que le faltaran algunos de los recursos básicos que nosotros damos por sentados. Protestaríamos si se fuera luz, o si faltara agua, o si no hubiera pasta de dientes. Ellos están encantados con el mero hecho de disponer inmediatamente de unos servicios médicos que nunca antes habían tenido en su vida. Quizá podríamos reconsiderar nuestras prioridades cuando comparamos nuestras vidas con las de la mayoría del resto de las personas de nuestro mundo.

Aunque su nueva clínica todavía no sea perfecta desde nuestra perspectiva, su clínica es "maravillosa" para ellos. Están entusiasmados con lo que tienen hoy porque un estudiante de Drake se comprometió a resolver sus necesidades. La bebé Rebecca, que probablemente no habría sobrevivido, está viva hoy porque Braeden se preocupó por ella. Una vez que su decisión, tuvo la perseverancia de ver que su objetivo se alcanzaba. **Uno de los dos principios rectores de mi vida es que nuestras vidas adquieren importancia en la medida en que el mundo es un lugar mejor porque hemos estado aquí.** Ésa es una forma aceptable de inmortalidad, incluso para un humanista. Para esta Braeden vivirá para siempre.

Braeden vio una necesidad aceptó resolverla como su objetivo personal. En aquel momento no tenía ni idea de lo conseguiría. Sólo sabía que iba a dedicar su vida a . Una vez asumido ese compromiso, vio y aprovechó todas las oportunidades que hicieron avanzar el proyecto hacia su solución definitiva. Él simplemente proporcionó el liderazgo para alcanzar su objetivo. Otros fueron necesarios para hacerlo realidad. Él se centró en el resultado. Eso abrió las puertas a otros cuyas habilidades y talentos eran necesarios para la evolución de alcanzar su objetivo.

Braeden me motivó a ayudar cuando vi la oportunidad de suministrar el equipo médico y los suministros necesarios para el funcionamiento de su clínica médica. Sólo hace falta una persona que aporte la visión y el liderazgo para que esas cosas sucedan colectivamente. Como resultado del compromiso de Braeden, hoy ha marcado una verdadera diferencia en el mundo para más de 30.000 personas que no conocen su nombre, pero cuyas vidas son mejores porque él ha estado aquí. Tú también puedes hacerlo si abres los ojos, ves una necesidad y te propones . Pero, para , debes comprometerte a . Eso es lo que hacen los humanistas, y la razón por la que nuestro mundo es hoy un lugar mejor porque hemos vivido. Cada uno de nosotros crea su propia inmortalidad. Tú también puedes.

Una vez que veas la vida desde una perspectiva humanista, se abrirán los ojos. Verás oportunidades de contribuir a la vida de otras personas por las que, de otro modo, serías reacio a gastar energía. Creer que esta vida es todo lo que hay para ti es lo que te motiva a aprovecharla al máximo de todas las formas posibles.

Otro ejemplo de lo que podría hacer

La Fraternidad Masónica es la mayor fraternidad del mundo. Actualmente hay cuatro millones de masones activos en el mundo, dos millones de ellos en Estados Unidos. La fraternidad es también la mayor filantropía mundo. Sólo en Estados Unidos, los masones donan entre dos y tres millones de dólares al día con fines benéficos, sin insistir en que ningún masón aporte un céntimo. Soy masón del 33º grado, el más alto de la masonería. Estaba cenando en un evento masónico con el

Potentado (presidente) de nuestro Templo Santuario local. Me dijo que los 22 hospitales infantiles del Santuario tenían hoy un grave problema porque su población hospitalizada ya no pagaba el mantenimiento del hospital.

La masonería es totalmente seria. El Santuario es una parodia de la masonería. La masonería tiene más de setecientos años. El Santuario se creó en Estados Unidos a mediados del siglo XIX para proporcionar una organización "divertida" a los masones. Después de muchos años de diversión excesiva en sus convenciones anuales, acordaron que debían tener un propósito positivo que beneficiara a nuestra sociedad. Hace cien años construyeron 22 hospitales en todo país. Hoy atienden principalmente a niños con problemas ortopédicos y quemaduras graves. Más allá de la cobertura de su seguro, a las familias de los niños que atienden no se les cobra nada por su atención. Me enteré de que solo en 2018 atendieron las necesidades de 345.000 visitas infantiles.

He sido voluntario en juntas directivas de hospitales durante 50 años, durante toda mi carrera jurídica. Enseguida vi cuál el problema. El Santuario funcionaba con un modelo médico de hace cuarenta años que ya no era sostenible. En la actualidad, el 85% de los niños a los que atienden deben de estar en régimen ambulatorio. En un día cualquiera, sólo unos pocos de los niños de cada uno de sus hospitales pueden necesitar hospitalización nocturna para su tratamiento, incluso tras una intervención quirúrgica. Cuanto más pensaba en la difícil situación del Santuario, más veía una solución perfecta.

Tras obtener la aprobación del presidente del Blank Children's Hospital, llevé mi idea al presidente del UnityPoint Hospital - Des

Moines, donde he formado parte de al menos uno de sus consejos durante veinticuatro años. El consejo de UnityPoint posee seis hospitales en Iowa Central, uno de los cuales es el Blank Children's Hospital. Blank es el único hospital que se construyó durante la Segunda Guerra Mundial, y fue necesario un acto personal del Presidente Roosevelt para que se construyera. Me alegré de que así fuera. Cuando tenía nueve años, al final de la guerra, ese hospital me salvó la vida. Le debía algo.

Le expliqué que quería ofrecer al Santuario la creación de un medio mejor de ofrecer atención sanitaria mediante la creación de la primera Clínica Infantil del Santuario en el Hospital Infantil Blank. De este modo, el Santuario vería que podría ofrecer mejor sus servicios a los niños en instalaciones comunitarias ya existentes que estuvieran más cerca de cada uno de sus templos del Santuario.

De este modo, en lugar de que el Santuario gaste actualmente el 80% de su presupuesto en ladrillos y mortero que ya no son necesarios, podría convertir la parte no utilizada de sus hospitales en residencias de ancianos masónicas que pagarían sus instalaciones hospitalarias actuales. Al presidente de UnityPoint Health System, propietario del sistema Blank Children's Hospital, le gustó la idea.

Así que en lugar de vadear la jerarquía del Santuario empezando a nivel local y tener que convencer a cientos de personas sin conocimientos para que se tomara una decisión, llamé personalmente al Potentado Imperial Internacional ("presidente") y le expuse mi idea. Pensó en lo que le estaba diciendo y dijo: "Sabes, eso podría funcionar". Presentó mi idea a su junta, y estuvieron de acuerdo en que merecía ser considerada. Enviaron a cinco de sus altos cargos desde sus cálidas oficinas del sur de Florida a Iowa durante una tormenta de nieve en pleno enero de 2019 (cuando todo el mundo de Iowa se va en la otra dirección en esa época del año) y les gustó lo que vieron.

Blank tiene una historia digna de mención. Por ejemplo, Blank pudo salvar a los siete niños McCaughey nacidos al mismo tiempo de una sola mujer, aunque cada uno de ellos sólo pesaba medio kilo al nacer. Hoy son siete adultos sanos. El Santuario trabajó con el personal del Hospital Blank para hacer realidad este nuevo modelo de clínica infantil.

Este modelo ha demostrado tener mucho éxito. En los dos primeros años ya había superado el espacio de su clínica. Si los Shine fueran sabios, habrían adoptado este modelo, y todas las demás unidades del Santuario tendrían su propia Clínica mineral inmediatamente disponible para ellos. Estas clínicas permiten el acceso a la atención médica en una comunidad cercana a los hogares de los niños, en lugar de tener ahora el problema que tenía anteriormente la unidad del Santuario de Des Moines, que obligaba a los Shriners a tener que recoger a un niño en su casa y llevarlo al hospital de Minneapolis, Chicago o St. Y, como ya he dicho, el Santuario podría convertir la parte infrautilizada de sus hospitales en residencias de ancianos para masones que pagarían el mantenimiento de los ladrillos y el mortero que antes mermaban su presupuesto.

Esos fondos que ya no son necesarios para mantener sus hospitales permitirían entonces al Santuario atender a todos los niños, independientemente de su necesidad médica. Todos se benefician. Pero son los niños los que más se benefician. En cambio, las juntas directivas de los hospitales locales del Santuario luchan hoy por mantener su estructura actual para que los miembros de la junta directiva tengan su papel que desempeñar, aunque carezcan de capacidad para resolver sus propios problemas presupuestarios. Pero la falta de crecimiento efectivo es lo que sucede por la falta de liderazgo efectivo. Las organizaciones que simplemente siguen haciendo lo que siempre han hecho, aunque los tiempos provoquen cambios a medida que la sociedad avanza, como resultado esas organizaciones se deterioran.

Si se gestiona correctamente, la Clínica del Santuario de Des Moines debería ser capaz de elevar la imagen pública local del Santuario dentro de la comunidad de Des Moines, lo que debería resultar en un aumento de sus miembros cuando más gente quiera participar. Y, a cambio, el Templo del Santuario local anunciará con orgullo su Clínica en el Hospital Infantil Blank para mejorar su imagen pública. Al proporcionar una atención de calidad a "sus hijos" en la clínica Blank, todos ganan, pero especialmente los niños a los que atienden las clínicas infantiles Shrine.

¡Caramba! ¿Por qué a ningún otro Shriner se le había ocurrido hacer esto antes? En primer lugar, porque no tienen los antecedentes necesarios para ver cómo todas las piezas del rompecabezas necesarias para resolver este problema encajan tan suavemente

juntos, y en segundo lugar, aunque lo pensaran, no se daban cuenta de que podían conseguirlo. Soy miembro del Santuario y he sido miembro de la junta de UnityPoint Health. He sido voluntario en consejos de administración de hospitales durante cincuenta años, y me di cuenta de que el problema del era que funcionaban con un modelo médico de hace 40 años. Y yo conocía personalmente a las personas que podían hacerlo posible. En otras , podía ver todas las piezas de este rompecabezas. Pero todo ocurrió porque yo estaba dispuesto a comprometerme a hacer algo para solucionar su problema.

Poner todas las piezas del rompecabezas para resolver problemas es lo que hago para ganarme la vida. Como abogado, en mi práctica resuelvo problemas complejos de estructura, relaciones y jurídicos para mis clientes empresariales. Como resultado, hoy cinco de mis clientes, a tres de los cuales ayudé a empezar a trabajar en su garaje, son líderes mundiales en lo hacen. No es porque yo sea genial. Es porque, como "Idealista", soy capaz de especializarme en ver cómo ayudar a maximizar las oportunidades para mis clientes. Sin embargo, no puedo verme a mí mismo, por lo que no puedo hacer por mí lo que soy capaz de lograr para mis propios clientes. Por lo tanto, me jugar en los cajones de arena de los demás.

Sólo para darte otro ejemplo para que veas lo fácil que es encontrar oportunidades. Logro más viendo la vida y las oportunidades que existen a nuestro alrededor desde el punto de referencia de un Humanista porque las busco activamente. No es por dar una imagen errónea de la masonería, ya que en realidad hace más bien que cualquier otra organización no religiosa sin ánimo de lucro de Estados Unidos, sino para demostrar la necesidad de un liderazgo eficaz para que cualquier organización tenga éxito. He representado al cementerio masónico de Des Moines durante años. Como la membresía masónica ha disminuido, sus recursos y mercado disminuyeron. El mantenimiento de su cementerio era nulo debido a la disminución del flujo de caja y al aumento de los costes. Sólo tenían un empleado a tiempo completo y otro a media jornada para cortar el césped de una milla cuadrada, abrir y cerrar todas las tumbas. Le he dicho a su junta durante años que necesitan transferir la propiedad de su cementerio a la ciudad de Des Moines para mantenerlo. La junta del cementerio me ignoró.

porque realmente disfrutaban de su cena y bebidas gratuitas antes de sus reuniones mensuales.

Varios años después, cuando los dientes de león que crecían en la tumba de mi madre se apoderaron de mi capacidad para limpiarlos, acabé por enfadarme y escribí una carta desagradable a la junta del cementerio.

Para entonces ninguno de los miembros me conocía, pero afortunadamente llevaron mi carta amenazadora a las dos logias masónicas propietarias del cementerio, y los dirigentes de esas logias sabían quién era yo, así que dijeron a la junta que tenían que hacer lo que yo dijera. Las logias votaron a favor de autorizarme a presentar el cementerio a la ciudad.

Sabía que si hubiera llamado a la Junta de Parques que gestiona los cementerios de la ciudad y les hubiera dicho lo que quería hacer, le habrían echado un vistazo y me habrían dicho: "¡Diablos, NO!", ya que se había deteriorado hasta ese punto. Así que, en lugar de eso, llamé al alcalde y le dije que la ciudad pronto pasaría una vergüenza si no aceptaba mi oferta de hacerme cargo del cementerio. Lo recorrió y aceptó. Entonces, le pedí que convocara una reunión de la Junta del

Parque para decirles que quería que se quedaran con el cementerio. Hicieron todo lo que pudieron para complacer rápidamente al alcalde. Tomaron posesión el año pasado y hoy ya no hay dientes de león en la tumba de mi . Para poner la guinda al pastel, la ciudad no quería la residencia que había a la entrada del cementerio y que antes utilizaba el administrador del cementerio, así que la junta la vendió y cada logia recibió

75.000 dólares que de otro modo no tendrían, y ya no corren el riesgo de tener que financiar la sustitución de los caminos del cementerio que ya no eran suyos. Así que, hoy por hoy, todo el mundo está encantado con este resultado. Lo que quiero decir es que cada uno de nosotros puede crear un cambio positivo si miramos a nuestro alrededor y estamos dispuestos a actuar cuando vemos una oportunidad, como hizo Braeden en Uganda.

Esto no ha ocurrido porque yo sea muy especial. Ocurrió porque vi la oportunidad de resolver un problema que ayudará a otros a tener una vida mejor, especialmente a los que vivirán después de mí. El humanismo hace que me diferencie de mirar la vida viendo sólo lo que es bueno para mí. Justo lo contrario de las muchas personas que hoy miran su vida únicamente para su propia conservación. Sucedió porque mi perspectiva en la vida está en el nivel de la jerarquía de Maslow, donde las oportunidades que veo para marcar la diferencia pueden no tener ningún beneficio personal. Con la Shrine Children's , me encontraba en una posición única para ver todas las piezas del puzzle, así que actué. Tú eres una persona única y verás oportunidades que yo no podría ver. La diferencia entre nosotros puede estar en cómo respondes tú.

A medida que se las oportunidades, te darás cuenta de que puedes hacer algo para resolver el problema que ves que existe, si aceptas la responsabilidad de provocar cambio. Es de esperar que ahora estés motivado para marcar una verdadera diferencia en el mundo cada vez que veas la oportunidad. Si lo haces, marcarás una gran diferencia en tu vida y, al resolver ese problema, aumentarás tu inmortalidad de una forma que puede ir mucho más allá de lo que habrías conseguido antes de leer este .

Piensen en mis pequeños ejemplos. Lo que la Clínica del Santuario del Hospital Infantil Blank ha hecho por Blank es que su Clínica ayuda a

Blank a atender a niños a un nivel que de otro modo no podría atender. Antes de la ayuda del Santuario, Blank no tenía la experiencia, el equipo ni el talento para atender a niños con graves problemas ortopédicos. Hoy atienden a todos los que tienen esas necesidades. Además, el Santuario paga la atención de todos sus niños, por lo que el hospital no tiene que preocuparse de cómo cobrar. Templo local del Santuario comercializará Blank sin ningún coste para el presupuesto de Blank. Y lo que es más importante, los niños recibirán una buena atención en un centro que puede prestar servicios con éxito sin tener que viajar fuera de su estado para ver a médicos de calidad que atiendan sus necesidades. Está claro que todos salimos ganando.

Mi deseo es que ahora que esto ha tenido éxito, los otros cuatro Templos Santuario de Iowa quieran desarrollar su propia relación con los centros médicos existentes en su comunidad para atender a sus niños. Lo que realmente me gustaría hacer es encender una hoguera por toda la nación, para que en el futuro podamos tener Clínicas Infantiles del Santuario donde los niños con todas las necesidades médicas puedan ser atendidos cerca de sus propias familias inmediatamente disponibles para todos los Templos del Santuario locales. El Santuario

Jude en cuanto a su capacidad para beneficiar a nuestros niños.

Cómo superar a otras personas, o incluso a las juntas locales que gestionan cualquier instalación sin conocimientos empresariales significativos, es un campo fértil para que usted marque la diferencia. una junta local de una iglesia puede estar participando simplemente porque disfruta de su comida gratis, para darse cuenta del beneficio que el cambio puede producir para la entidad a la que sirve. Tu participación puede marcar una diferencia muy significativa ayudándoles a resolver problemas que no pueden ver. Armado con lo que ahora sabe, debería estar dispuesto a buscar nuestras propias oportunidades para marcar la diferencia. Una aparecerá justo delante de ti si tus ojos están abiertos y tu actitud receptiva te permite . Ahora tienes la perspectiva y la motivación para actuar cuando veas una oportunidad de marcar la diferencia. Acabo de darte algunos ejemplos. Verás la tuya propia para marcar una verdadera diferencia en el mundo que te sobrevivirá. Esa es una forma de inmortalidad para ti que sabemos que realmente existe.

Mi punto es que cada uno de nosotros tiene habilidades únicas y perspicacia en algo. Ahora que estás motivado como persona que busca oportunidades para marcar la diferencia en su vida, sabrás cuándo ves una oportunidad en la que puedes aportar valor. En la medida en que el mundo se convierta en un lugar mejor gracias a tu presencia, habrás alcanzado tu propia inmortalidad. Si estás motivado para hacer algo, sólo tienes que abrir los ojos para buscar oportunidades en las que tú también puedas marcar la diferencia. Aunque esa es la única forma de inmortalidad, sabemos con certeza que existe. Buscar la manera de marcar la diferencia en la vida de los demás puede convertirse en un empeño divertido para ti. Puede convertirse en una motivación importante para todos nosotros. Por lo tanto, mire a su alrededor y vea lo que podría aportar a la vida de los demás. Te sorprenderá cómo aparecerán oportunidades que antes no habrías considerado abordar.

Aunque antes vieras la misma necesidad, es posible que no pensaras que podías resolverla por ti mismo, porque no tenías la costumbre de aceptar esa responsabilidad. O pensabas que no tenías la

tiempo hoy, o por cualquier otra excusa que tengas, has perdido una oportunidad. La mayoría de la gente ignoraría el problema que no fuera suyo, deseando que otro hiciera. Sin embargo, una vez que aprendes a ver el mundo desde una perspectiva Humanista, pronto te vuelves deseoso de resolver lo que puedas, proporcionando el liderazgo para al menos iniciar el proyecto, incluso si no puedes llevarlo a cabo por ti mismo. Una vez que te comprometes a resolver lo que , verás oportunidades para que otros ayuden que nunca antes se habían ocurrido. Es como encajar las piezas de un puzzle paso a . Pronto habrás cumplido la tarea que te hayas comprometido a resolver. El sentimiento de orgullo y satisfacción que experimentará entonces le motivará a buscar la siguiente oportunidad. Tu vida se vuelve plena a medida que obtienes éxito. Como resultado, el mundo se convierte en un lugar mejor porque tú has vivido. Llegarás a un punto en el que sientas que el sentido de tu propia vida se ha cumplido. La diferencia que has marcado en el mundo se convierte en tu inmortalidad, que sabemos que de otro modo no existiría.

Fíjense en todos los cientos de personas que hoy pueden enorgullecerse de haber contribuido al resultado del proyecto de Braeden en Uganda, que inició antes de tener la menor idea de cómo lograr su objetivo. No hay nada que no podamos lograr colectivamente. Actuando juntos, todos podemos marcar hoy una diferencia en nuestro mundo que podría beneficiar a miles de personas que seguirán viviendo cuando nosotros ya no estemos aquí. Eso da sentido a nuestras propias vidas y el resultado de nuestros esfuerzos hace que nuestra propia vida sea inmortal, no necesariamente porque tu nombre sea recordado. Como en el caso de Braeden, lo que has creado en beneficio de los demás perdurará. Y eso es lo único que realmente importa. No hay mejor manera de estar seguro de que tu propia vida habrá sido significativa que dedicarte a una tarea que sabes que añadirá valor a las vidas de los que vivan después de ti.

Si ahora es capaz de ver la vida desde el punto de vista de un humanista pero, a sus 96 años, levantarse de la silla de ruedas es una gran tarea, o tiene 98 y está confinado a la cama, aún hay muchas formas de asegurarse de que su vida mejore la de los demás. Posiblemente haya nietos. Quizá estén más dispuestos a escucharle a usted que a sus propios padres, sobre todo si son adolescentes tardíos y aún no han cumplido los 40.

Contar a tus nietos tus errores, y lo que resultó de ellos, puede ser muy significativo para ellos. Recordarán para siempre todo lo les cuentes. Probablemente nunca se hayan planteado que tu vida puede haber sido como la suya, salvo con la horrible revelación de que no creciste con teléfonos móviles que twitteaban, y que tenías que mirar y hablar de verdad con tu cita. ¿Cómo lo hiciste? Aun , tienes mucha experiencia vital que compartir. Esto puede ser una gran influencia en sus vidas, especialmente si entrelazas estas historias en una conversación normal para que no parezca una conferencia. Incluso funciona mejor si puedes acabar riéndote de ti mismo. Tus descendientes siempre recordarán esos momentos. Proporcionan una forma adicional de tu propia inmortalidad. Todo lo que digas puede .

Otra sugerencia es si puedes escribir algo que se haga circular entre todos los miembros de tu , para que a tu nieta adolescente no le parezca que realmente te estás centrando en ella. Tus pensamientos pueden marcar una gran diferencia, igual que el tío abuelo de Tony Hileman cambió la vida de su pariente cuatro generaciones después. O como yo ayudé a mi nieto a cambiar su actitud sobre sí mismo aumentando significativamente su capacidad para la lucha libre cuando estaba en el instituto. En otras palabras, hay todo tipo de oportunidades para que usted haga una diferencia real mientras aún está vivo, independientemente de su edad, salud y circunstancia si sólo abre los ojos y ve.

No es demasiado tarde para cambiar su plan sucesorio. En lugar de tomar el camino fácil de dejárselo todo a sus hijos y dejar que tomen sus propias decisiones familiares, lo que significa que sus hijos deberán esperar hasta el fallecimiento de sus padres para beneficiarse de usted, considere la posibilidad de dejarle algo a cada nieto, una cantidad específica es lo típico, pero si se trata de una cantidad grande un porcentaje del residuo de su patrimonio es más seguro. Si necesita la mayor parte de su dinero, las cantidades específicas tienen preferencia sobre un porcentaje del residuo, y si necesita casi todo su patrimonio no le quedarán bienes para distribuir a sus propios hijos si el legado específico a los nietos requiere todo su dinero restante.

Dejar a cada uno un porcentaje garantiza que se ofrece algo a todos.

Mi mejor consejo para mis clientes es retener la parte de cada beneficiario en fideicomiso. No se trata de dinero ganado con esfuerzo, por lo que es más fácil gastarlo. No otorgue ningún derecho a invadir el capital hasta que cada beneficiario tenga al menos veinticinco . Si tienen una necesidad real, como adquirir una vivienda, el fideicomisario puede invadir el capital y ser propietario de la vivienda en fideicomiso para su beneficiario. Los fondos son de su beneficiario, sólo hay una diferencia en quién decide cómo y cuándo pueden ser gastados, (por un hijo impulsivo, o por un fideicomisario sabio, tratando a su hijo como si fuera el suyo propio). Como planificador de herencias, me enteré de una estadística sobre seguros de vida según la cual un joven medio de 21 años gastará el 90% de su herencia en once meses. No sé si eso es exacto, sí sé que he visto ese resultado con frecuencia. Y lo que es más importante, en el caso de todos los hijos de mis clientes he visto cómo el dinero repercutía negativamente en la vida de los beneficiarios. He tenido tres clientes a los que les tocó la lotería. Arruinó efectivamente la vida de cada uno de ellos porque dejaron de contribuir a su propia vida y, en un , incluso provocó un divorcio.

Si un beneficiario ha superado los 25 años, déjele retirar el diez por ciento, pero no más de un tercio de su parte, manteniendo el resto en fideicomiso con derecho a retirar la mitad del saldo quizá cinco años más tarde y todo el saldo diez años más tarde. Si su legado permanece en el fideicomiso, sus acreedores no podrán tocar sus partes, ni tampoco su cónyuge en caso de divorcio. Y lo que es más importante, recurre a una sociedad fiduciaria profesional, aprenderán a invertir y proteger su herencia. Su dinero tendrá un mayor impacto en su vida y si necesitan los fondos antes, como para adquirir una vivienda, el fideicomiso puede comprar y poseer la vivienda por ellos. La mayoría de los fideicomisos bien preparados otorgan al fideicomisario discrecionalidad para la distribución.

Podrías aprovechar algunos de tus recursos y aplicarlos ahora para ayudar a un nieto a emprender una carrera profesional. El hecho de que usted tienda la mano a su nieto es un recuerdo que nunca olvidará. El consejo que sugiero con frecuencia a un cliente es que sus hijos pueden gastar el 90%. o el 80%, o el 70% de su herencia con la misma rapidez con la que pueden gastar el 100%.

Tomar el 10, 20 o 30% y dejarlo a organizaciones benéficas que han marcado una diferencia en su vida tendrá un impacto mucho mayor en más personas en los años venideros, al tiempo que ayudará a asegurar el futuro de esa organización. Sin embargo, también advertimos a nuestros clientes que no dejen grandes de dinero directamente a su Iglesia o nuestro cliente habrá cumplido con el presupuesto del próximo , liberando así a la Congregación de su obligación. Al año siguiente será imposible conseguir que los miembros recuperen su nivel original de donaciones. Si su objetivo es beneficiar a su Iglesia, coloque sus fondos en un fondo restringido para alcanzar algún objetivo beneficioso en el futuro.

La inmortalidad resultante de apoyar a una organización benéfica importante para ti supera con creces el resultado de lo que dejas a tus hijos.

Una idea aún mejor, podría considerar dejar una parte significativa del patrimonio que ha acumulado a una fundación comunitaria donde sus hijos, y en última instancia sus hijos, podrían dirigir las organizaciones benéficas específicas que se benefician al recibir subvenciones que la Fundación concede anualmente con los beneficios del fondo familiar que usted ha creado. Ello proporciona a cada uno de sus descendientes que participan en la decisión de distribución anual un sentimiento único de orgullo e identidad familiar que no he encontrado duplicado de ninguna otra forma.

Una prestación que ofrece la Fundación Humanista y que es muy popular entre los miembros de más edad dependientes de sus limitadas fuentes de ingresos es convertir en una renta vitalicia algunas de sus inversiones que actualmente rinden un 2 o 3% en bonos o certificados de depósito. Aportando el capital a la Fundación Humanista a cambio de una renta vitalicia, una persona de ochenta años puede recibir una renta vitalicia que proporcione no menos del 8% anual, dependiendo de la economía del mes de la aportación. Este importe es pagadero durante el resto de la vida del donante. Durante los primeros doce años, aproximadamente, hasta tres cuartas partes del pago anual no están sujetas al impuesto sobre la renta. Aún más importante para muchos es la deducción inmediata del impuesto sobre la renta por la parte de donación que finalmente se destina a la organización benéfica.

a su fallecimiento, junto con los demás beneficios fiscales significa que casi la mitad de su aportación a la renta vitalicia la habrán recuperado el primer año. Además, su donación seguirá haciendo el bien para siempre. Una forma de inmortalidad aceptable para un humanista.

A menudo me he preguntado por qué alguien que entiende lo que está sucediendo consideraría siquiera comprar una renta vitalicia a una compañía de seguros de vida si supiera que los tipos de interés que las compañías de seguros están dispuestas a pagar no dejan menos de la mitad del valor del importe del precio de compra de la renta vitalicia que adquieren para la compañía de seguros de vida. Por eso la de seguros paga una comisión tan alta a sus agentes de seguros para que vendan sus rentas vitalicias. Normalmente la comisión es del 20% del coste que usted paga. Con frecuencia, un fondo bien gestionado hace que el 100% de la inversión en la renta vitalicia quede en manos de la compañía de seguros de vida después de su fallecimiento. ¿Por qué querría usted beneficiar a una compañía de seguros? Además, si compra una renta vitalicia a una compañía que no sea benéfica, no obtendrá ningún beneficio fiscal. Y su dinero no sirve para prolongar el sentido de su vida después de su fallecimiento.

Para obtener información específica sobre cómo podría beneficiarse, sólo tiene que entrar en Internet o llamar a la Asociación Humanista Americana. La anualidad de la Fundación Humanista ofrece una forma de inmortalidad que sabemos que realmente existe. Su iglesia ni siquiera puede .

Capítulo 28
¿Cómo comienzo mi propio viaje?

Lo primero que puedes plantearte es unirte a la Asociación Humanista Americana, para obtener más información y ver cómo puedes participar en sus esfuerzos colectivos para hacer de nuestro mundo un lugar mejor porque tú has estado aquí.

Un ejemplo de cómo la Asociación puede marcar la diferencia es que, debido a que nuestra sociedad se ha desviado tanto de nuestro entorno natural, nuestra cultura ya no está en resonancia física ni psicológica con el mundo que nos rodea, por lo que se deteriora lentamente. En consecuencia, los seres humanos corren ahora peligro de autodestrucción. Pensemos en nuestro arsenal nuclear. Le damos a Pakistán miles de millones de dólares al año y, sin embargo, han permitido que Osama bin Laden construya su complejo a menos de una milla de su academia militar sabiendo que era nuestro enemigo número uno. ¿Por qué lo hacemos? Porque tienen bombas nucleares y les apaciguamos. Uno espera que no sea demasiado tarde para reconocer nuestro camino negativo y para que nos acerquemos más en armonía con la naturaleza.

El doctor Donald Johansson era Director de Investigación Científica del Museo de Historia Natural de Cleveland cuando fue coautor del libro *Lucy: The Beginnings of Humankind. En una entrevista con U.S. News and world Report señaló que los seres* humanos evolucionaron a lo largo de cuatro millones de años de forma que les ayudara a sobrevivir en su entorno. Esta evolución desempeñó un papel fundamental en la composición biológica general de nuestro comportamiento humano, gran parte del , por tanto, está determinado genéticamente. El Dr. Johansson afirma que, en su opinión, el deterioro de la sociedad, como la delincuencia y la desintegración de la familia, es un reflejo del hecho de que nos hemos alejado de nuestro entorno.

entorno natural". Tal vez por eso mucha gente siente que varios aspectos de nuestra cultura empiezan a desmoronarse. Vivir más cerca de nuestro entorno natural haría nuestras vidas más sanas y más "normales" en la medida en que nuestra sociedad se relaciona con la naturaleza.

Nuestros vertederos y nuestros mares llenos de plásticos que no son biodegradables son ejemplos de ello. Tenemos peces ingiriendo plástico que a su vez hoy comemos nosotros. Eso no puede contribuir a nuestra salud. Una persona de una comunidad agrícola del Medio Oeste se mudó recientemente a una comunidad de la costa del Pacífico. Vio lo que le estaba pasando a nuestra costa creó una empresa que recoge plástico del océano y, con el uso de impresoras tridimensionales, ahora está fabricando prótesis humanas con ese plástico. Este es el tipo de comportamiento típico de los humanistas. Muchos de nosotros vemos una necesidad y la convertimos en una oportunidad siendo creativos y pensando en soluciones mejores.

Considera una vez más las vidas de Lester y Maria Mondale. Estaban en sintonía con la naturaleza y sus vidas ayudaron a desarrollar la filosofía humanista que dio lugar al ensayo que ahora estás leyendo. Su vida fue significativa. Y se han ganado la inmortalidad. ¿Lo hará usted?

Aunque no aceleremos el calentamiento global, es un problema que debemos afrontar juntos

Es grave la reticencia de nuestras sociedades a aceptar el calentamiento global y el efecto de que los glaciares y el deshielo de los icebergs eleven ahora el nivel de nuestros océanos, de modo que nuestras ciudades costeras podrían inundarse durante nuestra vida. Sin embargo, regalamos miles de millones de dólares de nuestros impuestos a naciones que se han vuelto dependientes de nosotros para mantener la calma en Oriente Medio, mientras ellos hacen crecer a nuestros terroristas. Mientras tanto, nuestras autopistas y puentes se deterioran. No tiene mucho sentido, cuando pones nuestras prioridades en perspectiva.

Sobrepoblación

El Dr. Jonas Salk es el distinguido investigador científico que encontró la vacuna para erradicar la poliomielitis de la mayor parte del mundo actual. En su discurso de aceptación del Premio Humanista del

Año 1976 de la AHA, me fascinó su preocupación por los efectos de la superpoblación. El Dr. Salk comparó el comportamiento de los humanos con experimentos con la mosca de la fruta. Coloca una pequeña población de moscas de la fruta en un tarro con agua azucarada en el fondo y se multiplicarán perezosamente hasta que su población llene el tarro, hasta que se queden sin comida. A medida que su número se multiplica, su comportamiento se vuelve cada vez más frenético. Comparó el comportamiento frenético de las moscas de la fruta que llenaban su tarro con la población que vive actualmente en Manhattan. Salk demostró que número de personas crecerá hasta utilizar plenamente los recursos de su entorno y se mantendrán hasta que disminuyan por conflictos o falta de recursos. El Dr. Salk cree que el suministro de alimentos es un factor importante que controlará el crecimiento de la población mundial.

El Dr. Salk señaló que los efectos psicológicos negativos del crecimiento de la población pueden predecirse cuando se observa el comportamiento de los ciudadanos en nuestros grandes centros metropolitanos. Muchas personas confinadas en espacios reducidos se vuelven neuróticas. Según el Dr. Salk, este comportamiento no difiere del de las moscas de la fruta dentro de un contenedor. Señaló que, si se les da suficiente comidael número de moscas de la fruta llenará un recipiente, mostrando un comportamiento cada vez más agitado a medida que se hacinan más y más. Explicó que el comportamiento "tipo A" se desarrolla cuando las personas, hacinadas en un entorno cada vez más restrictivo, se vuelven más dependientes de los demás para cubrir sus necesidades básicas y, por tanto, se sienten cada vez menos seguras.

En opinión del Dr. Salk, las neurosis que padecen actualmente las masas de las naciones más desarrolladas tienen su origen en el crecimiento demográfico. Podemos predecir que la presión causada por las grandes poblaciones dependientes podría causar un mayor deterioro de la condición humana. Así, podemos ver fácilmente la necesidad de una voz en la sociedad que represente a la humanidad. Un esfuerzo que podría proporcionar una solución parcial marcaría una diferencia significativa sería que todos los católicos se levantaran

e insistir colectivamente en un cambio de la política de la Iglesia Católica en materia de control de la natalidad, reconociendo que su política ha contribuido significativamente al problema. Llamar colectivamente la atención del público sobre el efecto de su política a lo largo del tiempo podría provocar un cambio. Ese cambio debe comenzar con los miembros. No empezará con el clero. Ellos quieren más católicos para apoyarse a sí mismos.

¿Qué aporta Maslow a este debate?

Abraham Maslow, a quien 1 presentamos anteriormente como el fundador de la psicología humanista, recibió en 1967 el Premio Humanista del Año de la Asociación Humanista Americana. En su discurso de aceptación, Maslow nos mostró que el propósito de cada vida es llegar a ser cada vez más humano: que cada persona realice más plenamente su propia existencia. A estas alturas, reconociendo que las necesidades individuales pueden dividirse en al menos seis categorías, cada una con diferentes características de comportamiento, podemos ver fácilmente todo tipo de ramificaciones en nuestra comprensión del mundo en vivimos. Los diferentes niveles de necesidades en los que se basa una sociedad nos ayudan a entender mejor por qué tenemos conflictos globales hoy en día.

La Psicología Humanista de Maslow y su Jerarquía de Necesidades se utiliza ampliamente en la educación y en la gestión de personal. Su aplicabilidad, sin embargo, tiene un alcance mucho mayor para la comprensión de las sociedades, los países, la economía y la política. Al igual que los individuos, las instituciones y los gobiernos también se polarizan, o existen principalmente en diferentes niveles de necesidades, dependiendo de su desarrollo. Comprender si otra sociedad está traumatizada en un nivel de necesidad, o si su crecimiento o maduración han sido sofocados, tiene una importancia aún mayor para la propia supervivencia de nuestra sociedad. La única forma de que, en última instancia, estemos a salvo de los conflictos mundiales es ver que todas las culturas tienen un camino para su propio crecimiento.

Como demostró Maslow, primero hay que satisfacer las necesidades básicas para poder seguir creciendo como ser humano. Muchos países necesariamente gastan toda su energía buscando la salvación del hambre. Las personas que carecen de comida, sueño, calor o cobijo suelen actuar para procurar la satisfacción de esas necesidades, aunque sea arrebatándoselas con a quienes disponen de esos recursos. La superpoblación puede hacer imposible que algunos seres humanos crezcan colectivamente más allá de este punto. Es concebible que la humanidad esté condenada a estrangularse a sí misma antes de que las sociedades que viven hoy en nuestro mundo puedan alcanzar universalmente un modo de mejor.

Maslow señaló que, cuando es posible, las personas, las instituciones y los gobiernos buscan la seguridad una vez resueltas las necesidades básicas. Nos "emplumamos el nido" para garantizar la posterior satisfacción de estas necesidades y para protegernos de la amenaza de que otros nos las quiten. Cuando funciona eficazmente, la economía debe proporcionar el nivel de necesidades básicas. Los gobiernos son necesarios para proporcionar el nivel de seguridad. Sólo cuando estamos seguros podemos establecer el nivel social, que según Maslow es la postura o nivel predominante en los Estados Unidos de hoy. Quienes viven en el nivel social reconocen la futilidad de vivir una existencia básica. Podemos decir que la guerra es ridícula y que la gente debería comportarse de otra manera; sin embargo, hasta que no se eleve universalmente el nivel de vida, tales creencias no podrán hacerse efectivas.

Una vez satisfecho el social, los individuos, al igual que las instituciones y los gobiernos, pueden extenderse hacia el exterior para satisfacer su nivel de autoconciencia del ego en busca de reconocimiento. Sólo después de lograr una satisfacción razonable de sus necesidades desde el nivel básico hasta el nivel de autoconciencia del ego, las personas, las intuiciones y las sociedades pueden llegar a ser plenamente funcionales y estar en sintonía con la realidad sin temor a comportamientos negativos. Según el Dr. Maslow, hasta ahora sólo el seis por ciento de los seres humanos ha alcanzado el nivel de actualización. Ningún país ha alcanzado este estado utópico de actualización, y muy pocas personas comprenden hoy su significado. Lograr esta comprensión y el cumplimiento de este objetivo para todos, es una meta digna de esfuerzo por parte del humanismo organizado. Es un objetivo que todos buscarían si fueran conscientes de su existencia.

Aunque pocos puedan alcanzar este nivel, cada uno de nosotros debe tener la oportunidad de que cualquier persona logre actualizar su propia vida. Maslow nos recuerda que el propósito de la vida es que cada uno de nosotros

que nos convirtamos en seres humanos plenamente funcionales en resonancia con el universo en el que vivimos, viviendo al nivel más alto podamos alcanzar. Para que cualquiera pueda alcanzar la realización, nuestra sociedad debe proporcionarnos la libertad y la oportunidad culturalmente libre para hacerlo. Por esta razón, una de las principales preocupaciones del humanismo organizado debería ser mejorar la calidad de vida de cada persona aquí en la Tierra. Concienciar al público del efecto de la jerarquía de necesidades como parte natural de su crecimiento sería un buen punto de partida.

Se le preguntó a Donald Johannsson: "Si el comportamiento está estrechamente relacionado con la genética y gran parte de nuestro comportamiento es hereditario, ¿eran nuestros antepasados simios asesinos sedientos de sangre o eran criaturas cooperativas que compartían?". Él respondió: "La respuesta no está en ninguno de estos dos extremos; los humanos son capaces de ambos tipos de comportamiento". La cooperación desempeñó un papel importante en el éxito y la supervivencia de los primeros humanos en el sentido de que vivían en grupos y compartían responsabilidades, pero provocado, el ser humano puede hacer cosas insuperables en el mundo animal. No hay otros grupos de animales que se aniquilen sistemáticamente entre sí como lo hacen los humanos. E.

O. Wilson, al abordar esta cuestión, nos mostró la necesidad de equilibrio entre quienes son egoístas, especialmente los que viven en niveles de necesidad más bajos, y quienes se vuelven altruistas a medida que se enculturan en grupos más grandes para su protección mutua.

En una sociedad en la que nuestra tecnología se ha acelerado más rápidamente que nuestra capacidad para absorber su efecto en nuestra sociedad, los humanistas pueden ser una causa importante de conciencia cultural respecto a nuestra responsabilidad de ser humanos y de desarrollar los valores necesarios para sostener la existencia humana. Una guerra nuclear creada porque nuestra ciencia ha superado a nuestra cultura actual, podría muy bien extinguir la vida en la tierra.

La reforma penitenciaria es necesaria.

A lo largo de mi vida he visto cómo nuestra sociedad se deterioraba gravemente. Buscando cómo podemos marcar la diferencia para ayudar a la sociedad a tomar el control de revertir nuestra evolución cultural hacia una sociedad más violenta.

medio ambiente, que ha dado lugar a que hoy en día nuestros niños ya no se les permita jugar al aire libre en su propio vecindario, o caminar solos a la escuela primaria, vale la pena nuestro esfuerzo. La forma en que resolvamos estos problemas puede tener un enorme efecto en todos los aspectos de control de nuestra sociedad. La reforma penitenciaria es un área que debería abordarse. Una preocupación que he descubierto recientemente es que la calidad de vida de muchos de los que ahora están encarcelados está limitada hasta el punto de que la rehabilitación no es fácil de conseguir. Sin embargo, con el hacinamiento en las cárceles, los presos son devueltos a la sociedad con más violencia que cuando entraron en el centro penitenciario. Esto no tiene sentido.

Muchos de los que han cometido un delito lo suficientemente grave como para merecer la cárcel no son realmente la misma persona unos años después, pero nuestra sociedad realmente considera la pena por delito desde una mentalidad de "blanco o " cuando nuestras legislaturas crean penas mínimas de prisión. Esa es una norma de "una pena para todos" que carece de pensamiento realista. La pena máxima por cualquier delito en Costa Rica es de treinta años, incluso por asesinato. a más personas en Estados Unidos que en cualquier otro país del mundo. ¿Por qué lo hacemos? Tratamos a los que demuestran una asociación de salud mental disminuida con su delito desde una perspectiva totalmente diferente. No los encarcelamos; los ingresamos en un centro de salud mental sin que se les exija una condena. En lugar de eso, permitimos que la curación de esa persona sea el factor determinante de su reinserción en la sociedad. Se les trata desde la perspectiva de la rehabilitación, a diferencia de los presos comunes, a los que se trata desde la perspectiva de la retribución. Esta diferenciación no tiene ningún sentido.

Pienso en un delincuente que actualmente está encarcelado de por vida porque fue juzgado como adulto cuando era adolescente. Participó en un robo con una persona mayor que controlaba al joven e insistió en que ayudara al adulto a robar en una tienda porque la persona mayor necesitaba dinero para drogas. Sin que el lo supiera, la persona mayor iba armada. Bajo la presión del robo, el adulto disparó y mató a una persona. El menor, que sólo estaba allí por miedo al adulto, ahora también cumple cadena perpetua en prisión debido a una arcaica norma jurídica según la cual todos los que participan en un delito son igualmente culpables si un se produce un asesinato, independientemente de quién lo haya cometido. Realmente no tiene ningún sentido inteligente, pero ese es el estado actual de nuestras leyes. Ocurre porque los que hacen las leyes no tienen suficientes conocimientos y experiencia para comprender plenamente el efecto de las leyes que crean. Responden emocionalmente diciendo: "no los queremos, así que enciérrenlos y tiren las ", Ese pensamiento ha dado lugar a más delincuencia.

Nuestro sistema puede ser mejor que el de China. Allí, si te pillan cometiendo un delito te encierran hasta que demuestres que eres inocente. Una vez encarcelado, nunca más se vuelve a saber de ti. Como no tienen tantos a los que el Gobierno debe alimentar, ¿adivinas qué pasó con el resto? Pero, como resultado, hoy tienen muy poca delincuencia callejera en China. ¿Es ese sistema mejor que el nuestro, donde en el sur de Chicago es mejor no estar solo caminando por las calles por la noche?

Para muchos de los que actualmente están encarcelados en nuestro sistema penitenciario, la forma de rehabilitación que se ofrece a los delincuentes mentales serviría mejor a la sociedad de muchas maneras. Reduciría drásticamente nuestra población reclusa de máxima seguridad. Los centros penitenciarios de máxima seguridad son muy caros, sobre todo los que albergan a condenados a muerte. Un cambio así en nuestro sistema de encarcelamiento daría a los presos una esperanza de salir que fomentaría su rehabilitación. Dejaría nuestras prisiones para aquellos que no son capaces de superar el comportamiento violento, que son realmente una amenaza para la sociedad.

La posibilidad de crear un sistema de rehabilitación en todos los centros penitenciarios sería un incentivo para que las personas en tratamiento tuvieran éxito, en lugar de que el preso pasara toda su vida en reclusión permanente. El aislamiento reduce a algunos presos a comportamientos animales. La amenaza de llegar al aislamiento no es suficiente elemento disuasorio para justificar su existencia. Es puro castigo y apenas rehabilita a nadie. Debería abolirse hoy como medio de rehabilitación. Incluso la terapia electroconvulsiva sería algo más humano. Aunque para algunas personas sin esperanzas de rehabilitación puede ser mejor que nuestra sociedad las vuelva a poner en .

Hay personas que viven en un nivel de seguridad básico o bajo y que, por la razón que sea, no tienen ninguna posibilidad de ascender por encima de lo que les corresponde.

ese nivel. No pueden socializar eficazmente ni siquiera en una población reclusa con una perspectiva de rehabilitación. Incluso si nuestro objetivo es simplemente castigar, el encarcelamiento de por vida es sin duda un castigo mucho más eficaz que el destierro al corredor de la muerte, que cuesta innecesariamente a nuestra sociedad millones en la gestión del proceso de apelación ante los tribunales, establecido para aliviar el miedo público a la ejecución de una persona inocente (que sigue ocurriendo de todos modos).

Nuestra ciencia va más allá de nuestra sociedad actual.

Nuestra permanencia en la Tierra ha sido escasa en comparación con la edad del universo. Hoy, con las presas en el transcurso de nuestra vida podríamos eliminar el Gran Cañón. Con vapores de hidrocarburos estamos destruyendo en una generación las Grandes Pirámides, que han sobrevivido más de tres mil años. Con varias bombas nucleares podemos aniquilar la vida en la Tierra. En este corto tiempo, los humanos han desarrollado la capacidad de su propia destrucción sin la sabiduría para controlar estas fuerzas.

Los humanos no tenemos la capacidad de evitar conflictos con la naturaleza, ni los medios para evitar conflictos con países y culturas que aún existen en los niveles básicos o de seguridad. Tal vez sea lamentable que muchos científicos funcionen en el nivel del ego, o para algunos incluso en el nivel actualizado, porque los resultados de sus investigaciones están más allá de la maduración o del nivel psicológico de las masas de personas que viven hoy en la Tierra. Debido a que nuestras sociedades se han extendido, viviendo colectivamente en al menos tres niveles psicológicos diferentes, no sólo estamos fuera de sintonía con la naturaleza; nuestros gobiernos están fuera de sintonía con la realidad, especialmente en los países más sofisticados. El problema más grave es que las masas no están en sintonía con su entorno natural ni con su propio nivel psicológico de vida. Como sociedad, nos hemos convertido en nuestro peor enemigo. Los humanistas pueden liderar la educación del público. Después de todo, fue un humanista quien identificó la jerarquía de nuestras necesidades.

¿Qué pasará cuando nos quedemos sin recursos naturales?

Estamos consumiendo los recursos del planeta a un ritmo peligroso e insostenible. La población de los países con un nivel de seguridad o básico son legítimamente hostiles por el contraste entre sus vidas y las de quienes viven en los grandes países consumidores. Ninguno de nosotros puede garantizar la supervivencia de las generaciones futuras escondiendo la cabeza en la arena. Debemos preocuparnos y cooperar, preservar y reponer nuestros recursos naturales y, en consonancia con la naturaleza, elevar el nivel de vida de todos los pueblos de nuestro , si de verdad queremos estar a salvo. Así es como podemos actualizar nuestras propias vidas hoy y asegurar que nuestros bisnietos tengan las mismas oportunidades.

Debemos fomentar nuevos métodos que vinculen y unan al individuo con el entorno natural. Si queremos sobrevivir, debemos fomentar la salud mental y física, y desarrollar un espíritu de cooperación entre toda la humanidad. Este es un esfuerzo global al alcance de los Humanistas. Esto se debe a que los Humanistas estamos entre las pocas personas que tienen la perspectiva para ver y apreciar verdaderamente lo que esto significa para nuestra vida aquí en la Tierra. Si todo el mundo viviera la vida de Lester y Maria Mondale, que vivieron la vida de Epicuro -necesitando poco y no queriendo nada más que cada momento para ser realmente vivido y apreciado, disfrutando de lo que cada día les traía- entonces todo el mundo podría ser capaz de actualizar su propia vida. En cambio, como sociedad, hoy vivimos más como la vida de A1 Capone y de aquellos que apenas pueden elevarse por encima del nivel de seguridad de nuestra existencia.

Como ya he mencionado, he visitado la casa de Lester y Rosemary Mondale. Se han alojado en mi casa muchas vcccs. El humanismo, tal y como lo conocemos hoy en día, era joven cuando yo era presidente de la Asociación Humanista Americana a finales de los 70 hasta mediados de los 80. Lester era ministro unitario. En aquella época, Lester era uno de los siete de los treinta y cuatro arquitectos originales del Manifiesto Humanista I (1933) que aún vivían. Hoy todos han fallecido. En realidad, los Mondale no necesitaban a la sociedad para existir. Pero la sociedad les necesitaba a ellos. Fueron líderes, a su manera. Nos mostraron el camino, no sólo para la supervivencia humana, sino para actualizar nuestra propia existencia, independientemente de nuestra riqueza.

Compartir el estilo de vida de los sacudió mis valores y me hizo reconsiderar alternativas para una vida de calidad. Los Mondale no eran ermitaños. Eran personas solidarias y compartían su vida con

muchos en todo el mundo. Lester creó la Sociedad de Humanistas Religiosos, que todavía existe, como una organización dentro de la Asociación Humanista Americana, para aquellos Humanistas que deseen contemplar nuestra filosofía desde una perspectiva religiosa cristiana. La lección importante es que no desperdiciaron nada. No querían nada y necesitaban poco. Restauraban lo que tomaban de la naturaleza y eran personas plenamente realizadas que vivían en armonía con su entorno. Eran un modelo de vida humanista que merece la pena tener en cuenta mientras buscamos formas de salvar la existencia humana en la Tierra para las generaciones futuras, ojalá para siempre.

Nuestros valores humanistas difieren de los de muchos fundamentalistas religiosos. ¿Cómo los sacamos de la edad oscura?

Los humanistas constituyen colectivamente una de las pocas voces que se preguntan desinteresadamente: "¿Qué pasa con la vida en la Tierra, hoy?". Cada uno de nosotros difiere en su enfoque y en sus preocupaciones específicas, porque los Humanistas somos individualistas. Pero, debido a nuestra Asociación, juntos podemos hablar con una voz colectiva, no sólo para responder a cualquier plaga que intente difamar nuestro buen para su propio propósito egoísta, como hicieron Jerry Falwell y Tim LaHaye en mis días, sino a aquellos , dondequiera que estén, que nieguen a las personas el derecho a vivir sus propias vidas al máximo que puedan alcanzar.

El reverendo LaHaye era el ministro fundamentalista de una iglesia de más de 3.000 miembros en San Diego. Escribió un libro horrible en el que condenaba a los "humanistas laicos", afirmando esencialmente que vivir una vida que no esté "controlada por Dios" es inmoral. En nombre del humanismo, como presidente de nuestra Asociación, reté a LaHaye a un debate de dos horas que fue retransmitido en directo por la CBS en el sur de California un sábado por la tarde a principios de los años ochenta.

1 Utilicé a un miembro de mi Junta de la AHA, Gerald LaRue, doctor y profesor emérito de la Universidad del Sur de , cuya especialidad era la arqueología bíblica, para que hablara en nombre del humanismo, de modo que si se disolvía la discusión sobre la Biblia por parte de LaHaye, pudiéramos responder eficazmente. LaRue fue uno de los arqueólogos que participaron en

la excavación de Qumrán, en Israel, donde se escribieron los Rollos del Mar Muerto. Sabía de lo que hablaba cuando abría su Biblia.

Cuando el debate, el reverendo LaHaye reconoció que tenía una visión equivocada del humanismo. Carl Sagan se inclinó hacia mí y me dijo: "No creo que LaHaye haya oído una palabra de lo que dicho hoy". Y tenía razón. Dos meses después, LaHaye abandonó su iglesia y se unió a Jerry Falwell para ayudarle a formar la "Mayoría Moral" (que, como recordarán, no es ninguna de las dos cosas). Muchos de nosotros pensamos que LaHaye estaba siguiendo su "Ultima Preocupación": el dinero. Como resultado, juntos dieron poder al público menos ilustrado para convertirse en una fuerza política organizada con la intención de tomar el control de nuestro gobierno para imponer sus valores religiosos. La Constitución estadounidense pretendía proteger al gobierno de la religión. Como resultado, nuestro gobierno se ha vuelto cada vez más negativamente polarizado.

Control Las personas que ven la vida desde una perspectiva primitiva y estrecha, ya sea desde la religión o desde una ciudadanía irresponsable, siguen siendo hoy una grave amenaza para la capacidad de nuestra sociedad de elevar la conciencia pública a niveles de vida superiores. Parte de este problema está causado por nuestro sistema de educación pública, que hoy tolera comportamientos negativos en nuestras aulas y no proporciona a nuestros hijos una comprensión profunda de nuestra historia y de los valores sobre los que se fundó nuestro país. Muchas personas ya no tienen la base educativa suficiente para crear los valores necesarios para que nuestra sociedad esté en sintonía con nuestro entorno. Muchas personas hoy en día ven la vida desde una perspectiva egoísta y no están dispuestas a considerar el bien mayor. Los que tenemos una perspectiva humanista debemos hacernos oír más.

¿Cuál es la ventaja del trabajo en grupo?

A través de nuestra voz colectiva, podemos ayudar a cada persona a reconocer su responsabilidad individual en la mejora de la calidad de vida de todas las personas para asegurar la supervivencia de la existencia humana. Como

He dicho antes que considero a la Asociación Humanista Americana como "el ratón que rugió". Si no se oye alguna voz en nuestras instituciones de toma de decisiones gubernamentales y culturales que diga: "Debemos ser conscientes de lo que es mejor para todos los seres humanos", es posible que sigamos desviándonos de lo que es verdaderamente natural para los seres humanos y, en consecuencia, es fácil que la vida humana en la Tierra no sobreviva. El resultado podría ser un holocausto nuclear.

Un objetivo común en el que todos los Humanistas pueden estar de acuerdo, independientemente de su disciplina o punto de vista personal, es la eliminación de las barreras que impiden la actualización o el crecimiento del individuo, de nuestras instituciones e incluso de nuestros gobiernos. Los Humanistas podemos animar a todas las personas a ayudar a todas las culturas a estar en sintonía con la realidad y a vivir en consonancia con la naturaleza siempre que observemos una desviación cultural. Como , además de lo que podemos hacer colectivamente, individualmente nos damos cuenta de que debemos trabajar para hacer del mundo un lugar mejor por haber estado aquí.

Podemos designar colectivamente preocupaciones específicas comunes a nuestras disciplinas afines y tener un impacto aún mayor en la mejora de las condiciones del mundo. Independientemente de si una ética religiosa o personal dirige nuestras vidas individuales, hasta que todas las personas acepten como parte de su ética el reconocimiento de que **aquellas cosas son buenas" que mejoran la condición humana, y aquellas son "malas" que impiden la mejora de la condición humana o dificultan la capacidad de un individuo responsable para lograr la actualización de su propia** los humanistas seguiremos teniendo la tarea de educar a todos aquellos con los que nos encontremos. Seguirá habiendo un lugar para el humanismo como una visión filosófica separada de la vida que es distinta de otros sistemas de creencias que guían las vidas de las masas de personas que viven en nuestro mundo actual.

Con ejemplos como el de mi nieto, cuya decisión se tradujo en una clínica médica para 30.000 personas que viven en Uganda y que nunca tuvieron esa atención a alcance, cada uno de nosotros puede marcar una diferencia significativa en nuestro mundo actual. Al hacerlo, podemos salvar nuestro mundo y la existencia de nuestros descendientes como seres humanos.

La Asociación Humanista Americana ha creado un Caucus en el Congreso de los Estados Unidos para garantizar que las cuestiones relacionadas con la capacidad

de todos a vivir plenamente su vida aquí en la Tierra se abordan y se incorporan en nuestras leyes. Este Caucus está creciendo y hoy en día es significativo para hacer frente a los grupos de presión son proporcionados por las corporaciones, y las organizaciones religiosas que negarían los derechos de cada individuo. Es muy importante contar con una organización que analice toda la legislación desde la perspectiva de proteger la libertad de cada persona y permitirle vivir plenamente su vida aquí en la Tierra. Pocos miran toda la legislación desde esa . Es necesario proteger y preservar su voz. Usted puede ayudar en ese empeño.

Capítulo veintinueve
En conclusión

Lo que todo esto significa es que, aun reconociendo que en última instancia nos convertiremos físicamente en polvo espacial, nuestra existencia sigue teniendo sentido para nosotros mismos. ¿Deberíamos decir que el Sol no tiene valor en la actualidad porque su luz acabará extinguiéndose, aunque haya existido durante miles de millones de años? El valor del Sol consiste en proporcionar sustento, en contribuir a que la Tierra pueda mantener la vida, ofreciéndonos así a todos una oportunidad de vivir. Nos da la oportunidad de ser felices y de que nuestras vidas tengan sentido. El Sol no tiene que existir eternamente para tener valor. ¿Por qué íbamos a ser nosotros diferentes?

La verdad es que sabemos muy poco de todo. Menos aún sabemos cómo y por qué surgió nuestra propia vida. Sólo podemos actuar en función de lo que sabemos, o de lo que estamos dispuestos a creer. Aunque los seres humanos no seamos inmortales, nuestras vidas individuales son valiosas para nosotros mismos en la actualidad. Existir durante cualquier intervalo de tiempo requiere que contribuyamos como si siempre hubiera un futuro. La vida es suficiente justificación por sí misma. No hace falta nada más para que nuestra propia vida tenga sentido. Cualquier otra cosa que elijamos creer sólo puede añadirse al significado de nuestra propia vida, aunque sólo sea para nosotros mismos. En lugar de sentir que renuncian a algo valioso,

sabe con certeza que existe. Por el contrario, las personas con este punto de vista consideran que deben esforzarse aún más en su vida en la Tierra. Como es muy posible que esto sea todo lo que , sienten una mayor necesidad de alcanzar la realización, cumpliendo así el propósito de su propia vida.

Todo lo que realmente se puede verificar es que vivimos nuestra propia vida hoy para nosotros mismos, para los que amamos y para aquellos en cuyas vidas marcamos la diferencia. Cualquier otra cosa es esencialmente una cuestión de "fe ciega", y no de hechos. Sin embargo, quienes optan por creer que debe haber una vida después de la muerte, si es que la hay, se benefician especialmente de cumplir con su propia existencia mientras están aquí en la Tierra. Puede que experimenten lo mejor de esta vida y de próxima. Nadie lo sabe con certeza. Los humanistas no ven ninguna prueba de que tal vida después de la muerte exista, así que simplemente no se preocupan por ello. La mayoría de los Humanistas reconocen que su propia inmortalidad puede provenir únicamente de sus buenas obras en beneficio de los demás y de la posteridad que sigue. No es necesario que haya más para que nuestra propia vida tenga valor.

Puede que estemos aquí por una casualidad de la naturaleza, pero existimos. Los seres humanos formamos parte de la evolución natural de la vida. No es posible saber si los individuos existen sólo para fomentar la evolución de la especie humana, o si puede haber un propósito más profundo y específico para cada uno de nosotros como individuos. Sólo sabemos lo que parece correcto. Lo único que sabemos con certeza es que, como individuos, sólo tenemos una oportunidad de vivir. Nuestro objetivo inmediato debería ser vivir nuestra propia vida hoy al máximo, esforzándonos por ser lo mejor que podamos llegar a ser como individuos y haciendo todo lo posible para ayudar a nuestra sociedad a salir de la edad oscura en la que actualmente.

Al mostrarnos que existen niveles superiores de vida, Maslow nos ha ayudado a comprender cómo enriquecer nuestras propias vidas proporcionándonos un camino para actualizar nuestra propia existencia. Al eliminar barreras y satisfacer todas nuestras necesidades en todos los niveles de vida, podemos crecer y expandir nuestras propias vidas y enseñárselo a nuestra posteridad. Así viviremos a través de ellos.

Ahora sabemos que cada uno debe descubrir su propio camino. Cuando alcancemos una experiencia cumbre, sabremos que hemos realizado nuestra propia vida, al menos en ese momento. Cuando hayamos hecho todo lo posible para ayudar a los demás en sus viajes, nuestras vidas tendrán significado. Si cumplimos nuestra propia misión, por ejemplo: **"nuestras vidas son significativas para nosotros mismos y para los demás"**, nuestra vida habrá servido a su propio propósito.

En algún momento, la muerte es inevitable. Para los que creen que el alma y el cuerpo se separan después de la muerte, actualizar su existencia mientras están aquí en la Tierra sólo debería mejorar esta oportunidad. Al actualizar su existencia, su vida no se habrá desperdiciado al perder la oportunidad de vivir principalmente para una vida en el más allá que puede no existir. Este enfoque de la vida no debería entrar en conflicto con ninguna visión religiosa inteligente. Si lo hace, una persona educada debería cuestionar el valor de una visión tan limitadora proporcionada por quienes controlan su . A estas alturas debería darse cuenta de que no adquirió esas creencias por su cuenta, por lo que al menos ha hecho el esfuerzo de aprovechar al máximo esta vida. Los que tienen fe en una vida en el más allá pueden ganar aún más actualizando su existencia aquí en la Tierra, sobre todo si están en lo cierto. Hoy en día, muchas personas se conforman con creer que esta vida es todo lo que existe. Nadie lo sabe con certeza. Afortunadamente para todos nosotros, al actualizar nuestra propia existencia -y así saber hemos vivido una vida plena mientras estamos aquí- deberíamos ser capaces de aceptar pacíficamente el final de nuestra propia vida cuando llegue el momento. No deberíamos necesitar nada más para que nuestra propia vida haya tenido propósito y sentido.

Como afirma el Manifiesto Humanista en el Apéndice: **"La responsabilidad de nuestras vidas y del tipo de mundo en el que vivimos es nuestra y sólo nuestra.** El reto es grande. La recompensa es una porción de inmortalidad Humanista". Todos los humanistas estarán de acuerdo en que dejar el mundo mejor de lo que lo encontramos es una forma aceptable de inmortalidad. Como nuestro sol, o una flor en el bosque, cuando hemos vivido esta vida en plenitud, no hace falta nada más para que nuestra propia vida haya sido importante.

Al menos para nosotros, si somos **Plenamente Humanos** y nos hemos convertido en **Plenamente Vivos,** nuestra vida tendrá un propósito. Si podemos irnos como si hubiéramos hecho la carrera de la victoria, deslizándonos con seguridad hasta el home y gritando: **"¡Vaya viaje!"**, sabremos que nuestra propia vida se ha cumplido y que estábamos **Plenamente Vivos.**

Nuestro camino por la vida

Nuestro camino por la vida va mucho más
allá De lo que algunos quizás no ven,
Que los momentos pasados en nuestro
suelo sagrado perduren para siempre en
nuestro ser.

A medida que los ejemplos nos
marcan nuevas cotas, crecemos
más rápidamente. A medida que
las barreras se desvanecen,
ganamos en perspicacia y nos
adaptamos a la realidad.

Nuestras vidas son más ricas cada
día Extendemos nuestro valor
interior..
Afortunadamente, ya hemos pasado por
aquí. El lugar más cercano a cualquier cielo
es la Tierra.

Como las experiencias aquí se traducen
en cambios Que se extienden por toda la
sociedad.
Mientras que los que amplían su radio de
acción futuro Comparten la inmortalidad.

Lyle L. Simpson, 1981 Presidente,
Asociación Humanista Americana

Anexo
UNA DECLARACIÓN DE HUMANISMO
Una ética humanista

I.

El humanismo es una filosofía o un enfoque para vivir plenamente esta vida en la Tierra. Parte de la premisa de que somos parte de la naturaleza y sólo sabemos con certeza que estamos viviendo esta vida hoy. Ciertos aspectos de la vida tienen valor para vivir una buena vida. En consonancia con esta filosofíapersonalmente creo que una persona sana pasa por las siguientes etapas, normalmente en el siguiente orden. Este es mi enfoque filosófico y ético para vivir mi vida:

1. **La existencia.** Mi cuerpo es mi templo de vida, y la salud es esencial para mi existencia. Esta vida es lo único que puedo decir que poseo con certeza.

2. **La responsabilidad.** Debo asumir la responsabilidad principal de mi propia vida. Mi comportamiento está bajo mi propio control. Sólo puedo tomar mis decisiones en la medida en que me permito vivir el presente. Mi actitud personal en cada momento está bajo mi control. Una actitud positiva aumenta mis posibilidades de éxito. Al mismo tiempo, me beneficia permitir a otros dentro de mis mecanismos de defensa que estén dispuestos y quieran asumir la responsabilidad de compartir su vida . El equilibrio entre la responsabilidad de cumplir las necesidades de otra con las nuestras mejora enormemente la vida de .

3. **Significado.** Mi vida tiene sentido para mí en la medida en que satisfago mis propias necesidades y alcanzo el estado homeostático de felicidad. no ser un propósito universal para que mi vida tenga sentido. Mi propia vida tiene suficiente propósito por sí misma. Mi objetivo para vivir mi propia vida es lograr todo lo que me parece posible.

4. **La seguridad.** Debo apoyar la justicia para todos, y respetar la libertad de elección de todos los demás, para que me garanticen la oportunidad de una justicia igualitaria. La justicia es una consecución progresiva de la igualdad, limitada únicamente por las restricciones únicas de cada persona. La fuerza sólo debe tolerarse para suprimir la que de otro modo infligiría la voluntad injustificada de una sobre otra. Sin embargo, debo contribuir a que nuestro modo de vida esté a salvo de otros que impedirían a mi tener la misma oportunidad de vivir su vida en plenitud.

5. **Relaciones sociales.** La interdependencia humana es esencial para mi salud y mi crecimiento. Debo estar dispuesto al respeto mutuo y a la confianza para mantener relaciones personales estrechas. Reconozco la relación de interdependencia con los demás como amor. Permito a los que amo entrar en mis mecanismos de defensa para que podamos compartir nuestras vidas juntos para nuestro apoyo mutuo. Debo permitir que los demás sean ellos mismos. Me esfuerzo por mantener relaciones Yo-Tú con todos los demás con los que me relaciono.

6. **Realización de la vida.** El propósito de mi vida es experimentar la alegría de vivir y desarrollar todo mi potencial como ser humano, en consonancia con mi responsabilidad hacia los demás y con los recursos personales, medioambientales y sociales de que dispongo. Siento asombro y reverencia espiritual por la naturaleza mientras vivo mi vida como parte del universo natural, y reconozco que soy un administrador de sus recursos cada día mientras vivo en la Tierra. Toda vida es sagrada. No vivo mi vida en la Tierra con ninguna expectativa o necesidad de una vida después de mi muerte.

7. **Compromiso con los demás.** Mi vida adquiere significado en la medida en que ayudo a los demás a hacer realidad sus propias vidas. Creo que alcanzar la máxima calidad de vida como persona sana y madura significa equilibrar el sentido de mi vida con mi importancia para los demás. Sólo en consonancia y armonía con los demás alcanzará mi propia vida su máximo potencial.

8. **El conocimiento.** Creo que es esencial mantener las condiciones de la libre investigación y una sociedad abierta para fomentar la

expresión de todas las ideas. La expansión y expresión de todos los conocimientos puede, en última instancia, dar lugar a las mejores opciones para el crecimiento de todos. Soy partidario de utilizar todos los medios disponibles para averiguar la verdad y aplicar los resultados obtenidos para mejorar el bienestar de toda la vida en la Tierra. Mis valores y normas son relativos y maleables a medida que nuevas experiencias e información conforman mi visión del mundo. No hay absolutos, salvo que un día yo también moriré.

9. **Instituciones sociales.** Dentro de mis propios recursos, animo a las personas con las que me encuentro, así como a los gobiernos y otras instituciones, a reducir y eliminar todas las barreras para el crecimiento personal, y a proporcionar las condiciones óptimas para el desarrollo saludable de todas las personas. El proceso democrático garantiza las mayores oportunidades para el mayor número de personas. Vivimos en una economía mundial. Los gobiernos mundiales deben asegurar la paz frente a los conflictos físicos para todos los habitantes de la Tierra.

10. **Interdependencia de la vida.** Sólo somos administradores de lo que poseemos aquí en la Tierra durante un periodo muy corto. Debo proteger, mejorar y preservar todo lo que tengo en beneficio de los que me sigan. Afirmo la maravilla y la belleza de la naturaleza como el proceso creativo a partir del cual hemos evolucionado los seres humanos; y de este modo reconozco la unidad y la interdependencia de toda la vida en Tierra y siento respeto por ella.

Todas las personas deben compartir la responsabilidad de mantener el orden natural de nuestro planeta. Toda vida es sagrada. Sin embargo, la superpoblación de cualquier especie puede amenazar la oportunidad de una vida de calidad para todas las especies. El ser humano no es una excepción. La naturaleza intenta mantener un equilibrio saludable. Todos los seres vivos de la Tierra debemos compartir nuestro mundo en armonía y equilibrio si queremos sobrevivir y desarrollar todo nuestro potencial.

Otras expresiones, como el apego emocional a un punto de vista religioso, son muy personales. Surgen de experiencias previas que han orientado nuestra vida individual. Cada uno tiene derecho a tener la suya. Por lo tanto, nuestras propias visiones religiosas de la vida no deben imponerse a los demás.

Mi objetivo

Mi Objetivo en la vida es no querer nada y necesitar poco, y ser capaz de apreciar plenamente el entorno en el que me encuentro en ese momento.

Entonces sabré que soy **Plenamente Humano,** habiendo actualizado mi propia vida, y cuando deje este mundo como un lugar mejor por haber estado aquí, me daré cuenta de que finalmente **estoy Plenamente Vivo.**

Si he vivido todo lo que he podido por encima del nivel de actualización, mi vida habrá sido significativa para mí. Y si he hecho del mundo un lugar mejor a través de mis esfuerzos, mi vida habrá sido significativa para los demás.

Lyle L. Simpson

1960

Manifiesto Humanista III

En 1933, treinta y cuatro personas, principalmente ministros unitarios y filósofos, discutían sobre su visión única de la vida. Redujeron sus pensamientos colectivos a la escritura y adoptaron el primer Manifiesto Humanista, expresando los puntos centrales de su filosofía humanista de la vida. Ese documento cobró actualidad con la adopción de una segunda versión en 1973. Esta es la tercera versión, adoptada en 2003 por la Asociación Humanista Americana como la actual declaración consensuada de los principios filosóficos acordados por la mayoría de los Humanistas:

El humanismo es una filosofía de vida progresista que, sin sobrenaturalismos, afirma nuestra capacidad y responsabilidad para llevar una vida ética de realización personal que aspire al bien mayor de la humanidad.

La postura vital del Humanismo -guiada por la razón, inspirada por la compasión e informada por la experiencia- nos anima a vivir la vida bien y plenamente. Ha evolucionado a lo largo de los siglos y sigue desarrollándose gracias a los esfuerzos de personas reflexivas que reconocen que los valores y los ideales, por muy cuidadosamente forjados que estén, están sujetos a cambios a medida que avanzan nuestros conocimientos y nuestra comprensión.

Este documento es parte de un esfuerzo continuo por manifestar en términos claros y positivos los límites conceptuales del Humanismo, no lo debemos creer sino un consenso de lo que sí creemos. Es en este que afirmamos lo siguiente:

La experimentación y el análisis racional. Los humanistas consideran que la ciencia es el mejor método para determinar estos conocimientos, así como para resolver problemas y desarrollar tecnologías beneficiosas. También reconocer el valor de las nuevas tendencias en el pensamiento, las artes y la experiencia interior, cada una de ellas sujeta al análisis de la inteligencia crítica.

El ser humano es parte integrante de la naturaleza, resultado de un cambio evolutivo no guiado. Los humanistas reconocemos que la naturaleza existe por sí misma. Aceptamos nuestra vida como todo y suficiente, distinguiendo las cosas como son de las cosas como podríamos desear o imaginar que fueran. Aceptamos los retos del futuro y nos sentimos atraídos e impávidos ante lo que aún no conocemos.

Los valores éticos se derivan de la necesidad y el interés humanos puestos a prueba por la experiencia. Los humanistas fundamentan los valores en el bienestar humano, conformado por las circunstancias, los intereses y las preocupaciones humanas y ampliado al ecosistema global y más allá. Nos comprometemos a tratar a cada persona como poseedora de un valor y una dignidad inherentes, y a tomar decisiones informadas en un contexto de libertad en consonancia con la responsabilidad.

La plenitud de la vida surge de la participación individual al servicio de ideales humanos. Aspiramos a nuestro máximo desarrollo posible y animamos nuestras vidas con un profundo sentido del propósito, encontrando asombro y admiración en las alegrías y bellezas de la existencia humana, sus retos y tragedias, e incluso en la inevitabilidad y finalidad de la muerte. Los humanistas se basan en el rico patrimonio de la cultura humana y en la trayectoria vital del humanismo para proporcionar consuelo en tiempos de necesidad y aliento en tiempos de abundancia.

El ser humano es social por naturaleza y encuentra sentido en las relaciones.

Los humanistas anhelamos y luchamos por un mundo de cuidado y preocupación mutuos, libre de crueldad y de sus consecuencias, en el que las diferencias se resuelvan de forma cooperativa sin recurrir a la violencia. La unión de la individualidad con la interdependencia enriquece nuestras vidas, nos anima a enriquecer las vidas de los demás e inspira la esperanza de alcanzar la paz, la justicia y las oportunidades para todos.

Trabajar en beneficio de la sociedad maximiza la felicidad individual. Las culturas progresistas han trabajado para liberar a la humanidad de las brutalidades de la mera supervivencia y para reducir el sufrimiento, mejorar la sociedad y desarrollar una comunidad global. Intentamos minimizar las desigualdades de circunstancias y capacidades, y apoyamos una distribución justa de los recursos de la naturaleza y de los frutos del esfuerzo humano para que el mayor número de personas pueda disfrutar de una buena vida.

Los humanistas se preocupan por el bienestar de todos, están comprometidos con la diversidad y respetan a quienes tienen puntos de vista diferentes pero humanos. Trabajamos para defender la igualdad en el disfrute de los derechos humanos y las libertades civiles en una sociedad abierta y laica, y sostenemos que es un deber cívico participar en el proceso democrático y un deber planetario proteger la integridad, la diversidad y la belleza de la naturaleza forma segura y sostenible.

Así, comprometidos con el flujo de la vida, aspiramos a esta visión con la convicción fundada de que la humanidad puede progresar hacia sus ideales más elevados. **La responsabilidad de nuestras vidas y del tipo de mundo en el que vivimos es sólo nuestra.**

Jerarquía de necesidades de Maslow

La Jerarquía de Necesidades de Maslow revisada amplía los cinco niveles originales para incluir un sexto nivel, que aborda la necesidad de auto- trascendencia. Estos son los seis niveles de la jerarquía actualizada:

1. Necesidades fisiológicas: Necesidades básicas para la supervivencia como comida, agua, calor y descanso.

2. Necesidades de seguridad: Protección frente a los elementos, seguridad, orden, ley, estabilidad y ausencia de miedo.

3. Necesidades de amor y pertenencia: Relaciones íntimas, amistades, confianza y aceptación, recibir y dar afecto y amor.

4. Necesidades de estima: Autoestima, respeto, estatus, reconocimiento, fuerza, libertad y sentimiento de logro.

5. Necesidades de autorrealización: Alcanzar el pleno potencial de uno mismo, incluidas las actividades creativas, el crecimiento personal y la autoimpro- sión.

6. Necesidades de autotrascendencia: Conexión con algo más allá de uno mismo, como el altruismo, la espiritualidad y la búsqueda de un significado más elevado.

Estos niveles representan una progresión en la motivación humana, desde la supervivencia fisiológica básica hasta la satisfacción de necesidades psicológicas superiores y, en última instancia, la autotrascendencia.

www.ingramcontent.com/pod-product-compliance
Lightning Source LLC
Chambersburg PA
CBHW051134120626
46547CB00012B/794